唐代钱法考

Research on the Currency Laws in Tang Dynasty

陈 玺 著

社会科学文献出版社
SOCIAL SCIENCES ACADEMIC PRESS (CHINA)

图书在版编目(CIP)数据

唐代钱法考 / 陈玺著. -- 北京：社会科学文献出版社，2018.11
（中国社会科学博士后文库）
ISBN 978 - 7 - 5201 - 3714 - 0

Ⅰ.①唐… Ⅱ.①陈… Ⅲ.①货币法-研究-中国-唐代 Ⅳ.①D922.285.2

中国版本图书馆 CIP 数据核字（2018）第 240378 号

·中国社会科学博士后文库·

唐代钱法考

著　　者 / 陈　玺

出 版 人 / 谢寿光
项目统筹 / 李建廷　宋月华
责任编辑 / 赵晶华

出　　版 / 社会科学文献出版社·人文分社（010）59367215
　　　　　　地址：北京市北三环中路甲29号院华龙大厦　邮编：100029
　　　　　　网址：www.ssap.com.cn

发　　行 / 市场营销中心（010）59367081　59367083
印　　装 / 三河市龙林印务有限公司
规　　格 / 开　本：787mm × 1092mm　1/16
　　　　　　印　张：18　字　数：300 千字
版　　次 / 2018 年 11 月第 1 版　2018 年 11 月第 1 次印刷
书　　号 / ISBN 978 - 7 - 5201 - 3714 - 0
定　　价 / 98.00 元

本书如有印装质量问题，请与读者服务中心（010-59367028）联系

▲ 版权所有 翻印必究

第七批《中国社会科学博士后文库》编委会及编辑部成员名单

（一）编委会

主　任：王京清

副主任：马　援　张冠梓　高京斋　俞家栋　夏文峰

秘书长：邱春雷　张国春

成　员（按姓氏笔画排序）：

卜宪群　王建朗　方　勇　邓纯东　史　丹
朱恒鹏　刘丹青　刘玉宏　刘跃进　孙壮志
孙海泉　李　平　李向阳　李国强　李新烽
杨世伟　吴白乙　何德旭　汪朝光　张　翼
张车伟　张宇燕　张星星　陈　甦　陈众议
陈星灿　卓新平　房　宁　赵天晓　赵剑英
胡　滨　袁东振　黄　平　朝戈金　谢寿光
潘家华　冀祥德　穆林霞　魏后凯

（二）编辑部（按姓氏笔画排序）：

主　任：高京斋

副主任：曲建君　李晓琳　陈　颖　薛万里

成　员：王　芳　王　琪　刘　杰　孙大伟　宋　娜
　　　　陈　效　苑淑娅　姚冬梅　梅　玫　黎　元

中国博士后科学基金第九批特别资助项目（2016T90170)

序　言

博士后制度在我国落地生根已逾30年，已经成为国家人才体系建设中的重要一环。30多年来，博士后制度对推动我国人事人才体制机制改革、促进科技创新和经济社会发展发挥了重要的作用，也培养了一批国家急需的高层次创新型人才。

自1986年1月开始招收第一名博士后研究人员起，截至目前，国家已累计招收14万余名博士后研究人员，已经出站的博士后大多成为各领域的科研骨干和学术带头人。这其中，已有50余位博士后当选两院院士；众多博士后入选各类人才计划，其中，国家百千万人才工程年入选率达34.36%，国家杰出青年科学基金入选率平均达21.04%，教育部"长江学者"入选率平均达10%左右。

2015年底，国务院办公厅出台《关于改革完善博士后制度的意见》，要求各地各部门各设站单位按照党中央、国务院决策部署，牢固树立并切实贯彻创新、协调、绿色、开放、共享的发展理念，深入实施创新驱动发展战略和人才优先发展战略，完善体制机制，健全服务体系，推动博士后事业科学发展。这为我国博士后事业的进一步发展指明了方向，也为哲学社会科学领域博士后工作提出了新的研究方向。

习近平总书记在2016年5月17日全国哲学社会科学工作座谈会上发表重要讲话指出：一个国家的发展水平，既取决于自然科学发展水平，也取决于哲学社会科学发展水平。一个没有发达的自然科学的国家不可能走在世界前列，一个没有繁荣的哲学社会科学的国家也不可能走在世界前列。坚持和发展中国特色社会主义，需要不断在实践和理论上进行探索、用发展着的理论指导发展着的实践。在这个过程中，哲学社会科学具有不可替代的重要地位，哲学社会科学工作者具有不可替代的重要作用。这是党和国家领导人对包括哲学社会科学博士后在内的所有哲学社会科学领域的研究者、工作者提出的殷切希望！

中国社会科学院是中央直属的国家哲学社会科学研究机构，在哲学社会科学博士后工作领域处于领军地位。为充分调动哲学社会科学博士后研究人员科研创新积极性，展示哲学社会科学领域博士后优秀成果，提高我国哲学社会科学发展整体水平，中国社会科学院和全国博士后管理委员会于2012年联合推出了《中国社会科学博士后文库》（以下简称《文库》），每年在全国范围内择优出版博士后成果。经过多年的发展，《文库》已经成为集中、系统、全面反映我国哲学社会科学博士后优秀成果的高端学术平台，学术影响力和社会影响力逐年提高。

下一步，做好哲学社会科学博士后工作，做好《文库》工作，要认真学习领会习近平总书记系列重要讲话精神，自觉肩负起新的时代使命，锐意创新、发奋进取。为此，需做到：

第一，始终坚持马克思主义的指导地位。哲学社会科学研究离不开正确的世界观、方法论的指导。习近平总书记深刻指出：坚持以马克思主义为指导，是当代中国哲学社会科学区别于其他哲学社会科学的根本标志，必须旗帜鲜明加以坚持。马克思主义揭示了事物的本质、内在联系及发展规律，是"伟大的认识工具"，是人们观察世界、分析问题的有力思想武器。马克思主义尽管诞生在一个半多世纪之前，但在当今时代，马克思主义与新的时代实践结合起来，愈来愈显示出更加强大的生命力。哲学社会科学博士后研究人员应该更加自觉坚持马克思主义在科研工作中的指导地位，继续推进马克思主义中国化、时代化、大众化，继续发展21世纪马克思主义、当代中国马克思主义。要继续把《文库》建设成为马克思主义中国化最新理论成果的宣传、展示、交流的平台，为中国特色社会主义建设提供强有力的理论支撑。

第二，逐步树立智库意识和品牌意识。哲学社会科学肩负着回答时代命题、规划未来道路的使命。当前中央对哲学社会科学愈发重视，尤其是提出要发挥哲学社会科学在治国理政、提高改革决策水平、推进国家治理体系和治理能力现代化中的作用。从2015年开始，中央已启动了国家高端智库的建设，这对哲学社会科学博士后工作提出了更高的针对性要求，也为哲学社会科学博士后研究提供了更为广阔的应用空间。《文库》依托中国社会科学院，面向全国哲学社会科学领域博士后科研流动站、工作站的博士后征集优秀成果，入选出版的著作也代表了哲学社会科学博士后最高的学术研究水平。因此，要善于把中国社会科学院服务党和国家决策的大智库功能与《文库》的小智库功能结合起来，进而以智库意识推动品牌意识建设，最终树立《文库》的智库意识和品牌意识。

第三，积极推动中国特色哲学社会科学学术体系和话语体系建设。改革开放30多年来，我国在经济建设、政治建设、文化建设、社会建设、生态文明建设和党的建设各个领域都取得了举世瞩目的成就，比历史上任何时期都更接近中华民族伟大复兴的目标。但正如习近平总书记所指出的那样：在解读中国实践、构建中国理论上，我们应该最有发言权，但实际上我国哲学社会科学在国际上的声音还比较小，还处于有理说不出、说了传不开的境地。这里问题的实质，就是中国特色、中国特质的哲学社会科学学术体系和话语体系的缺失和建设问题。具有中国特色、中国特质的学术体系和话语体系必然是由具有中国特色、中国特质的概念、范畴和学科等组成。这一切不是凭空想象得来的，而是在中国化的马克思主义指导下，在参考我们民族特质、历史智慧的基础上再创造出来的。在这一过程中，积极吸纳儒、释、道、墨、名、法、农、杂、兵等各家学说的精髓，无疑是保持中国特色、中国特质的重要保证。换言之，不能站在历史、文化虚无主义立场搞研究。要通过《文库》积极引导哲学社会科学博士后研究人员：一方面，要积极吸收古今中外各种学术资源，坚持古为今用、洋为中用。另一方面，要以中国自己的实践为研究定位，围绕中国自己的问题，坚持问题导向，努力探索具备中国特色、中国特质的概念、范畴与理论体系，在体现继承性和民族性，体现原创性和时代性，体现系统性和专业性方面，不断加强和深化中国特色学术体系和话语体系建设。

新形势下，我国哲学社会科学地位更加重要、任务更加繁重。衷心希望广大哲学社会科学博士后工作者和博士后们，以《文库》系列著作的出版为契机，以习近平总书记在全国哲学社会科学座谈会上的讲话为根本遵循，将自身的研究工作与时代的需求结合起来，将自身的研究工作与国家和人民的召唤结合起来，以深厚的学识修养赢得尊重，以高尚的人格魅力引领风气，在为祖国、为人民立德立功立言中，在实现中华民族伟大复兴中国梦征程中，成就自我、实现价值。

是为序。

中国社会科学院副院长
中国社会科学院博士后管理委员会主任
2016 年 12 月 1 日

摘　要

　　本书所谓"钱法"，是指国家以律令、诏敕、条例等形式发布的，关于铸币发行、流通、贮藏、支付的法律规范之总和。本书以经济法律之一隅——唐代货币法制为研究对象，透过经济法学与社会法学的宏观视角，充分利用传世文献、出土文书和考古资料，借鉴关联学科前沿成果，系统辑佚、考证和研究钱法史料，逐步展开对中国古代经济法律整体架构的开拓性讨论。

　　本书共六章，由"绪论"、"钱法史料考"、"钱法渊源考"、"钱法职能考"、"钱法理论考"、"钱法适用考"六部分组成。主要研究结论如下：

　　（1）钱法史料考。钱货法制是古代调整货币铸造、支付、流通、贮藏等行为的相关法律规范之统称，亦涉及与之直接相关的铜法、估法等问题。现有唐代钱货史料主要保存在两《唐书·食货志》、《唐六典》、《通典》、《唐会要》、《文献通考》等政书，《册府元龟》、《太平御览》、《玉海》等类书，以及《唐律疏议》、《神龙散颁刑部格》、开元《杂令》、唐《刑部格敕》等法令之中。钱法史料呈现承用、阙载、仅见、异文、讹误、缺漏、重出、倒误等多种类型。经系统辑录可知，唐代钱法史料可划分为诏敕、奏议、史事等类目。唐代钱货法律渊源表现为律、令、格、敕等多种样态并存，其中又以诏敕占据绝大多数，甚至可权且称为"律敕格局"。

　　（2）钱法渊源考。唐代钱法上承秦汉《金布律》、《钱律》等，在律、令、格等法律文献中均有所反映。与秦汉魏晋相比，唐代改变《钱律》单行之旧例，仅在《杂律》中保留"私铸钱"条款。关于货币铸行、流通、贮藏、支付等法律规定，多因时制宜，颁降诏敕。由此构建了以《唐律》为基准，以诏敕为主体，以令、格为辅助的钱货立法格局，且对五代、两宋、明清钱货立法产生直接影响。其中，钱货诏敕是社会经济生活在政策、法律层面的反映，是考察特定时期钱法之重要参照。

（3）钱法职能考。以安史之乱为界，唐代钱法功能布局可谓泾渭分明：武德至天宝时期，以维护"开元通宝"法定流通、支付职能为核心，旨在打击盗铸、抑制恶钱；德宗推行"两税法"后，钱法以应对钱荒为核心，重点惩治毁钱铸器、铜钱外流等。"钱绢兼行"是唐代既定且长期坚守的金融政策，而用来铸造钱币的铜，则成为一系列法律法规创制、运行和厘革的核心所在。本章以唐代"铜法"体系构成与运作为切入，以"开元通宝"基本职能为线索，通过对铜禁、恶钱、虚币、销铸、私贮、欠陌等具体问题的讨论，考察钱法规则在货币铸造、流通、贮藏、支付等领域的具体表征。

（4）钱法理论考。唐代在货币思想方面的理论贡献，主要集中于唐王朝由盛转衰的历史阶段。唐代发生的历次重大钱法变革，因关涉国计民生，在当时必然属于舆论热点，并在各类文献中集中体现。其中，围绕钱荒问题对民间放铸、钱重物轻、钱货兼行三个问题的理论思考与交锋尤为引人注目。本章通过考订、分析唐代诏敕、奏议、诗文、判牍等原始资料，遵循问题导向原则，归纳、总结唐代货币思想与学说。

（5）钱法适用考。唐代沿袭杨隋"以铜赎罪"的规定，并于天宝六载（747）以后推行"折钱纳赎"制度，并对五代赎法产生一定影响。与此同时，《唐律》规定了"以绢计赃"标准，但中晚唐以后绢帛的货币职能渐趋弱化，以钱评赃、纳赎渐成司法常态，并在各类文献中有大量案例可资印证。因此，对唐代"赎法"、"赃法"等问题的讨论，成为唐代钱法研究中不可或缺的内容。

综上所述，本书以历代钱法规则变迁为背景，以唐代法制运行为剖面，依托系统、完整的钱法辑佚史料，彰显专题研究特色，强调综合互补方法，讨论唐代钱法的史料著录、渊源体例、基本职能、理论学说、适用状况等理论问题。研究遵循现代经济法学理论，综合运用"史料考订"、"二重证据"、"文史互证"、"资料统计"等研究方法，全面论证唐代货币法制的演进与运行，为推动法律史学研究向纵深发展及部门法史领域的重新建构贡献力量，为我国当代经济发展、理论决策、法治进步提供历史借鉴。

关键词： 钱法　钱法史料　法律渊源　货币职能　钱法理论　钱法适用

Abstract

The term "currency law" in this book integrates the coinage issue, circulation, storage and payment by the state in the forms of laws, emperor orders and regulations. From the macroscopic perspective of economic law and social law, this book takes one part of economic law-currency law in the Tang dynasty-as the research object-making the most of historical books, unearthed documents and archaeological data, with the enlightenment of leading achievements of related disciplines, and systematically collect, verify and study the relevant historical recordings to gradually unfold a pioneering discussion on the framework of economic law in ancient China.

The book *Research on the Currency Laws in Tang Dynasty* consists of six chapters within 240000 words, namely "Introduction", "Historical materials of currency law", "Formal source of currency law", "The function of currency law", "The theory of currency law", and "The application of currency law". The main conclusions are as follows:

(1) Historical data of currency law. Currency law is the general term of the ancient legal norm that is utilized to adjust activities such as money casting, payment, circulation and storage, and it also involves the copper management regulations and price regulations. The historical materials of money and commodity in the Tang dynasty are mainly recorded in political books including the two *Tang Shu – Shi Huo Zhi* (两《唐书》食货志), *Tang Liu Dian* (《唐六典》), *Tong Dian* (《通典》), *Tang Hui Yao* (《唐会要》), *Wen Xian Tong Kao* (《文献通考》), general books including *Ce Fu Yuan Gui*

(《册府元龟》), *Tai Ping Yu Lan* (《太平御览》), *Yu Hai* (《玉海》) and decrees including *Tang Lv Shu Yi* " (《唐律疏议》), *Shen Long San Ban Xing Bu Ge* (《神龙散颁刑部格》), *Za Ling* in Kaiyuan Period (开元《杂令》), *Xing Bu Ge She* in the Tang dynasty (唐《刑部格敕》). The historical materials of the currency law presents various categories by means of continuation of past records, absence of records, only one record, a variety of different records, wrong records, incomplete records, repeated records, and records with reversed order. On the basis of systematic collection, the historical records of currency law in the Tang can be divided into several categories including emperor's edict, minister's deliberation, historical events.

(2) Formal source of currency law. The currency law of the Tang inherits from *Jin Bu Lv* (《金布律》) and *Qian Lv* (《钱律》) of the Qin and Han dynasties, which is reflected in the laws, orders, regulations and other legal documents. Compared with the Qin, Han, Wei, Jin dynasties, the Tang changed the old conventions of the *Qian Lv* (《钱律》), and only retained the "private coinage" provision in *Za Lv* (《杂律》). As for the aspects of currency casting, circulation, storage and payment, the related legal provisions would be issued according to the time and imperial edict, which have established the monetary legislation pattern with *Tang Lv* (《唐律》) as the foundation, imperial edict as the main body, and order and lattice as the supplementary, meanwhile, it had a direct influence on the monetary legislation of the Wudai Period, Song, Ming and Qing dynasties. Thereinto, the monetary edict is a reflection of social and economic life in the level of policy and legislation, as well as a significant reference to explore the specific period of currency law.

(3) The function of currency law. Taking Anshi Turmoil (安史之乱) as the demarcation point, the function of currency law in the Tang is very notable: from the Wude (武德) to Tianbao (天宝) period, that maintain the legal circulation and payment function of Kai

Yuan Tong Bao（开元通宝）were the core functions with the main concern of deterring pirated coinage and restraining the circulation of inferior copper coins. After implementing Two-tex law（两税法）in Dezong period, the currency law focused on dealing with money shortage, underlying the punishment of coinage destruction and the outflaw of copper coins. "Copper and silk as currency circulation" is the established, long-term financial policy in the Tang, and copper, as the material of casting coin, has become the core of the initiatives, operation and reform of a series of laws and regulations. Taking the constitution and operation of "copper management regulations" in the Tang as point cut, the basic role of Kai Yuan Tong Bao（开元通宝）as clue, this chapter discusses detailed issues such as the ban of copper circulation, inferior currency, virtual currency, sales and casting, private holding and the act of trading in small amounts of copper, with the purpose of investigating the specific characteristics of currency law in the field of money casting, circulation, storage, payment, etc.

（4）The theory of currency law. The theoretical contributions made by the Tang dynasty in currency ideology mainly concentrated on the historical period of the Tang from its prosperity to recession. The main reforms of monetary law occurred in that period inevitably were the hot issues at that time for their relevance to the national economy and people's livelihood and was embodied in various literature, there into the theoretical thinking and arguments around the problems of money shortage for such three issues, including the civil free casting of currency, currency appreciation and price collapse, and copper and silk as money circulation at the same time, are particularly notable. Through collecting and analyzing the imperial edict, secretary of the throne, poetry and judicial decisions, this chapter follows the problem-oriented principle, drawing a conclusion of the thoughts and theories related to the currency in the Tang Dynasty.

（5）The application of currency law. The Tang inherited the regulation " atonement with copper " in the Sui dynasty and implemented the system "redeeming by copper coins" after sixth year in Tianbao period (天宝) (747), which had a certain impact on the ransom regulation of five dynasties. Meanwhile, *Tang Lv* (《唐律》) stipulated the standard "calculating bribes by the quantity of silk". However, the monetary function of silk gradually weakened in the middle and late Tang dynasty, and the norm "calculating bribes by the quantity of copper coins" gradually become judicial practice, which can be confirmed in a large number of cases in various documents. Therefore, the discussions on the "regulation of ransom" and "regulation of bribes" in the Tang have been an indispensable part of the study of currency law in that dynasty.

In conclusion, this book takes the transition of currency law in the past dynasties as the background and the operation of legal system in the Tang as analyzing point, relying on the systematic and integrated historical recordings of currency law, highlighting the unique feature of thematic research and emphasizing the comprehensive complementary method, with the purpose of discussing the historical materials, source style, basic functions, theoretical theory, and application status of currency law in the Tang. In accordance with the theory of modern economic law, this book comprehensively demonstrates the development and operation of currency law in the Tang dynasty by using the methods "collection and identification of historical recordings", "mutual proof of unearthed documents and handed down documents", "project proof of historical documents and literary works", and "material statistics", which contribute to the further development of legal history and the reconstruction of the history of law departments. Furthermore, it provides historical references for the development of modern economy, decision-making, and advancing the role of law in China.

Keywords: currency law; Historical materials on currency law; The formal source of currency law; Functions of currency; The theory of currency law; Specific application of currency law.

目 录

第一章　绪论 …………………………………………………………… 1

　　第一节　选题缘由 ……………………………………………… 2
　　第二节　研究现状述评 ………………………………………… 3
　　　　一、历代泉谱研究 …………………………………………… 3
　　　　二、货币通论研究 …………………………………………… 5
　　　　三、货币专题研究 …………………………………………… 6
　　　　四、财政金融研究 …………………………………………… 10
　　　　五、冶炼铸造研究 …………………………………………… 11
　　　　六、钱货法制研究 …………………………………………… 13
　　第三节　主要内容 ……………………………………………… 14
　　第四节　主要学术贡献 ………………………………………… 17
　　第五节　主要研究方法 ………………………………………… 17

第二章　钱法史料考 …………………………………………………… 19

　　第一节　唐代钱法史料来源 …………………………………… 19
　　　　一、政书类 …………………………………………………… 20
　　　　二、史志类 …………………………………………………… 21
　　　　三、类书类 …………………………………………………… 21
　　　　四、律令类 …………………………………………………… 22
　　第二节　钱法史料著录类型 …………………………………… 24
　　　　一、承用 ……………………………………………………… 24
　　　　二、阙载 ……………………………………………………… 27

三、仅见 ·· 28
　　　四、异文 ·· 30
　　　五、讹误 ·· 31
　　　六、阙漏 ·· 34
　　　七、其他 ·· 37
　第三节　钱法史料辑考原则 ·· 38
　　　一、辑录原则 ·· 38
　　　二、录文原则 ·· 39
　　　三、选材原则 ·· 40

第三章　钱法渊源考 ·· 47
　第一节　唐前钱法 ·· 47
　　　一、《金布律》与《金布令》 ······································ 47
　　　二、《金布律》与《钱律》 ·· 49
　　　三、唐前钱货诏敕 ·· 52
　第二节　唐代钱法 ·· 54
　　　一、《唐律疏议》"私铸钱"条 ···································· 54
　　　二、《神龙散颁刑部格》"私铸钱"条 ························ 56
　　　三、开元《刑部格》"私铸钱"条 ······························ 57
　　　四、钱货诏敕 ·· 59
　第三节　五代钱法 ·· 64
　第四节　宋代钱法 ·· 72
　　　一、宋代钱法概说 ·· 72
　　　二、《宋刑统·杂律》"私铸钱"条 ···························· 73
　　　三、《庆元条法事类》"钱法"条 ································ 74

第四章　钱法职能考 ·· 82
　第一节　铜法 ·· 82
　　　一、采炼外贸法令 ·· 83
　　　二、铸器市易限令 ·· 87
　　　三、陪葬、铸像禁令 ·· 90

第二节　销铸 ·················· 95
一、价格限令 ················ 96
二、铸器限令 ················ 98
三、用度限令 ··············· 100

第三节　恶钱 ················· 102
一、刑事举措 ··············· 105
二、经济举措 ··············· 111
三、行政举措 ··············· 115

第四节　虚币 ················· 121
一、唐前虚币 ··············· 121
二、唐代虚币 ··············· 126
三、实钱与虚钱 ············· 131

第五节　私贮 ················· 134
一、私贮之风尚 ············· 135
二、钱荒与私贮 ············· 137
三、私贮之法禁 ············· 140

第六节　欠陌 ················· 149
一、唐代欠陌溯源 ··········· 149
二、唐代欠陌成因 ··········· 151
三、唐代欠陌规则 ··········· 153
四、唐代欠陌影响 ··········· 155

第五章　钱法理论考 ············· 159

第一节　纵民私铸 ·············· 159
一、唐前放铸故事 ··········· 161
二、放铸、禁铸之争 ········· 164
三、开元放铸之争 ··········· 167
四、天福开禁私铸 ··········· 171

第二节　钱重物轻 ·············· 174
一、唐代轻重理论之源流 ····· 174
二、唐代钱重物轻之困局 ····· 176

三、钱重物轻困局之破解 …… 178
　第三节　钱货兼行 …… 187
　　　一、钱帛兼行之传统 …… 187
　　　二、谷帛通行之弊端 …… 190
　　　三、唐代之钱帛兼行 …… 191

第六章　钱法适用考 …… 198
　第一节　以铜收赎 …… 198
　　　一、缴铜纳赎与纳缣赎罪 …… 200
　　　二、赎刑适用之规则体系 …… 205
　　　三、纳赎规则因革与运行 …… 210
　第二节　以钱计赃 …… 216
　　　一、绢钱并行的二重模式 …… 217
　　　二、以钱计赃之适用场阈 …… 220
　　　三、钱绢计赃关系之臆测 …… 233

结　论 …… 238

参考文献 …… 240

索　引 …… 254

后　记 …… 258

Content

Chapter 1	Introduction		/ 1
	1.1 Reasons for the Selection of Topics		/ 2
	1.2 Review of the Research Status		/ 3
		1.2.1 Research on the Currency Spectrum of the Past Dynasties	/ 3
		1.2.2 Research on Basic Theories of Currency	/ 5
		1.2.3 Research on the Monographic Study of Currency	/ 6
		1.2.4 Research on Finance	/ 10
		1.2.5 Research on Metallurgy and Coin - Casting	/ 11
		1.2.6 Research on Currency Legislation	/ 13
	1.3 Contents		/ 14
	1.4 Major Academic Contributions		/ 17
	1.5 Main Research Methods		/ 17
Chapter 2	Historical Materials of Currency Law		/ 19
	2.1 Sources of Historical Materials of Currency Law in the Tang Dynasty		/ 19
		2.1.1 Political Books	/ 20
		2.1.2 Historical Records	/ 21
		2.1.3 Reference Books	/ 21
		2.1.4 Laws and Decrees	/ 22

2.2　Categories of Historical Materials of Currency Law　/ 24
　　2.2.1　Continuation of the Past Records　/ 24
　　2.2.2　Absence of Records　/ 27
　　2.2.3　Only One record　/ 28
　　2.2.4　A Variety of Different Records　/ 30
　　2.2.5　Wrong Records　/ 31
　　2.2.6　Incomplete Records　/ 34
　　2.2.7　Other Categories　/ 37
2.3　Compiling and Verifying Rules of Historical Materials of Currency Law　/ 38
　　2.3.1　Compiling Rules　/ 38
　　2.3.2　Recording Rules　/ 39
　　2.3.3　Selection Rules　/ 40

Chapter 3　Formal Source of Currency Law　/ 47

3.1　Formal Source of Currency Law in the Pre-Tang Dynasties　/ 47
　　3.1.1　*Jin Bu Lv* (《金布律》) and *Jin Bu Ling* (《金布令》)　/ 47
　　3.1.2　*Jin Bu Lv* (《金布律》) and *Qian Lv* (《钱律》)　/ 49
　　3.1.3　Imperial Edict of Currency in the Pre-Tang Dynasty　/ 52
3.2　Formal Source of Currency Law in the Tang Dynasty　/ 54
　　3.2.1　The Clause "Casting without authorization" in *Tang Lv Shu Yi* (《唐律疏议》)　/ 54
　　3.2.2　The Clause "Casting without authorization" in *Shen Long San Ban Xing Bu Ge* (《神龙散颁刑部格》)　/ 56
　　3.2.3　The Clause "Casting without authorization" in *Xing Bu Ge* (《刑部格》) in Kaiyuan Period　/ 57

Content

		3.2.4	Imperial Edict on Currency	/ 59
	3.3	Formal Source of Currency Law in the Wudai Period		/ 64
	3.4	Formal Source of Currency Law in the Song Dynasty		/ 72
		3.4.1	The Introduction of Formal Source of Currency Law in the Song Dynasty	/ 72
		3.4.2	The Clause "Casting without authorization" in *Song Xing Tong Za Lv* (《宋刑统·杂律》)	/ 73
		3.4.3	The Clause "Currency Law" in *Qing Yuan Tiao Fa Shi Lei* (《庆元条法事类》)	/ 74
Chapter 4	The Function of Currency Law			/ 82
	4.1	Management Regulations of Copper		/ 82
		4.1.1	Legal Provisions of Copper Refining and Foreign Trade	/ 83
		4.1.2	Restrictions on the Market Sale of Casting	/ 87
		4.1.3	Prohibition of Burial Buddha Statues Casted with Copper	/ 90
	4.2	The Currency Casting		/ 95
		4.2.1	Price Limit Order	/ 96
		4.2.2	Casting Limit Order	/ 98
		4.2.3	Expenditure Limit Order	/ 100
	4.3	Inferior Currency		/ 102
		4.3.1	Criminal Policies	/ 105
		4.3.2	Economic Policies	/ 111
		4.3.3	Administrative Policies	/ 115
	4.4	High-denomination Currency		/ 121
		4.4.1	High-denomination Currency in the Pre-Tang Times	/ 121
		4.4.2	High-denomination Currency in the Tang dynasty	/ 126
		4.4.3	Standardized-demomination Currency and High-denomination Currency	/ 131

4.5	Private Storage of Copper Coins		/ 134
	4.5.1	The Custom of Private Storage of Copper Coins	/ 135
	4.5.2	Currency Shortage and Private Storage of Copper Coins	/ 137
	4.5.3	Prohibition on Private Storage of Copper Coins	/ 140
4.6	Transaction with Balance Due		/ 149
	4.6.1	The Historical Source of Transaction with Balance Due in the Tang Dynasty	/ 149
	4.6.2	The Cause of Transaction with Balance Due in the Tang Dynasty	/ 151
	4.6.3	Regulations of Transaction with Balance Due in the Tang Dynasty	/ 153
	4.6.4	The Historical Influence of Transaction with Balance Due in the Tang Dynasty	/ 155

Chapter 5 The Theory of Currency Law.   / 159

5.1	Permission to Privatized Coin-casting		/ 159
	5.1.1	Events That Permited Privitized Coin-casting in the Pre-Tang time	/ 161
	5.1.2	Debate over Whether to Grant Citizens with Liberty to Coin-casting	/ 164
	5.1.3	Debate over the Permission to Privatized Coin-casting in the Kaiyuan Period	/ 167
	5.1.4	The Ban on "Privatized Coin-casting" being lifed during Tianfu Period	/ 171
5.2	Copper Coin Worth More While Silk Worth Less		/ 174
	5.2.1	Origin of the Theory "Copper Coin Worth More While Silk Worth Less" in the Tang dynasty	/ 174
	5.2.2	The Dilemma of That "Copper Coin Worth More While Silk Worth Less" in the Tang Dynasty	/ 176
	5.2.3	Solution to the Dilemma of That "Copper Coin Worth More While Silk Worth Less"	/ 178

	5.3		The Combination of Copper Coin and Silk in Currency Circulation	/ 187
		5.3.1	Tradition of the Combination of Copper Coin and Silk in Currency Circulation	/ 187
		5.3.2	The Defect of the Combination of Copper Coin and Silk in Currency Circulation	/ 190
		5.3.3	The Combination of Copper Coin and Silk in Currency Circulation in the Tang Dynasty	/ 191
Chapter 6	The Application of Currency Law			/ 198
	6.1	Atonement with Copper		/ 198
		6.1.1	Atonement by the use of Copper and Silk	/ 200
		6.1.2	Rules Applicable to Atonement in the Tang Dynasty	/ 205
		6.1.3	The Reform and Operating Rules of Atonement	/ 210
	6.2	Bribes Calculation by the Form of Copper Coin		/ 216
		6.2.1	The Combination of Silk and Copper as the Duplicate model of Calculation Criteria	/ 217
		6.2.2	Scope of the Criteria "Bribes Calculation by the Form of Copper Coin"	/ 220
		6.2.3	Speculation of the Relationship between Copper and Silk refered to as Calculation Criteria	/ 233

Conclusion / 238

Bibliography / 240

Index / 254

Acknowledgements / 258

第一章　绪论

　　本书所谓"钱法"，是指国家以律令、诏敕、条例等形式发布的，关于铸币发行、流通、贮藏、支付等法律规范之总和。① 早在民国时期，即有陶希圣、鞠清远、陈时策、汪思清、戴振辉等先贤及桑原骘藏、铃木俊、宫崎市定、吉田虎雄、加藤繁等日本学者对唐宋币制、关市、贸易、赋税、田制等问题进行过深入研究。近年又有岑仲勉、韩国磐、李埏、胡如雷、李锦绣、赖瑞和、闫晓君、石俊志、金宝祥、薛平拴、唐金荣等前辈学者对唐代货币制度予以深入研究。

　　目前关于古代经济法的研究存在下列问题亟待解决：其一，唐代经济法制内涵与范围的界定；其二，唐代经济法制史料的系统辑录；其三，唐代经济法制之专题研究。上述判断是基于经济法史研究现状的远景谋划，也是法律史学研究者值得关注的方向之一。但是，目前关于中国古代经济法律的系统研究尚未引起学界应有的重视。本书以经济法律之一隅——唐代货币法制为研究对象，透过经济法学与社会法学的宏观视角，充分利用传世文献、出土文书和考古资料，借鉴关联学科前沿成果，系统辑佚、考证和研究钱法史料，逐步展开对中国古代经济法律整体架构的开拓性讨论。

---

① 按：清人徐鼒《度支辑略》卷九"钱法"记嘉道时期各钱局设炉卯数、铸钱数量、铜铅价格、工匠价银等。〔（清）徐鼒：《度支辑略》，沈云龙主编：《近代中国史料丛刊三编》第四十七辑，台湾文海出版社1985年版，第153—197页〕王裕巽认为，钱法主要是关于铜钱铸造、流通的法令，"除明前期曾实施的纯纸币流通外，铜钱一直作为朝廷的法定货币之一，与纸钞、白银构成其时的流通货币结构。因此，钱法与钞法、银两制度同属明代货币流通制度的基本组成内容。"（王裕巽：《明代钱法变迁考》，《文史哲》1996年第1期）刘恒武、杨心珉明确指出，所谓"钱法"，即与铜钱的铸造、发行、流通相关的一系列国家制度（刘恒武、杨心珉：《明代的钱法阻滞问题与黄宗羲的钱法思想》，《浙江社会科学》2010年第9期）。上述概念对于本课题的研究具有重要指导意义，但在研究对象和研究方法层面亦存在本质差异。

第一节　选题缘由

（1）文献补白意义。秦汉以降，货币法制的创制与厘革为历代王朝所重视。除出土简牍所见《云梦秦简·金布律》、《二年律令·钱律》、《居延汉简·铸伪钱》、《居延新简·挟不行钱》，敦煌出《神龙散颁刑部格》外，古代货币法制史料多散见于传世文献之中，目前尚无关于古代钱法史料的系统考证、辑佚成果。唐代钱法呈现律、令、格、敕多种法律形式并存的形态，并对后世货币立法格局产生直接影响。由此考镜源流，触类旁通，最终完成古代钱法史料的系统整理，为重新认识古代经济法律提供资料储备和研究基础。

（2）理论创新意义。全汉昇先生认为："中国社会发展到了唐中叶左右，自汉末以来约共五百多年占优势的自然经济渐渐衰微，代之而起的是货币经济。"[①] 唐代是中国记重钱体系崩溃、元宝钱体系诞生和发展的重要历史阶段。作为传统经济法制的转型时期，唐代占据上承秦汉魏晋、下启宋元明清的枢轴地位。这一阶段货币法律思想的发展与实践，兼具传承与创新精神，对货币领域政策调整、法律修订以及司法实践产生深远影响。本研究以法制变迁为主线，系统考察律令、诏敕、奏议、策对、诗文、契约、案牍中所包含的钱法资料，从法律创制、法律适用和法律文化的综合视角探讨唐代货币法制的发展脉络、内涵特征、理论贡献及实际应用等问题，力求为法律史学的纵深研究与协调发展贡献力量。

（3）现实借鉴意义。目前，我国正处于社会主义市场经济转型的重要阶段，在调整货币政策、平衡财政收支、规避金融风险、抑制通货膨胀等领域亟须理论参考和历史借鉴。唐五代之际是中国金属铸币本位体制发展的重要历史阶段，也是流通领域由铸币逐步向纸币转型的

---

① 全汉昇：《唐宋政府岁入与货币经济的关系》，《中央研究院历史语言研究所集刊》第20本，1948年，第189页。

关键时期。① 本课题从历史角度关注重大现实问题，通过对钱法史料、钱法渊源、钱法职能、钱法理论、钱法实践等具体问题的研究，在查明唐代货币法律变化过程和主要特征的基础上，分析信用货币体系发展完善的有效路径和运行状态。

第二节 研究现状述评

一、历代泉谱研究

古今学者对于货币制度沿革发展的关注由来已久，前贤通过描摹中国历代货币形制、规格、兴替的发展脉络，揭示出古代货币制度发展与运行的客观规律。其中，对历代钱谱的系统研究构成清代以前货币研究之主流，并对现代货币研究产生直接影响。萧梁之际，顾烜始撰《钱谱》，发凡起例，洞开法门，"凡历代造立之原，大小轻重之度，皆有伦序，使后乎此者可以概见"，其后又有封演《续钱谱》、郭素《钱谱》、张台《钱录》、李孝美《历代钱谱》、董逌《续钱谱》、金光袭《钱宝录》、陶岳《货泉录》等接续著述，惜皆失传。今传世最古者，当推南宋洪遵《泉志》。嗣后钱谱一门渐为时所重，洎乎清代，金石考据之风大盛，泉货之学蔚为大观。如邱濬《钱法纂要》（学海类编本）、初尚龄《吉金所见录》（道光五年莱阳初氏古香书屋刻本）、戴熙《古泉丛话》（道光丁酉年本）、孟麟《泉布统志》（道光十三年刻本）、叶德辉《古泉杂咏》（光绪二十一年刻本）、朱多炡《古今泉谱》（道光二十七年本）、翁树培《古泉汇考》（光绪三十年石印本）、李佐贤《古泉汇》（同治二年利津李氏石泉书屋本）、翁树培《嘉荫簃古泉随笔》（光绪刘氏嘉荫簃抄本）、金嘉

---

① 按：人类历史上，曾先后出现实物货币和金属货币、代用货币、信用货币四种货币形态。为了适应交换的需要和维护交易秩序，由政府出面按一定的成色和重量把金属块铸造成货币，其结果就出现了铸币。在我国历史上，西周的铜贝、铜镮，春秋战国的布币、刀币、环钱，西汉的货泉，东汉的五铢，宋代的圣宋元宝，明代的永乐通宝等都是铸币。宣文俊主编：《货币银行学》，北京大学出版社2008年版，第10页。

《洪氏泉志校误》（观自得斋刻观自得斋丛书本）、罗福葆《货布文字考》（金山钱氏刊本）等皆流布甚广。其中，又以梁诗正等人纂辑《钱录》和沈学诗《历代钱法备考》最为著名。乾隆十五年（1750），梁诗正等人纂辑《钱录》十六卷（商务印书馆1937年版，丛书集成初编），收录自伏羲氏至明代崇祯年间钱币，以及外国货币、厌胜钱共五百多种，附以图版、释文。嘉庆年间沈学诗撰《历代钱法备考》八卷（《续修四库全书》第838册），叙历代正品、伪品规格、形制、成色、字迹等，以及外国品、年限不明者、金银钱等。但是，上述"研究大多出于收藏的目的，带有浓重的鉴赏性质，并没有重视古钱所蕴含的历史信息。所以，钱币研究在这一千五百余年间一直没有迈出传统金石学的范畴。"[1]

民国以后，古代泉货仍是中国经济史研究之重要议题之一。[2] 丁福保《古钱大辞典》（上海医学书局1936年版）和《历代古钱图说》（上海书店1940年版）成为中国古代货币研究的案头常备书目。此外，集学界众人之力纂修的大型钱币丛书相继问世，此类著作本质上仍可隶属于历代泉谱范畴。如，孙仲汇等《简明中国钱币词典》（上海古籍出版社1991年版），马飞海、王贵忱主编《中国钱币文献丛书》（上海古籍出版社1992年版），戴志强主编《中国钱币丛书》（甲种本二十七种、乙种本五种，中华书局1997—2007年版），唐石父《中国古钱币》（上海古籍出版社2001年版），华光普主编《中国古钱大集》（湖南人民出版社2004年版），戴志强编著《中国钱币收藏鉴赏全集》（吉林出版社2008年版），《中国钱币大辞典》编纂委员会编《中国钱币大辞典》（中华书局2011年版）等具有重要参考价值。上述论著、图鉴、丛书、词典从钱币学、科技史、文献学、考古学等不同角度对中国古代货币的主要类型、历史发展等重要问题进行了介绍。

20世纪以来，海外关于中国泉货的研究也取得了长足进步，如日本学者山田孔章《符合泉志》（文政十二年尾张书肆、东璧堂玉山房合梓）、今井贞吉《古泉大全》（天津古籍出版社1989年出版丙集）、奥平昌洪《东亚钱志》（岩波书店1937年版）、平尾聚泉《昭和泉谱》（天保堂

---

[1] 周卫荣：《中国古代钱币与钱币科技考古》，《南方文物》2007年第1期。
[2] 按：英国学者克拉判（John Harold Clapharn）指出："经济史是普通制度史的一个部门——就是研究过去社会制度里的经济情形的学科。"（［英］克拉判：《经济史的纪律》，连士升译，陶希圣主编：《食货》第2卷第2期，上海新生命书局1935年版，第6页）

1974年版)、小川浩《新订北宋符合泉志》(中国钱币丛书甲种本之三，车新亭译，中华书局1996年版)等，皆承用传统泉谱体例，对中国历代铜钱多有著录。台湾地区钱币研究发轫于1960年代末，创办了《钱币天地》(双月刊，1977年创刊)、《中华钱币》(月刊，1970年创刊)、《收藏家邮币杂志》(双月刊，1971年创刊)等学术刊物，并有蔡养吾《中国古钱讲话》(新光邮钞杂志社1973年版)、许义宗《中国纸币图说》(江台邮币社1981年版)等专著问世，在近代和现代钱币研究领域获得显著学术突破。上述论著体系恢弘、论证严谨、图文并茂，为本书的唐代钱法研究和资料辑录提供了坚实基础，对于查明古代货币发展沿革与实际运行提供了脉络信息和实物参照，更在研究方法和研究思路层面提供了诸多启示。

二、货币通论研究

民国时期至今，泉货研究范围在继受泉谱研究传统的同时扩展至货币政策、金融理论、金融机构等重要问题，"泉货学"(Numismatics)[①]所涉及的概念术语、研究领域、研究范式、研究方法等均取得重大突破。这一时期货币研究的论著数量甚多，田中忠夫、金井之忠、加藤繁、李剑农、彭信威等学者在中国古代货币通论研究领域取得了骄人成绩。其中，不乏关于古代货币理论问题的专门探讨。代表性成果有：章宗元《中国泉币沿革》(经济学会1915年版)对铜币、银币沿革进行了介绍。侯厚培《中国货币沿革史》(上海世界书局1930年版)对唐宋金银币的功能、唐宋铜币铸造与比价等问题进行了讨论。朱偰《中国货币问题》(青年书店1930年版)讨论了货币发行之准备金、发行定额、伪造问题。周伯棣《中国货币史纲》(中华书局1934年版)介绍了唐宋之际铸币制度发展概况。傅筑夫《古代货币经济的突出发展及其对社会经济所产生的深远影响》、《货币经济的衰落与实物货币的代兴》[②]等文对古代货币制度发展运行的客观规律进行了专文探讨。吕思勉《隋唐五

---

① 按：泉货学，英文名Numismatics，考其释义，为研究泉货、制作、文字及其历史之科学也(张绚伯：《何谓泉货学》，《古泉学》第1卷第3期，中国古泉学会1936年，第16—24页)。
② 收入傅筑夫：《中国经济史论丛》，三联出版社1980年版。

代史》（上海中华书局1957年版）"隋唐五代时实业"一章以断代和专题相结合的方式，讨论了隋唐五代时期货币政策、币制沿革、绢帛金银等问题。萧清《中国古代货币史》（人民出版社1984年版）从历史发展角度对我国历代货币进行了介绍，其中关于私铸恶钱流通问题、唐代绢帛流通与衰落等问题的研究值得特别关注。洪葭管主编的《中国金融史》（西南财经大学出版社1993年版）设"古代金融"、"近代金融"、"当代金融"三篇，其中唐五代钱币及信用机构与本书的研究密切相关。郭彦岗《中国历代货币》（增订版）（商务印书馆1998年版）突破旧谱范式，深入分析了不同历史时期货币发展的关键问题，如半两向五铢的转化、唐代蓄钱禁与通货紧缩、宋代折阅与称提、明代银两制的建立等，均有独到见解。宋杰《中国货币发展史》（首都师范大学出版社1999年版）从中国货币起源切入，系统论述春秋至民国历代币制，涉及隋唐五代货币制度的地位与特点、绢帛的货币职能、谷粟与其他实物货币、金银的货币职能、信用关系与金融事业等问题。宁可主编的《中国经济通史·隋唐五代经济卷》（经济日报出版社2000年版）"货币与物价"一章讨论了隋唐五代货币的发行流通、货币结构、金融事业、信用关系等问题，并将这一时期货币的主要变化归纳为"金属铸币复行"、"白银的使用逐渐推广"、"纸币萌芽——飞钱、便换的出现"三个方面。章宗元、郭彦岗《中国货币演变史》（上海人民出版社2014年版）论述了我国历代货币的演变和发展历史，该书按照新的体系要求，尽量吸收新的历史货币资料，做了大量资料充实和理论创新工作。杨心珉《唐代货币史若干问题研究》（南京师范大学博士学位论文，2015年5月）全面探讨了唐代币制规格形制、铸造与生产、管理与流通及金银货币化问题。其中，对民间私铸和币值变动的研究与本书主题高度契合。

三、货币专题研究

20世纪以来，传统货币研究突破既有学科藩篱，广泛借鉴、吸纳历史学、考古学、金融学等相关学科的研究视野与研究理路，重视宏观研究与专题研究、通史研究与断代研究的有机结合，在货币政策、货币理论、货币职能、出土货币等相关领域产生了一大批重要学术论著，将中国货币学研究推向前所未有的高度。鞠清远[①]、王孝通[②]、李剑农[③]、岑仲勉[④]、加藤繁[⑤]、吕思勉[⑥]、韩国磐[⑦]、王仲荦[⑧]、胡如雷[⑨]等前辈学者在唐代币制、柜坊、飞钱、便换、私贮、禁钱、短陌、流通等领域进行了开拓性研究，为展开唐代货币的专题讨论开辟了不同路径。值得注意的是，民国时期已经出现《绘钱会志》（1899年创刊，日本帝国绘泉协会主编，自印本）、《钱业月报》（1921年创刊，上海市钱业同业公会发行）、《古泉杂志》（1927年创刊，古泉学社出版）、《古泉学》（1936年创刊，上海书店出版）、《银钱界》（1937年创刊，上海市银钱业业余联谊会主编）等专门研究钱币的学术刊物。其中，中国泉币学社于1940年7月至1945年9月编辑出版的三十二期《泉币》（双月刊）杂志，代表了民国时期泉货界研究较高水准。此外，由陶希圣主编的《食货》（上海新生命书局，1934年12月至1937年7月出版）等杂志，也有多篇论文关注古代货币制度的变迁与运作。

（1）货币理论。加藤繁《唐代绢帛之货币的用途》（傅安华译，陶希圣主编：《食货》第1卷第2期，上海新生命书局1934年版）在考察唐代绢帛经济职能的基础上，揭示了唐代不同时期绢帛与铜钱货币地位的升降变化。穗积文雄《唐代的货币思想——新、旧〈唐书〉所载的货币思想》（《东亚经济论丛》3-1，1943年2月）主要利用正史《食货志》资料，揭示唐代理财之臣秉承的货币思想和财政观念。彭信威《中国货币史》（上海人民出版社1958年版）系统讨论了刘秩、陆贽、韩愈、杨於陵等唐代理财之臣的货币理论。喻明高、郭彦岗《历代通货膨胀问题商榷》（《上海金融研究》1984年第5期）对通货膨胀的时间跨度、空间跨度和影响深度，私铸恶钱与通货膨胀的关系，纸币膨胀的历史规律等问题进行

---

① 鞠清远：《唐代经济史》，商务印书馆1936年版。
② 王孝通：《中国商业史》，商务印书馆1936年版。
③ 李剑农：《魏晋南北朝隋唐经济史稿》，国立蓝田师院历史系1943年油印本。
④ 岑仲勉：《隋唐史》，高等教育出版社1957年版。
⑤ ［日］加藤繁：《唐宋时代金银之研究》，中国联合银行调查室译，中国联合准备银行1944年版；［日］加藤繁：《中国经济史考证》，吴杰译，商务印书馆1959年版。
⑥ 吕思勉：《隋唐五代史》，上海古籍出版社1959年版。
⑦ 韩国磐：《隋唐五代史纲》，生活·读书·新知三联书店1961年版。
⑧ 王仲荦：《隋唐五代史》，上海人民出版社1988年版。
⑨ 胡如雷：《隋唐五代社会经济史论稿》，中国社会科学出版社1996年版。

了深入分析，尤其注意到唐代作为"通货紧缩型"社会的基本特征，以及唐代因钱币短缺恶钱发挥的通货补充作用。巫宝三主编《中国经济史资料选辑》（三国、两晋、南北朝、隋唐）（中国社会科学出版社1988年版）搜罗魏徵、刘秩、刘晏、杜佑、杨於陵、韩愈、白居易、元稹、李珏等人的货币理论史料，为本研究提供了资料便利。桑田幸三《中国经济思想史论》（沈佩林等译，北京大学出版社1991年版）全面讨论了中国古代生产思想、流通思想、货币思想、财政思想、通商思想，部分章节涉及唐代钱法问题。赵靖主编的《中国经济思想通史》第二卷（北京大学出版社1995年版）、第三卷（北京大学出版社1997年版）对隋至五代时期刘秩、裴耀卿、韩愈、元稹、李珏等人的货币思想进行了归纳和阐释。

（2）货币政策。早在1930年代，即有学者开始关注唐代货币政策问题。黄君默《唐代的货币》（载陶希圣主编：《食货》第4卷第11期，上海新生命书局1936年版）透过物价变迁，对唐代恶币驱逐良币、收缩货币策（Deflation of Monoy）、膨胀通货策（Inflation of Currency）等货币政策进行了分析。齐涛《中国古代经济史》（山东大学出版社1999年版）在"货币政策沿革"一章对西汉以降历代工商货币政策进行了系统梳理，对"钱帛兼行"等唐代货币政策进行了讨论。刘玉峰《唐代货币制度和货币流通浅论》〔载《山东大学学报》（哲学社会科学版）2002年第6期〕分析了唐代钱帛兼行货币政策的形成与影响，认为钱帛兼行制度本身存在着明显缺陷，使得流通中通货紧缩的问题日益严重并且无法较好解决，极大地阻碍了商品经济的进一步发展。Tan Mei Ah（陈美亚）"Monetary Policy as Key to State Authorityand Income in Tang China"（*Journal of Chinese Studies* No. 64 – January 2017）一文探讨唐代钱帛兼行之货币供应问题及货币政策，提出皇权与收入是唐室的主要考虑；并借用现代经济学原理，分析刘秩"钱轻由乎物多"之谬误、禁盗铸钱所引起之"市井不通，物价腾起"现象，以及中晚唐之大量窖藏，兼采钱币学与考古学成果证成若干论点。

（3）货币职能。货币具有价值尺度、流通手段、贮藏手段、支付手段、世界货币等基本职能。此外，由于唐代实行绢钱兼行、以绢为本的二元货币制度，因此，关于唐代钱法的系统研究尚需给予绢帛问题必要关注。至1930年代，以货币职能为中心所展开的关于唐代钱货的系统研究全面展开。

代表性成果如戴振辉《五代货币制度》(载《食货》第 2 卷第 1 期,上海新生命书局 1936 年版)对五代时期铜币、铁币流通问题的讨论,秦璋《唐代货币之一考究》(载《中国经济》1933 年第 1 卷第 2 期)对唐代不同地域货币铸造与流通的探讨。李埏《略论唐代的"钱帛兼行"》(载《历史研究》1964 年第 1 期)认为,唐代继承魏晋以来钱帛兼行之余绪,铜钱流通相对受限,铜钱流通尽管比以前有所扩大,然而仍长期地存在城郭外少有见钱的现象。唐代商品种类仍很有限,在许多场合,交换仍以绢帛作为直接流通手段,而不必借助于铜钱。李伯重《略论唐代的"日绢三尺"》(载史念海主编:《唐史论丛》第二辑,陕西人民出版社 1987 年版)探讨了唐代"日绢三尺"的实质和依据,及其产生和存在的客观条件,认为"日绢三尺"是丁男劳动所创造的劳动力的价值。黄永年《唐天宝宣城郡丁课银铤考释》〔载《陕西师范大学学报》(哲学社会科学版)1978 年第 4 期〕认为,唐代将金银和珠玉等玩好同样看待,天宝时宣城郡用于丁课的银铤是制造珍贵器物的原料,进而否定加藤繁"唐代金银货币化"的观点。冻国栋《唐代的商品经济与经营管理》(武汉大学出版社 1990 年版)深入讨论了官府对国内工商业、物价、货币的管理。李锦绣《唐后期的虚钱、实钱问题》〔载《北京大学学报》(哲学社会科学版)1989 年第 2 期〕指出:"唐后期时政上的许多棘手问题的产生(如两税折纳、盐铁记帐、内外官俸差异、和籴、和雇、宫市弊民等)都以虚实钱为根本原因。"孙文泱《中国古代铜铸币货币贬值的特征》〔载《首都师范大学学报》(社会科学版)1997 年第 3 期〕指出,铜币的货币贬值导致价格标准混乱、引起劣币驱逐良币等,这些是纸币通货膨胀所不具备的特点。郭彦刚《中国历代货币》(商务印书馆 1998 年版)对唐代蓄钱禁和金银绢帛货币职能问题进行了专门讨论。潘祥福《五代十国的货币》(《能仁学报》第 8 期,2001 年)讨论了五代十国时期多种铜钱的铸造、规格和流通问题。高桥弘臣《宋金元货币史研究》(林松涛译,上海古籍出版社 2010 年版,《日本宋学研究六人集》第二辑)从票据历史渊源角度分析了唐代柜坊、便换等金融工具。辛瑞、杨红丽《丝绸之路的"绢帛"输出对唐代货币流通的影响》(载《新疆财经大学学报》2015 年第 3 期)从货币流通角度讨论了"绢帛"被输出唐境后对内地货币流通的影响。朱成实《魏晋南北朝恶钱研究——兼及实物货币的流通及其质劣化》(博士学位论文,上海师范大学,2016 年)探讨了魏晋南北朝时期虚币、减重钱、恶钱问题，对于查明唐代恶钱和大钱的行用具有参考价值。此外，还有多篇学位论文对唐代货币流通①、唐代钱荒②、绢帛货币地位③、货币经济④、金银货币化⑤、五代币制⑥等重要问题进行了研究。

四、财政金融研究

货币制度历来是传统财政金融史研究的基本领域之一，从国家财政角度研究货币制度，对于查明货币钱法与税法、铜法、估法、赃法的相互关系，具有重要学术价值。1920—1930 年代，即有胡钧⑦、徐式庄⑧、常乃德⑨、刘秉麟⑩、杨志濂⑪、森谷克己⑫、罗玉东⑬、陶希圣⑭诸家经济、财政史学论著问世，其中，陶希圣、鞠清远《唐代经济史》（商务印书馆 1936 年版）专门讨论了"柜坊飞钱与便换之出现"，并在"财政制度"部分对租庸调、地税、户税、两税、色役、资课、榷税等与货币直接关联的税赋制度进行了系统分析，对于查明唐代货币支付职能运作情况具有重要启发。傅筑夫《中国封建社会经济史》第四卷（人民出版社 1986 年版）专辟"货币与物价"一章，全面论述了货币制度、实物货币、白银和物价问题，其中关于蓄钱、除陌、便换等问题的讨论，对本书的研究有重要指导意义。李锦绣《唐代财政领域的"加饶"现象》（《浙江社会科学》1999 年第 1 期）探讨了唐代后期和籴、和市、赋税、便换、盐法及官吏俸料中普遍存在的加饶现象，有助于理解唐后期由钱轻物重到钱重物

---

① 窦跃文：《唐代铸币流通研究》，硕士学位论文，山东大学，2014 年。
② 段萌：《唐代士人对于"钱荒"的议论》，硕士学位论文，四川师范大学，2014 年。
③ 曹祥凤：《唐代货币问题研究》，硕士学位论文，河北经贸大学，2014 年。
④ 魏潇：《魏晋至隋唐货币经济的发展——以绢帛钱币货币地位变化为线索》，硕士学位论文，陕西师范大学，2012 年。
⑤ 李博学：《唐代金银货币化问题研究》，硕士学位论文，辽宁大学，2011 年。
⑥ 黄艳：《五代货币制度考》，硕士学位论文，东北师范大学，2004 年。
⑦ 胡钧：《中国财政史讲义》，商务印书馆 1920 年版。
⑧ 徐式庄：《中国财政史略》，商务印书馆 1926 年版。
⑨ 常乃德：《中国财政制度史》，上海世界书局 1930 年版。
⑩ 刘秉麟：《中国财政小史》，商务印书馆 1931 年版（万有文库本）。
⑪ 杨志濂：《中国财政史辑要》，无锡大公图书馆 1936 年版。
⑫ ［日］森谷克己：《中国社会经济史》，陈昌蔚译，商务印书馆 1936 年版。
⑬ 罗玉东：《中国厘金史》，商务印书馆 1936 年版。
⑭ 陶希圣、鞠清远：《唐代经济史》，商务印书馆 1936 年版。

轻的财政形势的变化，以及因绢帛充当流通手段而出现的虚、实两种估价。李锦绣《唐代财政史稿》（下卷）（北京大学出版社2001年版）第二编"财政收支"部分"盐铁收支"一章专门讨论了唐代矿业和铸钱问题，认为从财政角度而言，因成本过高，盐铁使所掌东部财区的铸钱，实质上属于支出性质。美国学者杜希德（Denis Twitchett）《唐代财政》（丁俊译，中西书局2016年版）从财政史宏观视野全面论述了唐代财政体系发展演变的情形，对均田制、租庸调、两税法、货币与信贷、盐政和漕运等问题均有论及。陈明光《唐代财政史新编》（中国财政经济出版社1999年版）讨论了唐代前期国家预算的法制形态、安史之乱与唐朝财政体系的变动和唐代后期国家预算的特定形态三个重要问题。

五、冶炼铸造研究

与其他人文社科研究课题有别，唐代钱法研究涉及唐代矿藏开发、铜镴冶炼、铸造工艺等诸多自然科学命题，研究议题和研究方法遂跨越文史之学传统范畴。自20世纪初，吴承洛、章鸿钊、王琎和甲贺宜政、水上正胜、马渊久夫、加藤繁等日本学者在钱币合金领域进行了开拓性研究，现代科学技术的引入使传统钱币研究的面貌为之一新。1980年代以后，中国学者从科技史、经济史等角度的相关研究，极大地丰富了货币学的研究内容。

1. 矿产冶炼领域

岑仲勉《隋唐史》（高等教育出版社1957年版）"钱币与矿冶"一节对唐代铸币、铜禁、铜冶、银坑等多有涉及。张泽咸《唐代工商业》（中国社会科学出版社1995年版）是较早研究唐代矿业的代表性论著，该书"上编"全面讨论了唐代矿藏冶炼、铁器制造业、兵器制造业、金银制造业等十五类手工业，其中"铸铜业"部分讨论了铸币、铸镜、铸造铜器问题，对于研究唐代"钱法"、"铜法"具有重要意义。刘玉峰《唐代矿业政策初论》（《齐鲁学刊》2001年第2期）讨论了唐代矿业政策的变迁，对于开元初期政府制定了专门的令、式条文向私营矿业征税事件予以特别关注。周卫荣、戴志强等人所著《钱币学与冶铸史论丛》（中华书局2002年版）收入论文28篇，从科学技术史的角度研究中国古钱，试图将现代技术手段和研究方法应用到钱币学领域，其中关于中国历代铜铸币合金成分的探讨、黄铜钱与白铜钱等内容与本书的研究关系密切。周卫荣《中国古代钱币合金成分研究》（中华书局2004年版）等，对历代钱币的合金组成作了系统的排比、归纳和总结，勾画出中国古代钱币合金的演变轨迹及其历史渊源，提出了中国古代钱币科学品质的概念，建立了古代钱币合金质量的科学评估方案。裘士京《江南铜研究：中国古代青铜铜源的探索》（黄山书社2004年版）综合运用文献学、文字学、田野调查和科技考古等研究方法，深入研究了先秦、汉代、隋唐和宋代江南铜的发展阶段。该书涉及唐代采矿冶金政策、各地金属矿藏分布、唐代钱监设置等，其中将恶钱泛滥与铜冶分布、会昌铸钱的地理分布等问题结合，极大拓展了唐代钱法的研究视野。杜文玉《五代十国经济史》（学苑出版社2011年版）研究了五代十国矿冶业的基本情况，涉及矿藏分布、冶铁业与金银制造业和铸钱业，其中关于这一历史时期铸钱的研究，对于本书的研究具有重要参考价值。钱穆《中国经济史》（叶龙整理，北京联合出版公司2014年版）"唐代经济"一章则研究了唐代矿冶与主要流通货币。

2. 货币铸造领域

货币铸造工艺是唐代货币发行与流通必须涉及的问题，应给予"开元通宝"铸造工艺、流程以必要关注。《陕西金融》1988年增刊《钱币专辑》（9）专门针对"唐代钱币"收录论文75篇、资料11则，是中国学者1980年代唐钱研究重要成果的集中展示。其中，收录有孙仲汇《开元通宝铸法探讨》、徐达元《唐代钱模铸法初探》等科技史论文13篇，涉及唐钱铸造、钱范、母钱等科技议题。关于开元通宝的铸造方法历来众说纷纭，尚无定论。徐达元提出唐代采用"钳夹法"铸私钱，而非采用失蜡、范铸、翻砂或模压法，王卿《开元钱的翻砂铸造工艺》与李金平《从宋钱错范看唐钱铸法》均坚持翻砂铸钱的观点。张奎元、王常山《中国隋唐五代科技史》（人民出版社1994年版）专门介绍了唐钱镕模铸造法。张泽咸《唐代工商业》（中国社会科学出版社1995年版）认为，唐初创制开元通宝钱，已不再用铜铸母范和土印子范，而使用母钱冶铸法，使铸币出现新的改革。高勇勇、吕耀初、钱学明《湖州铸钱考》（现代出版社2017年版）探讨了湖州地区铸造的战国楚系货币、汉初吴王濞铸币、沈郎钱、萧梁二柱五铢、陈霸先和太货六铢、太平天国钱、江南银行抗币、湖州地方代用币等问题，是区域铸币史研究的力作，填补了地方文化研究的空白。

六、钱货法制研究

中国货币法制史的研究，在深入了解货币起源、货币本质和货币演变脉络的基础上，通过对中国古代各王朝货币法制状况的分析，总结不同历史时期的货币法规和货币政策所产生的政治、经济影响，探讨各王朝盛衰兴替的经济原因与客观规律。中国货币法制史相关的论著，虽涉及法律、经济、历史、考古等众多学科，但从法律角度讨论中国古代货币问题的相关论著相对匮乏。其中，石俊志在中国货币法制通论、铜钱法制等领域进行了系统研究，在货币法制通代研究领域用功尤勤。氏著《中国货币法制史概论》（中国金融出版社2012年版）通过对中国古代各王朝货币法制状况的分析，总结各王朝货币法规、货币政策所产生的政治、经济影响，探索王朝盛衰兴替的经济原因。氏著《中国货币法制史话》（中国金融出版社2014年版）具有通俗易懂、优雅朴素的风格，考察了中国古代货币法制演化的基本脉络。氏著《中国铜钱法制史纲要》（中国金融出版社2015年版）重点介绍秦汉、唐宋、明清等不同时期所采取的放民铸钱、钱币回笼、打击盗铸、打击毁钱、铜钱减重、虚币大钱等改革举措，是货币法制领域通论研究和专题研究有机集合的成功范例。此外，目前亦有数篇专门讨论古代货币法制的学术论文问世，如唐金荣、赵婧《透过法律看唐代恶钱之流通与作用》〔载《西南农业大学学报》（社会科学版）2010年第6期〕认为唐代治理恶钱的法律经历了由重到轻的过程，对恶钱的态度发生了从销毁到有条件接受的转变。陈汉生、梅琳《我国古代法律中"赃"罪的规定》〔《上海大学学报》（社科版）1995年第3期〕讨论了古代赃罪类型和计赃原则，对唐代以钱计赃问题的研究有重要参考。陈俊强、高梓轩《唐律十恶是否能以赎论》（中国法制史学会、中研院历史语言研究所主编：《法制史研究》第31期，2017年6月）讨论了唐代赎刑的适用范围，对"十恶"犯罪中允许纳赎的具体罪名进行了深入考察，而赎铜缴纳则与唐代钱法研究直接关联。

显然，关于唐代货币法制的研究，是法律史与经济史研究的薄弱环节，从法律角度研究货币问题的成果数量较少且缺乏体系，目前尚无唐代货币法制的专门研究成果问世。从研究视域而言，现有研究成果尚未有效沟通经济史学和法律史学，学科隔膜依旧是制约学术发展的天然屏障；从研究内容而言，现有研究成果专题研究有余，系统考察不足，以致无法准确把握唐代钱货法制体系之基本面貌；从研究方法而言，现有研究成果缺乏综合运用多学科交叉研究方法的意识，在研究路径方面过于单一，未能对若干重要货币法律问题作出合理解释，无法为当代经济法制决策提供有效经验借鉴。

第三节　主要内容

《唐代钱法考》合计六章，由"绪论"、"钱法史料考"、"钱法渊源考"、"钱法职能考"、"钱法理论考"、"钱法适用考"六部分组成。以历代钱法规则变迁为背景，以唐代法制运行为剖面，依托系统、完整的钱法辑佚史料，彰显专题研究特色，强调综合互补方法，讨论唐代钱法的史料著录、渊源体例、基本职能、理论学说、适用状况等理论问题。课题研究遵循现代经济法学理论，综合运用"史料考订"、"二重证据"、"文史互证"、"资料统计"等研究方法，全面论证唐代货币法制的演进与运行，为推动法律史学研究向纵深发展及部门法史领域的重新建构贡献力量，为我国当代经济发展、理论决策、法治进步提供历史借鉴。

（1）钱法史料考。唐代律令、诏敕、奏疏等史料是开展钱法研究的基本依据。现存钱法史料纷繁芜杂、出于多门、详略有别、时见异同。因此，应在系统辑佚的基础上，借鉴文献学、考古学研究方法，对相关史料考信正谬、择善而从。通过史料辑佚、文献校勘、图表编修，查明特定时期钱法资料的基本情况。其中，"唐代钱法史料来源"部分主要研究史志、政书、类书、律令、文集、地志、杂史、稗乘中唐代钱货史料的出处、起讫时限、基本特征等；"钱法史料著录类型"部分主要研究唐代钱法史料著录中存在的承用、阙载、仅见、异文、讹误、夺脱、重出、衍文等问题；"钱法史料辑考原则"部分主要介绍唐代钱法史料选材、录文、疏证、配图等所遵循的体例和原则。

（2）钱法渊源考。唐代构建了以《唐律》为基准，以诏敕为主体，以令、格为辅助的钱货立法格局，并对五代、两宋、明清钱货立法产生直接影响。第三章以唐代钱法渊源为样本，以理清钱法体系演进脉络为中心，关注中古时期经济法律形式的演化历程，重点探究晚唐五代转型社会钱法渊源的变迁。本研究充分利用律令、史志、类书等传世典籍，以及《睡虎地秦墓竹简》、《张家山汉墓竹简》、《居延汉简》、《居延新简》等出土文献，描摹唐代钱法生成、发展与嬗变的历史格局。其中，"唐前钱法"部分讨论秦汉至隋货币法律的主要形态、变迁历程及与唐代钱法的源流关系等；"唐代钱法"部分分析唐代货币法律的基本构成、调整对象、相互关系、基本特征等重要问题；"五代钱法"及"两宋钱法"部分考察《唐律疏议》、《宋刑统》、《庆元条法事类》相关条款之演变轨迹，阐明唐代钱法在后世之继受与厘革。

（3）钱法职能考。以"安史之乱"为界，唐代钱法功能布局可谓泾渭分明：武德至天宝时期，以维护"开元通宝"法定流通、支付职能为核心，旨在打击盗铸、抑制恶钱；德宗推行"两税法"后，钱法以应对钱荒为核心，重点惩治销钱铸器、铜钱外流等。第四章以唐代"开元通宝"基本职能为线索，考察钱法规则在货币铸造、流通、贮藏、支付等领域的作用，旁及与钱法关联密切之"税法"、"榷法"、"估法"、"铜法"等问题。从价值尺度视角考察恶钱滥行和虚币发行引起的通货膨胀问题，重点关注悬样勘验、检括收缴、市易博换、镕破复铸等法律、经济对策；从金融法令实施角度，研究"乾元重宝"等虚币流通和"顺天元宝"等伪币兑换对货币职能的影响，以及实估虚估、实钱虚钱等问题；从贮藏手段视角考察中、晚唐销钱镕铸和民间私贮引发的通货紧缩问题，重点关注唐代旨在增加通货数量所采取的禁铸铜器、限制私贮、悬赏纠告、开禁铜冶、限钱出境等主要举措；从流通手段角度考察唐代通货类型、交易方式、物价浮动等问题，重点考察唐代为充实通货和平抑物价所采取的钱物兼行、钱陌除垫、禁断便换等法律措施。

（4）钱法理论考。唐代发生的历次重大钱法变革，因涉及国计民生，在当时必然属于舆论热点，并在各类文献中集中体现。本章通过考订、分析唐代诏敕、奏议、诗文、判牍等原始资料，遵循问题导向原则，归纳、总结唐代货币思想与学说。其中，"纵民私铸"部分以开元二十二年三月《议放私铸钱敕》为中心，分析张九龄、刘秩、裴耀卿、李林甫、崔沔、李祎有关民间铸钱的理论依据、实施效果、利弊得失等；"钱重物轻"部分通过分析陆贽、白居易、韩愈、元稹、李翱、杨於陵、杨嗣复、李珏等臣僚的奏疏、诗文资料，查明唐人解决通货紧缩问题所采取的粟帛纳税、

· 15 ·

限制私藏、加炉鼓铸、申严铜禁等对策;"钱货兼行"部分通过解读唐代诏敕、奏疏、诗文等资料,分析钱货兼行的历史传统与利弊得失,以及唐代推行钱货兼行制度的动因与实效等。

(5)钱法适用考。罚、没、赃、赎收入是唐代国家重要财政来源,处罚、抄没、计赃、赎铜均与钱法直接关联,是钱法适用的重要表现形式。《唐律》规定了"以绢计赃"标准,中晚唐以后绢帛货币职能渐趋弱化,以钱平赃、纳赎渐成司法常态,并在各类文献中有大量案例可资印证。因此,对唐代"赎法"、"赃法"等问题的讨论,是钱法研究中不可或缺的内容。"以铜赎罪"部分运用数据统计等方法,以《唐律》规定为基准,考察唐代纳赎的主要方式、规则演进、实施效果,以及铜、钱折抵标准的变化轨迹等。"以钱计赃"部分运用纵向类比、案例分析等方法,考察唐代赃估计算、征缴法规、钱绢折抵的适用状况,尤其注意"平赃定估"、"实钱估赃"、"以绢计赃"等手段的实际运作。

需要说明的是,研究过程中同步完成了文献整理成果——《唐代钱法史料辑录》,依据史料性质与内容,分为"钱法诏敕辑录"、"钱法奏议辑录"、"钱货史事辑录"、"铸钱监使辑录"四部分,首次对唐代钱法资料进行分类辑佚、考据校订、图文互释,为本书的研究提供坚实的史料基础。《辑录》主要从《通典》、《唐会要》、《五代会要》、《旧唐书》、《新唐书》、《资治通鉴》、《唐大诏令集》、《册府元龟》、《太平御览》、《文苑英华》、《泉志》等传世古籍及敦煌吐鲁番文书中分类辑录相关史料,参酌文集、地志、笔记和各地考古发掘报告,以年代为序编次。辑录的"钱法"条目由题名、时间、正文、史源、按语五部分组成,最大限度保证史料的原始性、权威性与完整性。原文阙名或确为不合理者,题拟新名。所辑条目查明来源,辨析异同,旁采博引,逐一考订。凡属订正原文讹误者,则以校勘记方式附于文末。为理清唐代钱法源流脉络,资料辑录范围上下延伸至隋朝和五代十国。

"钱法诏敕辑录"部分,主要辑佚隋唐五代钱币铸造、流通、贮藏、支付领域的律令、诏敕,以及与钱法密切相关的铜法、估法、赎法、税法史料,编纂"唐代钱法律令诏敕系年要录",已辑佚律令、诏敕125条(隋10条、唐84条、五代十国31条)。"钱法奏议辑录"部分,主要辑佚唐代士人关于钱法的奏疏、论著、策对、拟判等资料,已辑佚奏议、试策、表状87条(唐76条、五代十国11条)。"钱货史事辑录"

部分，重点辑录唐代虚币流通、伪币铸行、诸色杂钱、矿冶兴废等相关史料，已辑佚各类钱货史事资料49条（隋2条、唐12条、五代十国35条）。"铸钱监使辑录"部分，辑录武德至元和时期各地钱监废立史料和开元至会昌时期铸钱使职兴替史料，辑佚铸钱监使资料23条（隋1条、唐22条）。《唐代钱法史料辑录》合计15万字，作为资料整理成果，另行付梓出版。

第四节 主要学术贡献

（1）对唐代钱法进行了比较全面、深入的考察，力求在多个方面实现学术突破。本书在立意谋划与结构设计方面彰显了法律史学研究特色，综合运用多学科研究方法，寻流溯源，上勾下连，通过考察唐代钱法史料、渊源、职能、理论、适用等核心问题，廓清秦汉至两宋时期钱法变革的基本线索，在货币政策、法律创制、法律实践与理论借鉴等方面提出了笔者的独立见解。

（2）本研究坚持古为今用的方针，关注当前经济发展模式转型与构建法治社会等重大理论和现实问题，充分发掘、弘扬和转化中华优秀传统法律文明所蕴含的合理因子。在价值转化方面，通过把握古代货币法制的发展规律与内在属性，为当代金融法制改革提供参考。

（3）首次系统辑佚唐代钱法资料。笔者查阅了数百种史籍和出土文献，分类整理，精心校勘，既为本书的研究打下了坚实的史料基础，也争取能为后人研究这一领域提供可以信据的资料。

第五节 主要研究方法

本书遵循实证性基础理论探讨的技术路线，综合运用法学、经济学、历史学的理论与方法，针对部门法史具体课题进行深入分析，强调专题讨论与史料整理相互发明、通史研究与断代研究有机结合的研究路径。① 拟采取的具体研究方法如下：

（1）史料考订法。充分重视正史、编年、律典、诏敕、类书、杂史、文集等史料的综合运用，以史料辑佚、考订为基础，对钱法史料做到寻流溯源、考据辨正、校订异同、补阙正误。

（2）二重证据法。利用各地钱币考古发掘报告、敦煌吐鲁番文书以及部分碑刻、墓志资料，与传世文献相互印证，对唐代货币渊源、职能、理论、适用等问题逐一研究考证，并对敦煌吐鲁番所出借贷、市估、计赃文书等进行分类研究。

（3）文史互证法。充分重视唐人别集、《太平御览》、《文苑英华》、《全唐文》所录试策、拟判、诗文，以及杂史笔记中蕴含的钱法史料的价值，与史部典籍两相参酌、相互取证，达到全面认识唐代经济法律文明多重面相的研究目标。

（4）资料统计法。以开元、天宝为界，晚唐、五代钱法规则产生了一系列重要变化。而相关案例、数据多散见于史料典籍之中，数量繁复，时有出入。研究中将采用统计分析方法收录相关资料，并根据需要制成相关图表。

（5）法社会史研究法。受特定历史时期政治、经济、军事等因素影响，唐代钱法的发展与运作，与税赋、物价、榷禁等领域颁布的政策法令直接相关。因此，本书从社会史学维度，对导致钱法变革的深层原因和理论架构进行学理分析。

---

① 吴承明先生指出："研究经济史，唯一根据是经过考证的你认为可信的史料，怎样解释和处理它，可根据所研究问题的性质和史料的可能性，选择你认为适宜的方法，进行研究。不同问题可用不同方法；同一问题也可用多种方法来论证，结论相同，益增信心，结论相悖，可暂置疑。"（吴承明：《经济史：历史观与方法论》，《中国经济史研究》2001年第3期，第13页）

第二章　钱法史料考

　　唐代律令、诏敕、奏疏等史料是开展钱法研究的基本依据。现存钱法史料纷繁芜杂、出于多门、详略有别、时见异同。因此，应对相关史料在系统辑佚的基础上，借鉴文献学、考古学研究方法，考信正谬，择善而从。本章与《唐代钱法史料辑录》项下条目相互贯通，通过史料辑佚、文献校勘、图表编修，梳理特定时期钱法资料的基本情况。

第一节　唐代钱法史料来源

　　所谓"钱货"法制，是指古代调整货币铸造、支付、流通、贮藏等行为的相关法律规范之统称。唐代钱货史料主要源于《唐律疏议》、《唐六典》、《通典》、《唐会要》、《旧唐书》、《资治通鉴》、《新唐书》、《唐大诏令集》、《宋刑统》、《太平御览》、《册府元龟》等传世文献，此外，文集、地志、杂史、敦煌文书之中亦有零星记载。[①] 上述文献之间承袭因革，互有参照；同时又详略各异，时有抵牾。兹据成书次序，对上述文献中的钱法史料逐一介绍。

---

① 冻国栋先生指出："货币在商业经济中居于极为重要的位置。隋唐五代货币史资料相对集中于《隋书·食货志》、《通典》卷九《食货九·钱币下》、两《唐书·食货志》、《唐会要》卷八十九《泉货》、《五代会要》卷二十七《泉货》、《册府元龟》卷五百一《钱币门》等，一些诏敕和时人有关钱币的议论亦散见于诸书，另有不少考古发现的实物材料，均为研究此期货币问题的重要依据。"（冻国栋：《二十世纪唐代商业史研究述评》，载《中国中古经济与社会史论稿》，湖北教育出版社2005年版，第535—536页）

一、政书类

《四库全书总目提要·史部·政书》中有四部典籍与唐代钱法直接关联，依次为《唐六典》、《通典》、《唐会要》、《文献通考》。上述典籍或博稽通代典制，或专注一朝事迹，其中《通典》与《唐会要》开后世辑录、辨析钱货史料之风气，是唐代钱法史料之基本依据。

《唐六典》三十卷，唐李林甫等撰。《唐六典》保存了迄今最早的唐代钱货史料。《唐六典》卷二十二"铸钱监"（以下行文省称《唐六典》）从历朝制度兴替角度，记述自武德四年（621）铸"开元通宝"至开元八年（720）萧隐之检括恶钱等若干重大事件，兼及开元末期钱官、钱炉设置情况。[①]《唐六典》所记钱货条目侧重叙事，不录诏敕、奏疏原文。

《通典》二百卷，唐杜佑撰。《通典》"采五经群史，上自黄帝，至于我唐天宝之末，每事以类相从，举其始终，历代沿革废置及当时群士论议得失，靡不条载"。[②]该书保存夏商、秦汉直至唐乾元元年（758）钱货领域重要史料，考镜源流，论断平允。是书专辟两卷，记述夏商至中唐时期钱货制度演进历程，《通典》卷九《食货九·钱币下》（以下行文省称《通典》）记事自武德四年（621）铸行"开元通宝"始，止于宝应元年（762）废乾元钱。

《唐会要》一百卷，北宋王溥等撰。《唐会要》取材于唐代实录国史，贯通一代典要，记事赅详，纲举目张，开"会要体"史书之先河。《唐会要》卷八十九《泉货》（以下行文省称《唐会要》）详细记载了武德四年（621）至天祐二年（905）事关钱货之诏敕、奏议及若干重大记事。

《文献通考》三百四十八卷，宋末元初马端临撰。《文献通考》效法《通典》，记述内容起自上古，终于南宋嘉定年间。《文献通考》卷八《钱币考一》（以下行文省称《文献通考》）涉及唐代钱货问题之史料，大致以《通典》、《唐会要》、《新志》等前代史籍为基础，该书第九卷增补五代、两宋钱货史事若干。

[①] （唐）李林甫等：《唐六典》卷二十二《少府军器监》"铸钱监"条，陈仲夫点校，中华书局1992年版，第579页。

[②] （唐）李翰：《通典序》，（唐）杜佑：《通典》，王文锦等点校，中华书局1988年版，第2页。

二、史志类

班固《汉书》改"书"为"志",专记一代典章制度之兴废,事关钱货者入《食货志》。新、旧《唐书》取法于兹,《旧唐书》卷四十八《食货上》(以下行文省称《旧志》)与《新唐书》卷五十四《食货四》(以下行文省称《新志》)均有关于唐代钱货制度沿革的详尽记载,为了解唐代钱法嬗变与践行的直接依据。

《旧唐书》二百卷,后晋刘昫等撰。在《新唐书》修成后,为区别起见,称《旧唐书》。宋人讥评《旧唐书》"纪次无法,详略失中,文采不明,事实零落"[1],但因其史料多源自唐代《实录》、国史,故虽有芜杂之嫌,却在唐史研究中占据极其重要的地位。《旧志》叙事始于武德四年(621)铸开元通宝,至会昌六年(846)二月《流布现钱敕》止。《旧志》清晰描述了高祖至武宗时期钱货记事,并保留大量诏敕、奏议等原始材料,脉络清晰,叙事详赡。

《新唐书》二百二十五卷,北宋欧阳修、宋祁撰。虽因"文省而事增"遭人诟病,然较之于《旧唐书》,在史料搜集、编纂体例方面均有重大创新,记事、记时亦更为准确,同类项下蕴含之信息大幅增加,且尤详于中晚唐史实之记述。与同类文献相比,《新志》在大幅删削史料的同时,亦增补了若干重大记事,部分论奏与史事亦仅见是书。

三、类书类

《册府元龟》一千卷,北宋王钦若等撰。《册府元龟》撰修于北宋初年,多采唐《实录》及《唐年补录》[2],乃唐史资料之渊薮,历来为治唐史者所重视。《册府元龟》专设三卷记载夏商至五代钱货事迹,《册府元龟》卷五百一《邦计部·钱币第三》(以下省称《册府元龟》)记事始于先天元年(712)九月杨虚受奏疏,终于显德二年(955)九月周世宗敕文。该书多移录原始史料,较少删削剪裁,记事往往详于《旧唐书》等

---

[1] (宋)曾公亮:《进唐书表》,(宋)欧阳修、宋祁:《新唐书》,中华书局1975年版,第6471页。
[2] 岑仲勉:《唐史馀渖》卷四《杂述》,上海古籍出版社1979年版,第236页。

同类资料，更有众多条目仅见于兹。

《玉海》二百卷，南宋王应麟撰。《玉海》"胪列条目率巨典鸿章，其采录故实亦皆吉祥善事，与他类书体例迥殊。然所引自经史子集百家传记，无不赅具"。①《玉海》卷一百八十《食货·钱币》（以下行文省称《玉海》）记述虞夏至南宋乾道五年（1169）钱货事迹。与他书有别，《玉海》引据《新志》等资料，开列"唐开元通宝"、"唐铸钱议"、"铸钱使"、"唐铸钱七监"、"钱官"、"唐银铜铁锡冶"、"唐钱谱"等条目，分类记述唐代钱货事迹，在编纂体例方面可谓别开法门。

四、律令类

目前可见直接涉及"钱法"者凡四例，依次为《唐律疏议》卷二十六《杂律》"私铸钱"条②、《神龙散颁刑部格》"私铸钱"条、《宋刑统》卷二十七《杂律》"私铸钱"条引唐《刑部格敕》③、开元《杂令》"私采铜铁"条。④从现存资料观之，敕令当是唐代钱货立法的主要表现形式。⑤据统计，唐代发布的调整钱法的敕令多达82条，并对律、格的修订产生直接影响。如《宋刑统》准唐《刑部格敕》："私铸钱及造意人，及句合头首者，并处绞，仍先决杖一百。从及居停主人加役流，仍各先决杖六十。"⑥法令内容与永淳元年（682）五月敕⑦基本一致。显然，永淳元年

---

① （清）永瑢等：《四库全书总目》卷一百三十五《子部四十五·类书类一》，中华书局1965年版，第1151页。
② （唐）长孙无忌等：《唐律疏议》卷二十六《杂律》"私铸钱"，刘俊文点校，中华书局1983年版，第480页。
③ （宋）窦仪等撰：《宋刑统》卷二十七《杂律》"私铸钱"条引《刑部格敕》，吴翔如点校，中华书局1984年版，第407页。
④ 天一阁博物馆、中国社会科学院历史研究所天圣令整理课题组：《天一阁藏明钞本天圣令校证附唐令复原研究》，中华书局2006年版，第369页。
⑤ 按：学界一般认为，隋唐时期基本法律形式为律、令、格、式。具体至钱货法制领域，上述论断显然无法适用。其核心在于如何看待典律与诏敕的关系。楼劲指出："唐代《律》、《令》、《格》、《式》体系形成的根由，系于魏晋以来新的《律》、《令》体制定型、发展的过程之中。笔者认为，贯穿于这个过程的，显然仍是'今上制敕与法典的关系'这个帝制时代法制的核心问题。"（楼劲：《魏晋南北朝隋唐立法与法律体系》，中国社会科学出版社2014年版，第5页）关于这一问题，后续将作专文检讨。
⑥ （宋）窦仪等撰：《宋刑统》卷二十七《杂律》"私铸钱"条引《刑部格敕》，第407页。
⑦ （唐）杜佑：《通典》卷九《食货九·钱币下》，第200页。

敕、《神龙散颁刑部格》、唐《刑部格敕》关于"私铸钱从犯及居停主人处加役流，附加决杖六十"① 相关规定之间存在直接继受关系，此为唐代诏、敕、律、令各类法律形式之间嬗变更替之明证。

以上所述政书、史志、类书、律令四类，为唐代钱货法制史料之基本来源。其他史料则散见于《唐大诏令集》、《资治通鉴》、《文苑英华》、《太平御览》、《元和郡县图志》、《泉志》以及敦煌文书之中。在进行唐代钱货法制研究过程中，这些史料可与各类基本史料相互发明，发挥补阙正谬的功效。

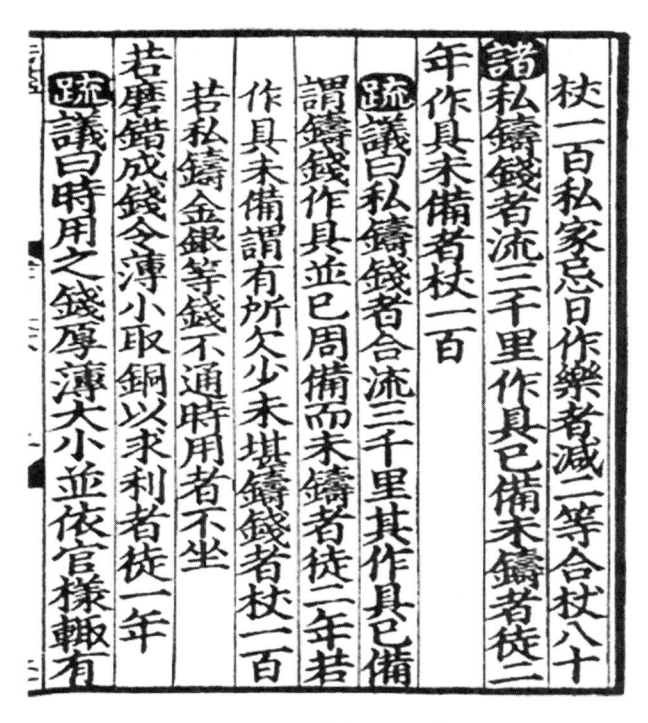

图 2-1 《唐律疏议》

资料来源：张元济等：《四部丛刊三编》，上海涵芬楼景印吴县滂喜斋藏宋刊本，上海商务印书馆 1936 年版。

---

① 唐耕耦、陆宏基编：《敦煌社会经济文书真迹释录》第 2 册，全国图书馆文献微缩复制中心 1990 年版，第 565 页。

第二节　钱法史料著录类型

一、承用

因成书年代与撰修标准不同，不同史籍关于唐代钱货事迹之著录原则与表述方式存在一定差异。在各类史料著录范式之中，承用旧文则是最为常见的现象。就成书顺序而言，以《唐律疏议》卷二十六《杂律》"私铸钱"条、《神龙散颁刑部格》"私铸钱"条最早，《唐六典》卷二十二"铸钱监"次之，杜佑《通典》又次之。《唐会要》以唐人苏冕《会要》、崔铉《续会要》为基础，"又采宣宗以后事"① 增修而成，勒成百卷，是为今本《唐会要》。唐亡以后，又有后晋刘昫等所修《旧志》，宋初所修《册府元龟》、《文苑英华》、《唐大诏令集》，以及欧阳修、宋祁所修《新志》，南宋以后所修《玉海》、《文献通考》等。上述文献关于唐代钱货史料的记载，相互之间虽选材殊异、详略有别，但其间相互承用转述的情况较为常见。

《唐六典》仅载武德四年（621）至开元八年（720）间重大记事若干，史料条目最少，行文风格亦与他书有别。《通典》与《旧志》风格较为接近，二者均以事系时，在记事和诏敕、奏议之间，时常交代相关政策、法令实施的背景与效果。《唐会要》与《册府元龟》均采取以时系事的做法，更强调保存原始资料。《册府元龟》虽阙先天元年（712）以前事迹，但仅就现存部分而言，与《唐会要》皆可称详备。相对而言，《通典》与《旧志》之间、《唐会要》与《册府元龟》之间，史料承用关系更为清晰。欧阳修《新志》突破以往撰修原则，其条目、行文则成为《玉海》、《文献通考》等文献的直接来源。此以仪凤四年（679）四月市纳恶钱事为例：

---

① （元）马端临：《文献通考》卷二百一《经籍考二十八·史》，中华书局1986年版，第1681页。

《通典》：仪凤四年四月，令东都出远年糙米及粟，就市粜，斗别纳恶钱百文。其恶钱令少府、司农相知，即令铸破。其厚重合斤两者，任将行用。时米粟渐贵，议为铸钱渐多，所以钱贱而物贵，于是权停少府监铸钱，寻而复旧。①

《唐会要》：仪凤四年四月，以天下恶钱甚多，令东都出远年糙米及粟，就市粜，斗别纳恶钱百文。其恶钱令少府、司农相知，即令铸破，其厚重径合斤两者，任将行用。②

《旧志》：仪凤四年四月，令东都出远年糙米及粟，就市给粜，斗别纳恶钱百文。其恶钱令少府、司农相知，即令铸破。其厚重径合斤两者，任将行用。时米粟渐贵，议者以为铸钱渐多，所以钱贱而物贵。于是权停少府监铸钱，寻而复旧。③

显然，此条史料《旧志》与《通典》所记当为同一史源，《唐会要》在增述此次市取恶钱原因的同时，删去"寻而复旧"一节，其他皆与《通典》、《旧志》同。此条《新志》则略为："四年，命东都粜米粟，斗别纳恶钱百，少府、司农毁之。"④《通志》与《文献通考》则又全盘袭用《新志》。以下再以开元六年（718）《禁断恶钱敕》为例，分析文献著录之承用关系：

《通典》：六年正月诏，又切禁断天下恶钱，不堪行用者，并销破覆铸。由是四民扰骇，谷帛踊贵。⑤

《旧志》：六年正月，又切断天下恶钱，行二铢四絫钱。不堪行用者，并销破复铸。⑥

《唐会要》：至开元六年正月十八日。敕禁断恶钱。行二铢四絫

---

① （唐）杜佑：《通典》卷九《食货九·钱币下》，第199页。
② （宋）王溥：《唐会要》卷八十九《泉货》，上海古籍出版社2006年版，第1926页。
③ （后晋）刘昫等：《旧唐书》卷四十八《食货上》，中华书局1975年版，第2096页。
④ （宋）欧阳修、宋祁：《新唐书》卷五十四《食货四》，第1384页。
⑤ （唐）杜佑：《通典》卷九《食货九·钱币下》，第200页。
⑥ （后晋）刘昫等：《旧唐书》卷四十八《食货上》，第2096页。按：唐石父先生认为："絫，古代重量单位。十黍之重为絫。十絫为铢。史书多误为絫，从而再误为参。据战国权铭，知当作絫为是。"（唐石父主编：《中国古钱币》，上海古籍出版社2001年版，第166页）唐氏观点，可备一说。

已上旧钱。更收人间恶钱。镕破复铸。准样式钱。敕禁出之后。百姓喧然。物价摇动。商人不敢交易。①

《册府元龟》：六年正月，禁断恶钱，行二铢四絫已上旧钱，更收人间恶钱，镕破复铸，准样式钱。敕出之后，百姓喧然，物价摇动，商人不敢交易。②

可见，《唐会要》与《册府元龟》的记载当更近于敕令原文，二者文字相近程度最高。《通典》略省"行二铢四絫已上旧钱"一节，关于敕令施行效果的描述相对简约。《旧志》行文与《通典》更加类似，增补"行二铢四絫钱"一节。《新志》重修此条时，强调行用钱标准"二铢四絫"，文字再作删削，并直接为《玉海》、《文献通考》等文献承用：

《新志》：开元初，宰相宋璟请禁恶钱，行二铢四絫钱，毁旧钱不可用者。③

《玉海》：开元初（六年正月十八日敕），宋璟请禁恶钱，行二铢四絫钱，毁旧钱不可用者。④

《文献通考》：开元初，宰相宋璟请禁恶钱，行二铢四絫钱，毁旧钱不可用者。⑤

综上，以欧阳修撰修《新志》为界，唐代钱货史料承用关系可表述为两个方面：其一，《通典》叙议兼顾，对《旧志》安史乱前的钱法事迹记载具有直接影响；《唐会要》、《册府元龟》重在记事，侧重保存原始资料。其二，《新志》强调"文省事增"的著录原则，删削史料原文，增加若干重大记事，改写唐代钱货事迹，成为《通志》、《玉海》、《文献通考》等相关记事之直接参照。

---

① （宋）王溥：《唐会要》卷八十九《泉货》，第1926页。
② （宋）王钦若等编纂：《册府元龟》卷五百一《邦计部·钱币第三》，周勋初等校订，凤凰出版社2006年版，第5684页。
③ （宋）欧阳修、宋祁：《新唐书》卷五十四《食货四》，第1384页。
④ （宋）王应麟：《玉海》卷一百八十《食货·钱币》，江苏古籍出版社1988年版，第3306页。
⑤ （元）马端临：《文献通考》卷九《钱币考二》，第90页。

二、阙载

唐代钱货法制文献中号称完备者,首推《唐会要》与《新志》。二者皆完整记录有唐一代钱货重大事件,虽在记事体例、书写方式和史料采择方面存在重大差异,却是纵览唐代钱货制度变迁最为直接的证据。相对而言,《新志》对后世文献影响更为显著。除《唐会要》、《新志》以外,其他史料则皆存在明显局限。

受成书年代限制,《唐六典》、《通典》记事皆始于武德四年(621)七月铸"开元通宝",《唐六典》止于开元八年(720)萧隐之检括恶钱,《通典》止于宝应元年(762)废乾元重宝与乾元重棱二钱。《旧志》叙事自武德四年始,止于会昌六年(846)《流布现钱敕》。当为因袭唐人《会要》或国史的结果。《旧唐书》编纂的时间仓促,资料相对匮乏,其史料来源主要为《唐会要》"诸司应送史馆事例"和赵莹奏中所请各部门编录的资料。[①] 据《五代会要》记载,贾纬进呈《唐朝补遗录》奏文云,史馆中"唐高祖至代宗已有纪传,德宗至文宗亦存实录。武宗至济阴废帝凡六代,唯有武宗实录一卷,余皆阙略"。[②]《旧志》纂修之际,王溥《唐会要》尚未进呈,《旧志》无法参考。《旧志》未及缀补宣宗以后史事,记事遂止于会昌末年。值得注意的是,《旧志》原文承袭《唐会要》错误,亦先录会昌六年二月《流布现钱敕》,次录《停用旧钱敕》,为《旧志》因袭《唐会要》之明证。

今本《册府元龟》有关唐代钱货记事首残尾全,叙事始于先天元年(712)九月二十七日杨虚受《请禁恶钱疏》,止于天祐二年(905)四月丙辰《市肆交易以八十五为陌敕》。对照其他史料可知,今本《册府元龟》在流传过程之中,其中卷五百一《邦计部·钱币第三》存在缺页的重大嫌疑,以致唐高祖至睿宗朝事迹全部阙载。《唐大诏令集》事关钱货者,主要集中于卷一百一十二《政事·财利》,该卷仅收录敕令10道,且多有删节。《资治通鉴》对于若干重大事件亦有记载,可以作为钱货法制研究的参考依据。

---

① 黄永年:《唐史史料学》,上海书店出版社2002年版,第10页。
② (宋)王溥:《五代会要》卷十八《前代史》,上海古籍出版社1978年版,第298页。

以上是钱货史料阙载情况的概括性描摹，具体至特定条目，可举例证之。如，《唐会要》、《册府元龟》、《资治通鉴》、《唐文拾遗》对开元六年（718）正月《季俸先给钱诏》均有著录，而《旧志》、《新志》、《文献通考》阙载：

  《唐会要》：近断恶钱，恐人少钱行用，其两京文武官夏季防阁、庶仆，宜即先给钱，待后季任取所配物货卖，准数还官。①
  《资治通鉴》：听两京百官豫假俸钱，庶使良钱流布人间，从之。②
  《册府元龟》：近断恶钱，恐人间少钱行用，其两京文武官夏季防阁、庶仆，宜即先给钱，待后季任取所配物货卖，准数还官。③

又如开元二十二年（734）十月六日《命钱物兼用敕》，《唐会要》、《册府元龟》、《文献通考》、《全唐文》著录，《旧志》、《新志》阙载。元和七年（812）二月《令百寮陈钱物重轻利害诏》，《旧唐书·宪宗纪下》、《册府元龟》、《唐文拾遗》著录，《旧志》、《新志》、《文献通考》阙载。宝历元年（825）八月二十一日《禁销铸见钱敕》，《唐会要》、《册府元龟》著录，《旧志》、《新志》、《资治通鉴》、《玉海》、《文献通考》等皆阙载。此类例证甚夥，于兹不赘。

三、仅见

现存史料中，有若干条目仅见于特定文献，复无他书可证。以下按照此类资料著录多寡情形分别讨论。仅见于《册府元龟》的钱货史料凡9条，为诸书之冠。开元四年（716）十一月《禁东都用钱变动诏》、开元六年（718）闰七月《销毁恶钱诏》、开元八年（720）六月《官收恶钱诏》④ 三

---

① （宋）王溥：《唐会要》卷八十九《泉货》，第1926页。
② （宋）司马光：《资治通鉴》卷二百一十二"玄宗开元六年正月辛酉"，中华书局1956年版，第6732页。
③ （宋）王钦若等编纂：《册府元龟》卷五百一《邦计部·钱币第三》，第5684页。
④ 点校本《册府元龟》将"即官以好钱三百文博取。无好钱处，依时估折布绢杂物"误断为"即官以好钱三百文。博取无好钱，处依时估，折布绢杂物"，当据校订本改。

条均仅见于《册府元龟》卷五百一《邦计部·钱币第三》，《唐文拾遗》卷二重录、拟名；元和七年（812）五月《禁销钱毁器诏》仅见于《册府元龟》卷五百一《邦计部·钱币第三》，《唐文拾遗》卷六重录、拟名；元和九年（814）五月壬申《禁与商人私有便换敕》仅见于《册府元龟》卷六百十二《刑法部·定律令第四》，敕名据文意题拟；元和十五年（820）闰正月《令百寮议钱货轻重敕》仅见于《册府元龟》卷五百一《邦计部·钱币第三》，敕名据文意题拟；大和五年（831）十一月《令王彦威定郓曹等州税务诏》仅见于《册府元龟》卷四百八十八《邦计部·赋税第二》，《全唐文》卷七十二重录、拟名；开成三年（838）四月《允裴度奏勿废飞狐县铸钱诏》仅见于《册府元龟》卷五百一《邦计部·钱币第三》，《唐文拾遗》卷七重录、拟名；光启元年（885）三月《议盐法钱法诏》仅见于《册府元龟》卷四百九十四《邦计部·山泽》，《全唐文》卷八十八重录、拟名。

仅见于《新志》之唐代钱货史料凡3条：开元二十年（732）《申明样式及禁恶钱敕》、贞元二十年（804）《令钱货兼用制》、大和三年（829）《禁铜器敕》，以上敕名皆据文意题拟。

仅见于《唐会要》之唐代钱货史料凡3条：上元二年（761）正月二十八日《赃数约绢估敕》仅见于《唐会要》卷四十《定赃估》，《文献通考》卷一百六十六《刑考五·刑制》复录，《唐文拾遗》卷四复录拟名；上元二年正月《赃数约绢估（又敕）》仅见于《唐会要》卷四十《定赃估》，《唐文拾遗》卷四复录拟名；会昌六年（846）八月《禁用金玉修佛像敕》仅见于《唐会要》卷四十九《杂录》，《唐文拾遗》卷八重录、拟名。

仅见于《旧唐书》之唐代钱货史料凡2条：贞元九年（793）正月甲辰《禁卖铸铜器敕》据《旧唐书》卷十三《德宗纪下》录文，敕名据文意题拟；元和十五年（820）六月己卯《绫绢准实估代青苗钱敕》据《旧唐书》卷十六《穆宗纪》录文，敕名据文意题拟。

仅见于《文苑英华》之唐代钱货史料凡1条：会昌五年（845）正月三日《南郊赦文》节文仅见于《文苑英华》卷四百二十九《赦书十·禋祀·赦书六》，《全唐文》卷七十八重录、拟名。

此外，敦煌所出神龙年间《神龙散颁刑部格》"私铸钱"条、开元《杂令》"私采铜铁"条亦无其他文献可资印证。

四、异文

同一史料在不同文献中，时常可能出现不同表述，有时仅限于个别字句差异，有时则可能是大段异文，兹举三例以证之。开元二十二年（734）三月二十一日《议放私铸钱敕》，《张九龄集》录文如下：

> 布帛不可以尺寸为交易，菽粟不可以抄勺贸有无。故古之为钱，将以通货币，盖人所作，非天实生。顷者耕织为资，乃稍贱而伤本；磨铸之物，却以少而致贵。顷虽官铸，所入无几；约工计本，劳费又多。公私之间，给用不赡。永言其弊，岂无变通？往者汉文之时，已有放铸之令；虽见非于贾谊，亦无废于贤君。况古往今来，时异事变，反经之义，安有定耶？终然固拘，必无足用。且欲不禁私铸，其理如何？公卿百寮，详议可否。朕将亲览，择善而从。①

关于此敕，《通典》、《唐会要》、《旧唐书》卷八《玄宗纪上》、《旧志》、《唐大诏令集》、《册府元龟》、《资治通鉴》、《文献通考》、《全唐文》等亦有著录。《唐会要》卷八十九《泉货》录文"抄勺"二字作"秒忽"；阙"盖人所作，非天实生。……永言其弊"一节；"况古往今来，时异事变"作"古往今来，时移事异"；阙"朕将亲览，择善而从"一节。② 此外，"反经之义，安有定耶？终然固拘，必无足用"及"公卿百寮，详议可否。朕将亲览，择善而从"两节《通典》皆阙。③

《册府元龟》录乾元三年（760）十二月《令百官议罢新钱诏》：

> 泉府之设，其来尚矣。或因时改作，则制有重轻。往以金革是殷，邦储稍阙。属权臣掌赋，变法非良。遂使货物相沿，谷帛腾踊。求之舆颂，弊实由斯。夫易柱调弦，政之要者。今欲仍从旧贯，渐罢新钱，又虑权行转资艰急，如或犹循所务，未塞其源，实恐物价虚

---

① （唐）《张九龄集》卷七《敕议放私铸钱》，熊飞点校，中华书局2005年版，第499—500页。
② （宋）王溥：《唐会要》卷八十九《泉货》，第1928—1929页。
③ （唐）杜佑：《通典》卷九《食货九·钱币下》，第201页。

腾，黎人失业。静言体要，用籍良图。且两汉旧规，典章沿革，必朝廷会议，共体至公。盖明君不独专法，当从众议。庶遵行古之道，俾广无私之论。宜令文武百官九品以上，并于尚书省议讫，委中书门下，详择奏闻。（臣钦若等曰：史不载尚书省集议之文。）①

此敕又见于《唐会要》、《新志》、《唐大诏令集》、《册府元龟》、《玉海》、《全唐文》等。《唐会要》所录为此敕节文，与《册府元龟》颇有异同："属权臣掌赋"作"顷属权臣"；"求之舆颂"作"求之舆议"；"夫易柱调弦，政之要者"一节阙；"且两汉旧规，……俾广无私之论"一节阙。②

《唐会要》卷八十九《泉货》录会昌六年（846）二月《停用旧钱敕》：

"比缘钱重币轻，生民坐困，今［新］加鼓铸，必在流行，通变救时，莫切于此。宜申先甲之令，以戒居货之徒。京城及诸道起今年十月以后，公私行用，并取新钱，其旧钱权停三数年。如有违犯，同用铅锡恶钱例科断，其旧钱并纳官。"事竟不行。③

此敕又见于《唐会要》、《旧志》、《册府元龟》、《全唐文》等，《旧唐书》卷十八《武宗纪》所录敕文与《唐会要》略异："以戒居货之徒"作"以儆居货之徒"；"京城及诸道"作"京城诸道"；"起今年十月"作"起来年正月"；"同用铅锡恶钱例科断"阙"恶"字；"其旧钱并纳官"作"其旧钱并没纳"。④

五、讹误

讹误是古籍整理中较为常见的现象，此类错误往往因字形相近而致，以下试举例证之。《旧志》卷四十八录《用旧钱诏》⑤的发布时间为乾封

---

① （宋）王钦若等编纂：《册府元龟》卷五百一《邦计部·钱币第三》，第5687页。
② （宋）王溥：《唐会要》卷八十九《泉货》，第1927—1928页。
③ （宋）王溥：《唐会要》卷八十九《泉货》，第1938页。
④ （后晋）刘昫等：《旧唐书》卷十八上《武宗纪上》，第610页。
⑤ （后晋）刘昫等：《旧唐书》卷四十八《食货上》，第2095页。

二年（667）正月丁丑，《唐大诏令集》记为乾封二年五月。① 据《旧唐书·高宗纪下》，乾封二年春正月丁丑，"罢乾封钱，复行开元通宝钱"。② 又据《资治通鉴》，乾封二年正月，"自行乾封泉宝钱，谷帛踊贵，商贾不行；癸未，诏罢之"。③《唐大诏令集》记时显误，当据改。

《唐会要》录开元六年（718）正月十八日《禁恶钱敕》："禁断恶钱，行三铢四参已上旧钱，更收人间恶钱，镕破复铸，准样式钱。"④ 关于敕中所云旧钱规格，同类文献记载颇异。《资治通鉴》记作："辛酉，敕禁恶钱，重二铢四参以上乃行。敛人间恶钱镕之，更铸如式钱。"⑤《唐会要》载，武德四年七月废五铢钱，行"开元通宝"钱，径八分，重二铢四参。⑥ 此敕所言，当即开元旧钱样式。《唐会要》言"三铢四参已上旧钱"误，《册府元龟》、《资治通鉴》等皆作"二铢四参"，系因"二"、"三"形近而讹，当据改。

《通典》录开元十七年（729）八月辛巳《禁铸造铜器诏》。⑦ 此诏发布时间，《唐大诏令集》系于开元十七年九月，⑧《册府元龟》系于开元十七年八月。据《资治通鉴》卷二百十三"玄宗开元十七年八月辛巳"敕："以人间多盗铸钱，始禁私卖铜铅锡及以铜为器皿；其采铜铅锡者，官为市取。"⑨《新志》又曰："（开元）十一年，诏所在加铸，禁卖铜锡及造铜器者。"⑩ 上述两条资料皆为原敕节文。由此，该敕发布时间应为开元十七年八月，《新志》、《唐大诏令集》记时皆误，或因"七"、"一"形近而讹。

《唐会要》录开元二十二年（734）十月六日《命钱物兼用敕》："自今已后，所有庄宅、以马交易，并先用绢布、绫罗、丝绵等，其余市价至一千以上，亦令钱物兼用，违者科罪。"⑪《唐会要》卷八十九《泉货》

---

① （宋）宋敏求：《唐大诏令集》卷一百十二《政事·财利·用旧钱诏》，中华书局2008年版，第582页。
② （后晋）刘昫等：《旧唐书》卷五《高宗纪下》，第91页。
③ （宋）司马光：《资治通鉴》卷二百一"高宗乾封二年正月癸未"，第6351页。
④ （宋）王溥：《唐会要》卷八十九《泉货》，第1926页。
⑤ （宋）司马光：《资治通鉴》卷二百一十二"玄宗开元六年正月辛酉"，第6731—6732页。
⑥ （宋）王溥：《唐会要》卷八十九《泉货》，第1925页。
⑦ （唐）杜佑：《通典》卷九《食货九·钱币下》，第200—201页。
⑧ （宋）宋敏求：《唐大诏令集》卷一百十二《政事·财利·禁铸造铜器诏》，第582页。
⑨ （宋）司马光：《资治通鉴》卷二百十三"玄宗开元十七年八月辛巳"，第6786页。
⑩ （宋）欧阳修、宋祁：《新唐书》卷五十四《食货四》，第1384—1385页。
⑪ （宋）王溥：《唐会要》卷八十九《泉货》，第1930页。

原作"以马交易",《册府元龟》同。《文献通考》则作"口马交易"。①"以马交易"不可解,当因"以"、"口"形近而讹,当据《文献通考》改。

《唐会要》录上元元年(760)十二月二十九日《典贴虚实诏》,其中"应典贴庄宅、店铺、田地、硙碾等,先为'实钱'典贴者,令还以'实钱'价"②,"令还以'实钱'价"使人费解。《册府元龟》此条作"令还以'实钱'赎"。③或因"价(價)"、"赎(贖)"形近致误。

《旧唐书》录贞元九年(793)正月甲辰《禁卖铸铜器敕》:"禁卖铸铜器。天下有铜山,任人采取,其铜官买,除铸镜外,不得铸造。"④"铸"字标点本《旧唐书》原作"剑",误也。

《文苑英华》录元和六年(811)二月二十八日《赈恤百姓德音》节文,其中"茶商等公私便换见钱,亦须禁断"⑤一节,《旧志》作"茶商等公私便换见钱,并须禁断"⑥,《册府元龟》⑦亦同。《唐会要》将"便换"误作"使换"⑧,当据《旧志》及《册府元龟》更定。

《册府元龟》录大和八年(834)三月王涯《请飞狐县铸钱奏》:"请于蔚州置飞狐县铸钱,以变河东管内锡铁之弊。"⑨"飞狐县铸钱"误为"飞狐铸钱县",当径改之。

大中六年(852)闰七月李朋《平赃定估议》:"奉敕应犯赃人,其平赃定估等,准《名例律》,诸平赃者,皆据犯处当时物价及上绢估。律疏议曰"云云。原本无误,点校本《册府元龟》误断为"皆据犯处当时物价及上绢,《估律》,疏议曰"⑩,以致新衍讹误。

---

① (元)马端临:《文献通考》卷九《钱币考二》,第91页。
② (宋)王溥:《唐会要》卷八十九《泉货》,第1928页。
③ (宋)王钦若等编纂:《册府元龟》卷五百一《邦计部·钱币第三》,第5688页。
④ (后晋)刘昫等:《旧唐书》卷十三《德宗纪下》,第376页。
⑤ (宋)李昉等:《文苑英华》卷四百三十五《翰林制诏十六·德音二·赈恤百姓德音》,中华书局1966年版,第2205页。
⑥ (后晋)刘昫等:《旧唐书》卷四十八《食货上》,第2102页。
⑦ (宋)王钦若等编纂:《册府元龟》卷五百一《邦计部·钱币第三》,第5688页。点校本《册府元龟》此句作"茶商等公私便换见,并钱须禁断",不知何据,显属倒误。
⑧ (宋)王溥:《唐会要》卷八十九《泉货》,第1934页。
⑨ (宋)王钦若等编纂:《册府元龟》卷五百一《邦计部·钱币第三》,第5692页。
⑩ (宋)王钦若等编纂:《册府元龟》卷六百一十六《刑法部·议谳第三》,第7127页。点校本《册府元龟》"疏议曰"以后部分点断错讹甚多,今径据《唐律疏议》重录。

六、阙漏

因著录方式、行文规范、史料来源等方面有异，不同古籍在记载同一史料时，往往存在一定差异。尤其是《新志》等同类文献受"文省事增"原则制约，往往大幅改写原始资料，遂使大量重要信息湮灭无存。兹举数例证之。

《通典》记显庆五年（660）九月《市取恶钱敕》："其年〔十月〕，又改以好钱一文，易恶钱二文。"[1] "十月"二字阙，据《唐会要》卷八十九《泉货》增。[2]

《通典》录开元二十年（732）九月二十九日《令钱货兼用制》，"二十九日"四字原阙，据《唐会要》卷八十八《杂录》增。[3]

《通典》录天宝十一载（752）二月庚午《令所司收换恶钱敕》，"庚午"二字原阙，据《资治通鉴》卷二百十六增。[4] 另《通典》[5]、《旧志》皆云"宜令所司即出钱三数十万贯"[6]，《资治通鉴》作"库钱数十万缗"[7]，"数"前或脱"三"字，当据增。

《旧志》录乾元元年（758）七月丙戌《行乾元重宝钱敕》，"丙戌"二字原阙，当据《旧唐书·肃宗纪》[8]及《资治通鉴》[9]增，《唐会要》卷八十九《泉货》作"十六日"。[10]

《册府元龟》录乾元二年（759）九月戊辰《行重轮钱敕》[11]，"戊辰"二字原阙，当据《资治通鉴》增。[12]

---

[1] （唐）杜佑：《通典》卷九《食货九·钱币下》，第199页。
[2] （宋）王溥：《唐会要》卷八十九《泉货》，第1926页。
[3] （宋）王溥：《唐会要》卷八十八《杂录》，第1919页。
[4] （宋）司马光：《资治通鉴》卷二百十六"玄宗天宝十一载二月庚午"，第6909—6910页。
[5] （唐）杜佑：《通典》卷九《食货九·钱币下》，第203页。
[6] （后晋）刘昫等：《旧唐书》卷四十八《食货上》，第2099页。
[7] （宋）司马光：《资治通鉴》卷二百十六"玄宗天宝十一载二月庚午"，第6909—6910页。
[8] （后晋）刘昫等：《旧唐书》卷十《肃宗纪》，第252—253页。
[9] （宋）司马光：《资治通鉴》卷二百二十"肃宗乾元元年七月丙戌"，第7059页。
[10] （宋）王溥：《唐会要》卷八十九《泉货》，第1927页。
[11] （宋）王钦若等编纂：《册府元龟》卷五百一《邦计部·钱币第三》，第5687页。
[12] （宋）司马光：《资治通鉴》卷二百二十一"肃宗乾元二年九月戊辰"，第7081页。

《册府元龟》录乾元三年（760）十二月《令百官议罢新钱诏》①，原文夺"十"字，误作"二月"。《唐会要》有"至三年十二月，诏：'顷属权臣，变法非良'"②，今据改。《玉海》作"二年三月十三日诏，变法非良，命百官集议"③，误。

《旧志》录上元元年（760）六月乙丑《重棱钱减价行用敕》④，"乙丑"二字原阙，据《旧唐书》卷九《肃宗纪》增。⑤

《唐会要》录上元元年（760）七月癸丑《重棱钱减价行用天下敕》⑥，"七月癸丑"四字据《资治通鉴》改订。⑦

《旧志》录宝应元年（762）四月《改行乾元钱制》，⑧《旧唐书·代宗纪》记宝应元年五月辛卯，"改行乾元钱，重棱小钱一当二，重棱大钱一当三"。⑨《册府元龟》："宝应元年五月甲午，改行乾元钱，以一当二，乾元重棱大钱以一当十。"⑩《旧志》则将此敕系于宝应元年四月。《新志》曰："代宗即位，乾元重宝钱以一当二，重轮钱以一当三，凡三日而大小钱皆以一当一。"⑪ 当月甲午与丙申恰相隔三日，《旧唐书·代宗纪》、《旧志》记时皆误，今从《册府元龟》。

《唐会要》录宝应元年（762）五月丙申《代宗即位赦文》⑫："集'开元'、'乾元重棱'钱，并宜准一文用，不须计以虚数。〔其私铸重棱大钱，不在行用之限。〕""其私铸重棱大钱，不在行用之限"一节据《旧志》增。⑬

《册府元龟》录大历七年（772）十二月壬子《禁新铸铜器敕》⑭，

---

① （宋）王钦若等编纂：《册府元龟》卷五百一《邦计部·钱币第三》，第5687页。
② （宋）王溥：《唐会要》卷八十九《泉货》，第1927—1928页。
③ （宋）王应麟：《玉海》卷一百八十《食货·钱币》，第3307页。
④ （后晋）刘昫等：《旧唐书》卷四十八《食货上》，第2100页。
⑤ （后晋）刘昫等：《旧唐书》卷十《肃宗纪》，第259页。
⑥ （宋）王溥：《唐会要》卷八十九《泉货》，第1928页。
⑦ （宋）司马光：《资治通鉴》卷二百二十一"肃宗上元元年六月"，第7095页。
⑧ （后晋）刘昫等：《旧唐书》卷四十八《食货上》，第2101页。
⑨ （后晋）刘昫等：《旧唐书》卷十一《代宗纪》，第269页。
⑩ （宋）王钦若等编纂：《册府元龟》卷五百一《邦计部·钱币第三》，第5688页。
⑪ （宋）欧阳修、宋祁：《新唐书》卷五十四《食货四》，第1387页。
⑫ （宋）王溥：《唐会要》卷八十九《泉货》，第1928页。
⑬ （后晋）刘昫等：《旧唐书》卷四十八《食货上》，第2101页。
⑭ （宋）王钦若等编纂：《册府元龟》卷五百一《邦计部·钱币第三》，第5688页。

"壬子"二字据《旧唐书》卷十一《代宗纪》增。[1]

《唐大诏令集》录大历十四年（779）七月庚午《放邕府金坑敕》[2]，"庚午"二字据《旧唐书》卷十二《德宗纪上》增。[3]

《唐会要》录元和四年（809）闰三月四日《禁欠陌钱及铅锡钱敕》[4]："京城时用钱，每贯头除二十文，陌内欠钱及有铅锡钱，〔应有铅锡钱，并合纳官，如有人纠得一钱，赏百钱。〕"原敕仅存"京城时用钱，每贯头除二十文，陌内欠钱及有铅锡钱"，其他则为贞元九年三月二十六日敕内容。清人沈炳震已指出："按上文义未完，下又接贞元九年敕，应属阙文。"据《旧唐书》卷十七《文宗纪上》，大和三年（829）六月壬申敕："元和四年敕禁铅锡钱皆纳官，许人纠告，一钱赏百钱。"[5]《唐会要》曰："大和三年六月，中书门下奏：准元和四年闰三月敕：'应有铅锡钱，并合纳官，如有人纠得一钱，赏百钱者'"[6]，《旧志》与此同。由此，"应有铅锡钱，并合纳官，如有人纠得一钱，赏百钱"当为元和四年闰三月四日敕阙文；敕文言"并合纳官"，当指铅锡钱事，应据文意补于文末。

《册府元龟》录长庆元年（821）正月三日《南郊改元赦文》节文："其公私便换钱物，先已禁断，宜委京兆府〔及御史台〕切加觉察。"[7]"及御史台"四字据《文苑英华》卷四百二十六《翰林制诏七·赦书七·长庆元年正月三日南郊改元赦文》增。[8]

《唐会要》录宝历元年（825）八月二十一日《禁销铸见钱敕》[9]，"二十一日"四字据《册府元龟》卷五百一《邦计部·钱币第三》所载宝历元年十月河南尹王起奏增。[10]

---

[1] （后晋）刘昫等：《旧唐书》卷十一《代宗纪》，第 301 页。
[2] （宋）宋敏求：《唐大诏令集》卷一百十二《政事·财利·放邕府金坑敕》，第 583 页。
[3] （后晋）刘昫等：《旧唐书》卷十二《德宗纪上》，第 322 页。
[4] （宋）王溥：《唐会要》卷八十九《泉货》，第 1933 页。
[5] （后晋）刘昫等：《旧唐书》卷十七上《文宗纪上》，第 531 页。
[6] （宋）王溥：《唐会要》卷八十九《泉货》，第 1936 页。
[7] （宋）王钦若等编纂：《册府元龟》卷九十《帝王部·赦宥第九》，第 994 页。
[8] （宋）李昉等：《文苑英华》卷四百二十六《翰林制诏七·赦书七·长庆元年正月三日南郊改元赦文》，第 2160 页。
[9] （宋）王溥：《唐会要》卷八十九《泉货》，第 1936 页。
[10] （宋）王钦若等编纂：《册府元龟》卷五百一《邦计部·钱币第三》，第 5691 页。

《旧唐书》录天祐二年（905）四月丙辰《市肆交易以八十五为陌敕》①："准向来事例，每贯抽除外，以八百五十文为贯，每陌八十五文。如闻坊市之中，多以八十为陌，更有除折，顿爽旧规。付河南府〔指挥〕，市肆交易，并以八十五文为陌，不得更有改移。""付河南府"四字《唐会要》卷八十九《泉货》作"今后委河南府"；"指挥"二字据《唐会要》增。②

七、其他

此外，唐代钱法史料中尚有重出与倒误各一例。贞元二十年（804）《令钱货兼用敕》仅见于《新志》：

> 命市井交易，以绫、罗、绢、布、杂货与钱兼用。③

此敕不见于他书，内容与开元二十年（732）九月二十九日《令钱货兼用制》基本相同：

> 绫罗绢布杂货等，交易皆合通用。如关市肆，必须见钱，深非道理。自今以后，与钱货兼用，违者准法罪之。④

《新志》所录显然并非敕令原文，此或为同一史料编纂次序有误；或为贞元二十年九月重申开元旧敕精神，今存疑待证。

点校本《唐会要》编排史料似有多处错简，高宗至代宗朝钱货事迹记述异常混乱。开元七年（719）《禁断恶钱诏》后接续高宗乾封元年（666）铸乾封泉宝事，复云乾元元年（758）七月铸"乾元重宝"事，后止于宝应元年（762）五月改行乾元钱事，此后，又叙开元二十二年（734）三月《议放私铸钱敕》⑤，如此排序未知何故？而《旧志》、《新志》、《册府元龟》等晚出文献皆以年代先后为序，重新编排。此以《唐

---

① （后晋）刘昫等：《旧唐书》卷二十下《哀帝纪》，第793页。
② （宋）王溥：《唐会要》卷八十九《泉货》，第1938页。
③ （宋）欧阳修、宋祁：《新唐书》卷五十四《食货四》，第1388页。
④ （唐）杜佑：《通典》卷九《食货九·钱币下》，第201页。
⑤ （宋）王溥：《唐会要》卷八十九《泉货》，第1926—1931页。

会要》录会昌六年（846）二月《停用旧钱敕》与《流布现钱敕》为例，证其倒误：

> 《流布现钱敕》：缘诸道鼓铸佛像钟磬等，新钱已有次第，须令旧钱流布，绢价稍增。文武百僚俸料，宜起三月一日，并给见钱。其一半先给虚估匹段，对估价支给。①
>
> 《停用旧钱敕》："比缘钱重币轻，生民坐困，今[新]加鼓铸，必在流行，通变救时，莫切于此。宜申先甲之令，以戒居货之徒。京城及诸道起今年十月以后，公私行用，并取新钱，其旧钱权停三数年。如有违犯，同用铅锡恶钱例科断，其旧钱并纳官。"事竟不行。②

今本《唐会要》先录《流布现钱敕》，次录《停用旧钱敕》，《旧志》承用《唐会要》旧文③，遂造成先发行新钱，后停用旧钱之错觉。《旧唐书·武宗纪》记事却是《停用旧钱敕》在先，《流布现钱敕》在后。④《停用旧钱敕》原拟"旧钱权停三数年"，惜事竟不行，随即发布《流布现钱敕》。故《唐会要》、《旧志》、《册府元龟》记事次序当据《旧唐书·武宗纪》更定。

第三节　钱法史料辑考原则

对史料本身的辑佚与考释是研究唐代钱货制度的基本前提。如前所述，不同典籍对史料选择、加工、编纂的标准各异。因此，上述关于唐代钱货史料史源与著录的考辨是进行相关学术研究不可逾越之步骤。本书史料的辑佚和研究，大致遵循以下原则。

一、辑录原则

现有唐代钱货史料可以分为诏敕、奏议、史事等类目。唐代钱货法律

---

① （宋）王溥：《唐会要》卷八十九《泉货》，第1938页。
② （宋）王溥：《唐会要》卷八十九《泉货》，第1938页。
③ （后晋）刘昫等：《旧唐书》卷四十八《食货上》，第2106页。
④ （后晋）刘昫等：《旧唐书》卷十八上《武宗纪上》，第610页。

渊源表现为律、令、格、敕等多种样态并存，其中又以诏敕占据绝对优势，甚至可权且称为"律敕"格局。据《唐六典》：

> 凡文法之名有四：一曰律，二曰令，三曰格，四曰式。……凡律以正刑定罪，令以设范立制，格以禁违正邪，式以轨物程事。[①]

纵观唐代钱货立法，显然与上述论断龃龉不合。所谓隋唐时期律、令、格、式四种通行法律形式，在钱货法制领域不能完全适用。此外，与唐代钱货直接关联者，还有各类奏议75道。这些奏议虽非直接法律渊源，却往往与敕令存在交叉或因果关系，或是针对敕令的直接回应，或者直接作为引发敕令的动议，故在钱货法制研究中不可回避。此外，有关唐代钱监、铸钱使、铜冶、稀见铸币等61条史事，也与本研究关系密切。

二、录文原则

录文采取原始与详尽双重原则选择辑录文本，如果该条史料具有多个史料来源的条目，则按照正史、编年、类书、别集、总集顺序，依次标明文献名称、卷次。条目定名尽量沿用旧名，无名者依据文意题拟。值得一提的是，武德四年（621）七月丁卯铸行"开元通宝"钱，此为唐代钱法之始，更是中国古代币制改革之重大事件，《唐六典》、《通典》、《唐会要》、《旧志》、《新志》、《资治通鉴》皆有相关记载，却不见于敕令原文。据日本弘仁本《文馆词林》载《武德年中平王充窦建德大赦诏》节文：

> 五铢之钱，年代已积。既渐讹滥，质贱价轻。不便于人，今且停断。新铸造者，可即颁用。[②]

《文馆词林》由唐高宗朝中书令许敬宗奉敕编纂，显庆三年（658）成书

[①]（唐）李林甫等：《唐六典》卷六《尚书刑部》"刑部郎中员外郎"注，第180、185页。
[②]（唐）许敬宗编：《日藏弘仁本文馆词林校证》，罗国威整理，中华书局2001年版，第360页。

之后即深藏秘府，流传不广，北宋已佚。日本弘仁本《文馆词林》恰著录此敕，由此得窥铸行"开元通宝"钱之原始记录，亦弥补传世典籍之缺憾。

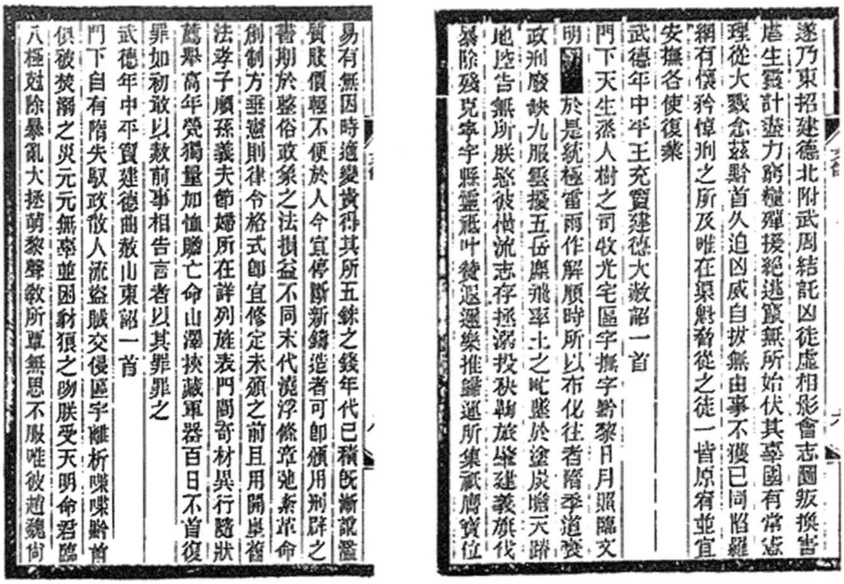

图 2-2 《武德年中平王充窦建德大赦诏一首》

资料来源：(唐) 许敬宗编：《文馆词林》卷六百六十九，适园丛书本。

三、选材原则

研究中奉行博采史料原则，最大限度搜集各类文献资料，相互参证，辨难析疑。在校订文献的同时，对钱货制度项下之钱法、估法、铜法等问题进行深入研究。对于存在仅见、异文、讹误、阙漏问题的史料均悉心考订，慎重使用。如会昌五年（845）正月三日《南郊赦文》仅见于《文苑英华》，赦文中部分内容直接涉及晚唐货币支付问题：

京畿内近日足陌用钱，唯益富室。匹帛苦贱，反害疲人。宜却令依前行垫陌钱，每垫八十文，其公私交关，五贯已上，令一半折用匹帛。①

此类资料在《册府元龟》、《唐会要》、《新志》等文献中不止一例，为深入研究唐代钱货制度提供了重要线索，值得特别关注。

表 2-1 唐代钱货史料著录情况

时间	史料名称	通典	会要	旧志	新志	册府	诏令	玉海	通考	其他
武德四年七月丁卯	《武德年中平王充窦建德大赦诏》节文	√	√	√	√			√	√	《太平御览》卷108；《旧唐书》卷1；《资治通鉴》卷189；《泉志》卷9
武德四年七月癸酉	秦王等赐炉铸钱敕		√					√	√	《太平御览》卷836；《资治通鉴》卷189
永徽四年十月	《唐律》"私铸钱"条									《唐律疏议》卷26
显庆五年九月	市取恶钱敕	√	√	√	√			√		
乾封二年正月丁丑	用旧钱诏		√				√	√		
仪凤四年四月	纳恶钱敕	√	√	√				√		
永淳元年五月	禁私铸钱敕	√		√				√		
永淳元年后	唐刑部格敕									《宋刑统》卷27
长安年间	依样用钱敕	√		√				√		
长安年间	用钱敕	√		√						
神龙年间	《神龙散颁刑部格》"私铸钱"条									《敦煌社会经济文书真迹释录》(第2册)
景龙二年四月十四日	别库贮钱市物敕									《唐会要》卷66；《全唐文》卷2
开元四年十一月	禁东都用钱变动诏					√				《唐文拾遗》卷2
开元六年正月十八日	禁恶钱敕	√	√	√	√		√	√		《旧唐书》卷8；《资治通鉴》卷212

---

① （宋）李昉等：《文苑英华》卷四百二十九《敕书十·禋祀·敕书六》，第2173页。

续表

时间	史料名称	通典	会要	旧志	新志	册府	诏令	玉海	通考	其他
开元六年正月	季俸先给钱诏		√			√				《资治通鉴》卷212；《唐文拾遗》卷2
开元六年二月	禁恶钱敕	√		√		√				《全唐文》卷34
开元六年闰七月	销毁恶钱诏					√				《唐文拾遗》卷2
开元七年二月	禁断恶钱诏		√		√	√				《资治通鉴》卷212；《唐文拾遗》卷1
开元七年	《杂令》"私采铜铁"条									《唐六典》卷22；《唐令拾遗·杂令》；《天一阁藏明钞本天圣令校证附唐令复原研究》
开元八年六月	官收恶钱诏					√				《唐文拾遗》卷2
开元十七年八月辛巳	禁铸造铜器诏	√			√		√			《资治通鉴》卷213；《全唐文》卷23
开元二十年九月二十九日	令钱货兼用制	√				√				《唐会要》卷88；《册府元龟》卷504；《全唐文》卷25
开元二十年	申明样式及禁恶钱敕					√				
开元二十二年三月二十一日	议放私铸钱敕	√	√	√		√	√		√	《张九龄集》卷7；《旧唐书》卷8；《资治通鉴》卷214；《全唐文》卷284
开元二十二年十月六日	命钱物兼用敕		√			√		√		《全唐文》卷35
天宝六载四月八日	赎铜折钱折庸敕节文									《唐会要》卷40；《文献通考》卷171上
天宝十一载二月庚午	令所司收换恶钱敕	√		√	√					《资治通鉴》卷216；《全唐文》卷36
天宝十三载	禁铅铜锡敕									《唐会要》卷59；《旧唐书》卷137；《册府元龟》卷100

续表

时间	史料名称	通典	会要	旧志	新志	册府	诏令	玉海	通考	其他
乾元元年七月丙戌	行乾元重宝钱敕	√	√	√	√	√	√	√	√	《旧唐书》卷10；《新唐书》卷9；《资治通鉴》卷220；《泉志》卷9；《全唐文》卷42
乾元二年九月戊辰	行重轮钱敕	√	√	√	√	√		√		《旧唐书》卷10；《旧唐书》卷127；《资治通鉴》卷221；《泉志》卷9
乾元三年十二月	令百官议罢新钱诏		√		√	√	√			《全唐文》卷43
上元元年六月乙丑	重棱钱减价行用敕		√	√	√			√		《旧唐书》卷10；《资治通鉴》卷221
上元元年七月癸丑	重棱钱减价行用天下敕		√	√	√					《资治通鉴》卷221；《大唐传载》
上元元年十二月二十九日	典贴虚实诏		√				√			《唐文拾遗》卷4
上元二年正月二十八日	赃数约绢估敕		√							《唐会要》卷40；《文献通考》卷166；《唐文拾遗》卷4
上元二年正月	赃数约绢估（又敕）		√							《唐会要》卷40；《唐文拾遗》卷4
宝应元年五月甲午	改行乾元钱制			√		√		√		《旧唐书》卷11
宝应元年五月丙申	《代宗即位赦文》节文		√	√	√		√			《旧唐书》卷11；《资治通鉴》卷221；《册府元龟》卷88；《唐大诏令集》卷2；《全唐文》卷49
大历七年十二月壬子	禁新铸铜器敕			√	√					《旧唐书》卷11
大历十四年七月庚午	放邕府金坑敕						√			《旧唐书》卷12；《新唐书》卷7；《太平御览》卷810；《册府元龟》卷56、160、493；《玉海》卷196

续表

时间	史料名称	通典	会要	旧志	新志	册府	诏令	玉海	通考	其他
建中元年十月六日	禁锦罽等互市敕									《册府元龟》卷999
贞元九年正月甲辰	禁卖铸铜器敕									《旧唐书》卷13
贞元九年三月二十六日	禁欠陌钱敕		√	√		√				《全唐文》卷54
贞元十年六月	禁销钱敕		√		√	√				《唐文拾遗》卷5
贞元二十年	令钱货兼用制				√					
贞元二十一年二月乙丑	罢月进钱敕									《顺宗实录》卷2;《唐会要》卷88;《资治通鉴》卷236;《册府元龟》卷168
元和元年二月甲辰	禁用铜器敕		√		√	√			√	《旧唐书》卷13
元和二年二月	条贯江淮铜铅敕		√			√	√			《全唐文》卷61
元和二年四月甲子	禁铅锡钱敕		√		√	√			√	
元和三年六月	条贯钱货及禁采银敕		√		√	√	√			《全唐文》卷59
元和四年二月	停实估敕									《册府元龟》卷488;《全唐文》卷61
元和四年闰三月四日	禁欠陌钱及铅锡钱敕		√	√	√	√			√	《册府元龟》卷613
元和四年六月	任采银坑及禁钱出岭敕		√	√	√			√	√	
元和六年二月二十八日	《赈恤百姓德音》节文		√	√	√	√	√			《文苑英华》卷435;《全唐文》卷62
元和六年三月	蔚州铸钱敕		√	√	√	√				《太平御览》卷836
元和七年二月	令百寮陈钱物重轻利害诏					√				《旧唐书》卷15;《唐文拾遗》卷6
元和七年五月	禁销钱毁器诏					√				《唐文拾遗》卷6
元和八年四月	出内库钱收市布帛敕		√	√	√	√				《册府元龟》卷504

续表

时间	史料名称	通典	会要	旧志	新志	册府	诏令	玉海	通考	其他
元和八年	死囚配流天德五城敕									《旧唐书》卷56；《文献通考》卷166
元和九年五月壬申	禁与商人私有便换敕									《册府元龟》卷612
元和十一年九月己丑	内外支钱抽贯备军需敕		√			√				《册府元龟》484；《全唐文》卷61
元和十二年正月	平泉货敕		√	√		√				《全唐文》卷61
元和十二年正月	禁私贮见钱敕		√			√				《全唐文》卷61
元和十四年六月	禁铅锡钱敕		√	√		√				《唐文拾遗》卷6
元和十五年闰正月	令百寮议钱货轻重敕					√				
元和十五年六月己卯	绫绢准实估代青苗钱敕									《旧唐书》卷16
元和十五年六月壬辰	停抽俸钱敕									《唐会要》卷91；《旧唐书》卷16；《册府元龟》卷507；《全唐文》卷66
长庆元年正月三日	《南郊改元赦文》节文					√				《文苑英华》卷426；《册府元龟》卷90；《唐大诏令集》卷70；《全唐文》卷66
长庆元年九月	定钱陌敕		√	√		√		√		《全唐文》卷66
宝历元年八月二十一日	禁销铸见钱敕		√			√				
大和三年	禁铸铜佛像敕				√			√		
大和四年十一月	纠告私贮蓄积现钱敕		√	√	√			√		《唐文拾遗》卷7
大和五年十一月	令王彦威定郓曹等州税务诏									《册府元龟》卷488；《全唐文》卷72

续表

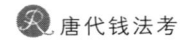

时间	史料名称	通典	会要	旧志	新志	册府	诏令	玉海	通考	其他
开成三年四月	允裴度奏勿废飞狐县铸钱诏					√				《唐文拾遗》卷 7
会昌五年正月三日	《南郊赦文》节文									《文苑英华》卷 429；《全唐文》卷 78
会昌六年二月	停用旧钱敕		√	√		√				《旧唐书》卷 18 上；《全唐文》卷 77
会昌六年二月	流布见钱敕		√	√	√	√			√	《旧唐书》卷 18 上；《唐文拾遗》卷 6
会昌六年八月	禁用金玉修佛像敕									《唐会要》卷 49；《唐文拾遗》卷 8
大中四年正月	《两税外不许更征诏》节文									《唐会要》84；《册府元龟》卷 488；《全唐文》卷 80
大中四年正月	令详定盗贼赃罪诏									《唐会要》卷 39；《册府元龟》卷 613；《全唐文》卷 80
大中六年闰七月	犯赃定估敕									《唐会要》卷 40；《册府元龟》卷 616；《唐文拾遗》卷 8
光启元年三月	议盐法钱法诏									《册府元龟》卷 494；《全唐文》卷 88
光化四年四月十五日	《改元天复赦》节文		√		√	√				《唐大诏令集》卷 5；《全唐文》卷 92
天祐二年四月丙辰	市肆交易以八十五为陌敕									《旧唐书》卷 20 下；《唐文拾遗》卷 8

注：此表贯通记述唐代钱货史料典籍若干，为便于表述，《通典》卷九《食货九·钱币下》省称《通典》，《唐会要》卷八十九《泉货》省称《唐会要》，《旧唐书》卷四十八《食货上》省称《旧志》，《新唐书》卷五十四《食货四》省称《新志》，《册府元龟》卷五百一《邦计部·钱币第三》省称《册府元龟》，《唐大诏令集》卷一百一十二《政事·财利》省称《唐大诏令集》，《文献通考》卷八《钱币考一》省称《文献通考》，《玉海》卷一百八十《食货·钱币》省称《玉海》。标注文献来源时，列文献名及卷数。

第三章　钱法渊源考

本章以唐代钱法渊源为样本，以钱法体系演进为中心，关注中古时期经济法律形式的演化历程，重点探究晚唐五代转型社会中钱法渊源的变迁。这里充分利用律令、史志、类书等传世典籍，以及《睡虎地秦墓竹简》、《岳麓书院藏秦简》（肆）、《张家山汉墓竹简》、《居延汉简》等出土文献，描摹唐代钱法生成、发展与嬗变的历史格局。

第一节　唐前钱法

一、《金布律》与《金布令》

货币之兴，其源远矣。《史记·平准书》："虞夏之币，金为三品，或黄，或白，或赤；或钱，或布，或刀，或龟贝。"[①] 其后，太公立九府圜法，周景以母子相权。秦朝立法贯彻"凡事皆有法式"原则，律、令编修多以法律关系性质为基准，法律渊源以单行律令为主。具体至秦汉钱货法律渊源一隅，则有《金布律》、《钱律》行世。

《金布律》是目前可知较早规定货币制度的古代律法，秦律始见，汉代承用。据简牍资料可知，"金布"是秦汉时期掌管金钱布帛、公私债务清算、工商税收管理、市场价格规范、公物损害赔偿、废旧物资变卖、徒隶衣物廪给、牲畜饲料发放等的机构，"金布律"之得名，或与此相关。[②] 关于《金布律》

---

① （汉）司马迁：《史记》卷三十《平准书》，中华书局1959年版，第1442页。
② 王焕林：《里耶秦简校诂》，中国文联出版社2007年版，第50页。

的职能，《晋书·刑法志》有如下记载："《金布律》有毁伤亡失县官财物，……《金布律》有罚赎入责以呈黄金为价，科有平庸坐赃事。"① 伴随大量简牍文献出土，《金布律》之本来面目渐趋清晰。但在具体表述方面，仍存在一定差异。② 证于出土简牍可知，《金布律》并非调整货币法律之专门律法，而是以金、钱、布作为衡量准据，广泛调整货币制度、损害赔偿、罚金赎金、债务偿还、户赋缴纳、牛马交易等财产法律关系之单行法律。

《释名》："令，领也，理领之使不得相犯也。"③ 汉代《金布律》、《金布令》并存，因律、令界限尚未分明，故常有律、令互文通行之情形。师古曰："《金布》者，令篇名也。其上有府库金钱布帛之事，因以名篇。"④ 沈家本认为："诸书所引律、令往往相淆，盖由各律中本各有令，引之者遂不尽别白。如《金布律》见于《晋志》，而诸书所引则《金布令》为多。今于律、令二者亦不能详为区别。"⑤ 前、后《汉书》等文献所引《金布令》内容片段，主要集中于国家财政收支方面，此与《金布律》侧重公私财产之立法旨趣完全契合。

表 3–1　汉《金布令》佚文

《金布令》佚文	史料出处
《金布令》曰："不幸死，死所为椟，传归所居县，赐以衣棺。"	《汉书》卷 1《高帝纪》注
《金布令甲》曰："边郡数被兵，离饥寒，夭绝天年，父子相失，令天下共给其费。"	《汉书》卷 78《萧望之传》注
《汉律·金布令》曰："皇帝斋宿，亲帅群臣，承祠宗庙，群臣宜分奉请。诸侯、列侯各以民口数率千口奉金四两，奇不满千口至五百口亦四两，皆会酎，少府受。又大鸿胪食邑，九真、交趾、日南者，用犀角长九寸以上，若玳瑁甲一；郁林用象牙长三尺以上，若翡翠各二十，准以当金。"	《后汉书·礼仪志上》注

---

① （唐）房玄龄等：《晋书》卷三十《刑法志》，中华书局 1974 年版，第 924—925 页。
② 睡虎地秦墓竹简整理小组认为："《金布律》是关于货币、财物方面的法律。"（睡虎地秦墓竹简整理小组：《睡虎地秦墓竹简》，文物出版社 1990 年版，第 36 页）李均明认为："《金布律》是秦汉时期有关财政管理的一项重要法规，内容主要涉及到国家财政的收入和支出。"（李均明：《张家山汉简〈二年律令〉概说》，《长沙三国吴简暨百年来简帛发现与整理国际学术研讨会论文集》，中华书局 2005 年版，第 325 页）刘海年认为，《金布律》是"我国最早的一部关于货币制度的专门立法"。（刘海年：《中国古代经济法制之研究》，载《战国秦代法制管窥》，法律出版社 2006 年版，第 439 页）
③ （汉）刘熙：《释名》卷六《释典艺第二十》，中华书局 1985 年版（丛书集成本），第 101 页。
④ （汉）班固撰：《汉书》卷七十八《萧望之传》，（唐）颜师古注，中华书局 1962 年版，第 3278 页。
⑤ （清）沈家本撰：《历代刑法考》，邓经元、骈宇骞点校，中华书局 1983 年版，第 1366 页。

二、《金布律》与《钱律》

秦朝构建了由金、钱、布组成的多元货币体系。《史记·平准书》："中国之币为三等，黄金以溢名，为上币；铜钱识曰半两，重如其文，为下币。"① 秦时金、钱、布三品并行，相互折算。1975 年睡虎地秦墓竹简《金布律》出土，秦时布之规格、钱布比价及流通制度得以明确。《金布律》规定："钱十一当一布。其出入钱以当金、布，以律。"布之规格为"袤八尺，幅广二尺五寸。布恶，其广袤不如式者，不行。"② 与此同时，秦《金布律》明确了诸如千钱一畚、美恶杂行、禁择行钱、明码标价等出纳、流通规则，秦时金、布、钱三币并行的货币流通制度由此得到清晰展示。

汉初布帛不再以标准形制进入流通领域承担通货职能，金、钱二元货币体系逐步形成。③ 布帛等实物在通货领域比重下降，恰为秦汉兴替之际商品经济获得长足发展之明证。在法律创制层面，上述变化表现为《金布律》内容的调整和《钱律》的出现。秦《金布律》中确定的布之规格、钱布比价及流通规则等，已不见于《二年律令·金布律》之中。与此同时，秦汉《金布律》事关钱货者，又存在明显的继受关系：

> 《岳麓秦简·金布律》：官府为作务、市受钱，及受赁、租、质及稍入钱，皆官为缿，谨为缿空（孔），婴（须）勿令钱能出，以令若丞印封缿而入，与入钱者叁辨券之，辄入钱缿中，令入钱者见其入。月壹输缿钱，及上券中辨其县廷，月未尽而缿盈者，辄输之，不如律，赀一甲。④
>
> 《张家山汉墓竹简·金布律》：官为作务、市及受租、质钱，皆为缿，封以令、丞印而入，与参辨券之，辄入钱缿中，上中辨其廷。⑤

---

① （汉）司马迁：《史记》卷三十《平准书》，第 1442 页。
② 睡虎地秦墓竹简整理小组：《睡虎地秦墓竹简》，第 36 页。
③ 参阅石俊志：《中国铜钱法制史纲要》，中国金融出版社 2015 年版，第 32 页。
④ 陈松长主编《岳麓书院藏秦简》（肆），上海辞书出版社 2015 年版，第 240 页。
⑤ 张家山二四七号汉墓竹简整理小组：《张家山汉墓竹简》（释文修订本），文物出版社 2006 年版，第 67 页。按：程维荣指出："秦简关市律中也有一段类似的规定：为作务及官府市，受钱必辄入其钱缿中，令市者见其入。不从令者赀一甲……显然，张家山汉简的规定是把秦律中《金布律》与关市律的相关规定合并在了一起。"（程维荣：《有关秦汉〈金布律〉的若干问题》，《兰州大学学报》2010 年第 4 期）

综上，《金布律》是秦汉时期钱货法律基本渊源之一，秦《金布律》中已有关于通货标准、市易择钱、钱布换算、入钱出纳之明确规定。秦律中已有关于举告、审理"盗铸钱"犯罪的记载，但是否已有类似汉代《钱律》之专门立法，目前尚无定论。① 汉《金布律》的诸多条款承自秦律，二者存在直接源流关系。因有《钱律》行世，汉《金布律》中涉及钱货的条款多从《金布律》中剔除，而纂入《钱律》之中。

表3－2 秦汉《金布律》、《钱律》条款简表

云梦秦简《金布律》	1. 官府受钱、收纳和封启规定；市用不得择钱。（简65） 2. 布长宽、质量规格。（简66） 3. 钱、布折算标准。（简67） 4. 商贾、府吏不得择行钱、布；列伍长、吏失察责任。（简68） 5. 货物价值在一钱以上者，应明码标价。（简69） 6. 官府输送、接受物品的计账要求；工匠上缴物品按年计账。（简71） 7. 都官厨师、牛车等配备标准；母牛饲料标准。（简75） 8. 欠债、赏赎追索程序。（简76） 9. 百姓借用官物、欠债未偿，吏之代偿标准。（简79） 10. 官吏因点验、会计致官物损失之赔偿程序。（简81） 11. 啬夫等赔偿责任之分担。（简85） 12. 处理报废官府物资。（简88） 13. 发放衣服标准。（简93） 14. 领取衣服标准。（简96）
岳麓秦简《金布律》	1. 官物亡失者狱治，价值百廿钱以下者官自治。（简1402） 2. 货物价值在一钱以上者，应明码标价。（简1286，同《云梦秦简》简69） 3. 户赋缴纳形式（刍、钱、布）与缴纳时间。（简1287、1230、1280） 4. 作务、市受钱、赍、租、质等钱收贮、管理。（简1411、1399、1403） 5. 市□术者没官及纠举责任等。（简1289、1288、1233） 6. 以五尺五寸以上马载车、耕田罚则及捕、告责任。（简1229、1279、1410、1398、1365） 7. 百姓买马牛、奴婢的程序规定及官吏责任（简1415、1428、1300、1301、1351、0990、缺简、1226、42、1263）

---

① 关于汉《钱律》的历史渊源问题，学界有不同观点。闫晓君认为秦时已有《钱律》："大约萧何定律时，继承秦朝禁民私铸的传统，制定了《钱律》。吕后二年，流通'八铢钱'，因而对《钱律》进行修订，张家山汉简《钱律》第一即其显例，其主要内容当仍沿袭秦律。"（闫晓君：《试论张家山汉简〈钱律〉》，《法律科学》2004年第1期）朱红林认为秦时尚无《钱律》："在睡虎地秦简存在的时代，还没有出现专门的《钱律》，是以有关货币的法律条款仍旧存在于《金布律》之中。在张家山汉简与睡虎地秦简之间这一段历史时期内是否已经出现《钱律》，尚不得而知。"（朱红林：《睡虎地秦简和张家山汉简中的〈金布律〉研究》，《社中会科学战线》2008年第1期）

续表

《二年律令·金布律》	1. 内作县官及隶徒禀衣标准。（简 418—420） 2. 马牛冬夏饲料标准。（简 421—423） 3. 传马、使马等饲料标准。（简 424—425） 4. 稗官等委任程序。（简 426） 5. 罚、赎、债纳钱，及购赏、免除标准。（简 427—428） 6. 收租、抵押等钱收贮、管理；救助、掩埋溺亡人赏赐标准。（简 429—432） 7. 县官畜产亡、杀、伤、死赔偿标准。（简 433） 8. 官物毁损赔偿标准。（简 434） 9. 官物破败不可维修者，出售。（简 435） 10. 私盐及采银、铅、铁、丹砂纳税标准。（简 436—438） 11. 金布律。（简 439）①
汉《金布律》佚文	1. 律曰：臧他物非钱者，以十月平贾计。（《居延汉简释文合校》4·1）②
《二年律令·钱律》	1. 行钱、行金标准及拣择行钱罚则。（简 197—198） 2. 销钱为铜、器者，坐赃论。（简 199） 3. 造伪金者，黥为城旦舂。（简 200） 4. 盗铸主从罚则及举告、缉捕罚则。（简 201—202） 5. 准备盗铸工具及使用私铸钱罚则。（简 203） 6. 捕盗铸钱人赏格。（简 204—205） 7. 盗铸钱人因捕得同案及自首、举告之免罪规定。（简 206—207） 8. 准备盗铸工具而未铸及出售盗铸工具者，黥为城旦舂。（简 208） 9. 钱律。（简 209）③

《二年律令·钱律》是目前可知最早的货币专项立法，出简合计 13 支。有学者认为，204、205、206、207 号诸简"是有关犯有盗铸钱及佐者等罪的人若捕得同案或因其自首、举告而'吏捕颇得之'便可获免罪的规定，并非对于盗铸钱等罪的量刑、处罚"④，故应自《钱律》移入《捕律》。除此以外的 9 支竹简，则详细记载了吕后二年（前 186）规定的

---

① 《二年律令·金布律》简 430 后半部"不幸流，或能产拯一人……自购之"，则为另一条文。简 435"诸收人，皆入以为隶臣妾"，简 436"有赎买其亲者，以为庶人，勿偿奴婢"，皆系错抄。〔参阅张家山二四七号汉墓竹简整理小组：《张家山汉墓竹简》（释文修订本），第 67 页〕

② 李均明、刘军：《汉代屯戍遗简法律志》，刘海年、杨一凡主编：《中国珍稀法律典籍集成》甲编第 2 册，科学出版社 1994 年版，第 118 页。

③ 《二年律令》共有竹简 526 枚，简文含 27 种律和 1 种令，律、令之名与律、令正文分开另简抄写，律名都是单独书写在一枚简上，《金布律》同。〔参阅张家山二四七号汉墓竹简整理小组：《张家山汉墓竹简》（释文修订本），第 7、16 页〕

④ 参阅彭浩：《谈〈二年律令〉中几种律的分类与编连》，《出土文献研究》第六辑，上海古籍出版社 2004 年版，第 68 页。

行钱、择钱、销钱、伪金、盗铸罚则、犯罪预备等条款。可以认为，汉《钱律》是《唐律》"私铸钱"条的直接历史渊源，其调整范围又远较《唐律》宽泛。

三、唐前钱货诏敕

诏敕是唐前钱法的另一重要渊源。朝廷依据政治、经济现实需要，对律令成法予以适时调整。钱货诏敕是社会经济生活在政策、法律层面的反映，更是考察特定时期钱法之重要参照。以武帝元狩五年（前118）为界，先唐铸币可划分为"半两时代"与"五铢时代"。前者自秦至西汉中期，其间钱文有"半两"之名，实有"榆荚"、"八铢"、"五分"、"四铢"、"三铢"之异。及汉武改制，直至隋亡，历代虽奉五铢之制，其实币制多有损益，武德四年（621）铸"开元通宝"，五铢至此乃废。秦汉魏晋南北朝时期，钱货诏令遍及铸行、流通、贮藏、支付等诸多领域，逐步成为货币法制重要渊源之一。王莽变乱币制，民间私以五铢钱市易，遂下诏："敢非井田挟五铢钱者为惑众，投诸四裔以御魑魅。"① 此为诏令调整货币流通之例。孙吴嘉禾五年（236）春，"诏使吏民输铜，计铜畀直"②，此为诏令创制铜器征缴计值法则之证。

此外，诏令还是创制单行"钱法"规则之有效途径。东晋孝武帝太元三年（378），针对商贾销铸牟利问题，诏有司严加科罚，此为责成长吏监察销铸之专门立法：

> 钱，国之重宝，小人贪利，销坏无已，监司当以为意。广州夷人宝贵铜鼓，而州境素不出铜，闻官私贾人皆于此下贪比轮钱斤两差重，以入广州，货与夷人，铸败作鼓。其重为禁制，得者科罪。③

太和十九年（495），北魏孝文帝铸"太和五铢"，以诏令方式详尽规定

---

① （汉）班固撰：《汉书》卷二十四下《食货下》，（唐）颜师古注，中华书局1962年版，第1179页。
② （晋）陈寿撰：《三国志》卷四十七《吴书二·吴主传》，（宋）裴松之注，中华书局1959年版，第1140页。
③ （唐）房玄龄等：《晋书》卷二十六《食货志》，第795页。

官钱流通、俸禄支给、铸钱标准等，此为调整货币支付、铸造之单行法规：

> 诏京师及诸州镇皆通行之。内外百官禄皆准绢给钱，绢匹为钱二百。在所遣钱工备炉冶，民有欲铸，听就铸之，铜必精练，无所和杂。①

隋朝初立，仍行五铢，"钱既新出，百姓或私有镕铸"。开皇三年（583）四月，文帝诏立样钱检括之制，复禁周、齐旧币流通，此诏令为推行新币之专项立法：

> 诏四面诸关，各付百钱为样。从关外来，勘样相似，然后得过。样不同者，即坏以为铜，入官。诏行新钱已后，前代旧钱，有五行大布、永通万国及齐常平，所在用以贸易不止。②

同时，臣僚钱货奏议时常成为诏敕的重要前提，一定条件下应视作钱货立法渊源之辅助资料。后汉光武时，货币杂用布帛金粟。如建武十六年（40），马援上书曰："富民之本，在于食货。宜如旧铸五铢钱。"从之。③此从《后汉书·光武帝纪》所载"是岁，始行五铢钱"④一节可证。值得注意的是，汉魏晋时期，钱货诏敕、奏议时常与律令相互援引、参证。高后二年《钱律》，行用至文帝前元五年（前175）四月，乃"诏除盗铸钱令"。⑤景帝中元六年（前144）十二月，"定铸钱伪黄金弃市律"⑥，盗铸禁令复行于世，此为诏令废止、恢复律令效力之例。曹魏熙平初，尚书令王澄奏："谨寻不行之钱，律有明式，指谓鸡眼、环凿，更无余禁……其不行之钱，及盗铸毁大为小，巧伪不如法者，据律罪之。"⑦《北魏律》久

---

① （北齐）魏收：《魏书》卷一百一十《食货志》，中华书局1974年版，第2863页。
② （唐）魏徵等：《隋书》卷二十四《食货志》，中华书局1973年版，第691页。
③ （汉）刘珍撰：《东观汉记》卷十二《列传七·马援》，吴庆峰点校，齐鲁书社2000年版，第102页。
④ （南朝·宋）范晔撰：《后汉书》卷一下《光武帝纪》，（唐）李贤注，中华书局1965年版，第67页。
⑤ （汉）班固撰：《汉书》卷四《文帝纪》，第121页。
⑥ （汉）班固撰：《汉书》卷五《景帝纪》，第148页。
⑦ （北齐）魏收：《魏书》卷一百一十《食货志》，第2864页。

已亡佚，但据奏议仍可知有"盗铸钱及禁不行钱诸律"①及毁钱、造伪诸条。钱货诏敕发布以后，势必对已有律令产生修改、变更、废止等法律效力。唐前律令、诏敕相互为用的立法格局，对唐代钱法渊源的形成与发展产生直接影响。前代货币法制对基本法律关系的调整，在唐代钱法领域多可得到清晰印证。

第二节　唐代钱法

唐代法律渊源，据《唐六典》，"凡文法之名有四，一曰律，二曰令，三曰格，四曰式"。② 《新唐书·刑法志》则将上述法律渊源统称"刑书"③，"凡邦国之政，必从事于此三者（令、格、式——引者注）。其有所违及人之为恶而入于罪戾者，一断以律。"④ 唐代钱法在律、令、格等法律文献中均有所反映。与秦汉魏晋相比，唐代改变《钱律》单行之旧例，仅在《杂律》中保留"私铸钱"条款，关于货币铸行、流通、贮藏、支付等法律规定，多因时制宜，颁降诏敕。由此构建了以《唐律》为基准，以诏敕为主体，以令、格为辅助的钱货立法格局，且对五代、两宋、明清钱货立法产生直接影响。

一、《唐律疏议》"私铸钱"条

《唐律疏议·杂律》"私铸钱"条为唐代钱法之基础条款，是后续法

---

① 程树德：《九朝律考》，中华书局1963年版，第383页。
② （唐）李林甫：《唐六典》卷六《尚书刑部》"刑部郎中员外郎"，第180页。关于唐代法律形式的主要研究成果有：钱元凯：《中国古代的法律形式》，《法学》1983年第5期；冯卓慧：《从几件敦煌吐鲁番文书看唐代法律形式——式》，《法学研究》1992年第3期；马小红：《中国封建社会两类法律形式的消长及影响》，《法学研究》1993年第5期；胡留元：《从几件敦煌法制文书看唐代的法律形式——格》，《法律科学》1993年第5期；钱大群：《律、令、格、式与唐律的性质》，《法学研究》1995年第5期；李玉生：《唐代法律体系研究》，《法学家》2004年第5期；杨一凡主编：《中国古代法律形式研究》，社会科学文献出版社2011年版。
③ 钱大群认为："宋人关于'唐制刑书有四'的说法应予否定……（《唐六典》）'文法'二字是统指制定的成文法律而言，唐代人把律、令、格、式统称为'文法'，而不像宋代人称为'刑书'，显然是正确的。"（参阅钱大群：《律、令、格、式与唐律的性质》，《法学研究》1995年第5期）
④ （宋）欧阳修、宋祁：《新唐书》卷五十六《刑法志》，第1407页。

制厘革损益之准据：

> 诸私铸钱者，流三千里；作具已备，未铸者，徒二年；作具未备者，杖一百。【疏】议曰：私铸钱者，合流三千里。其"作具已备"，谓铸钱作具，并已周备，而未铸者，徒二年。若"作具未备"，谓有所欠少，未堪铸钱者，杖一百。若私铸金银等钱，不通时用者，不坐。
>
> 若磨错成钱，令薄小，取铜以求利者，徒一年。【疏】议曰：时用之钱，厚薄大小，并依官样。辄有磨错成钱，令至薄小，而取其铜，以求利润者，徒一年。①

此条具有三项特征。其一，体例安排。《唐律》置"私铸钱"于《杂律》项下，依例不在贼、盗、奸诸罪之列。《杂律》之目，创自《法经》，洎乎隋唐，历代承用。此篇"拾遗补阙，错综成文"②，容纳《唐律》各篇以外其他罪名，涉及坐赃、犯奸、赌博、犯夜、借贷等方面。其二，罪名界定。秦汉之际，擅自铸钱或杂以铅镴行为，皆可统称"盗铸"，其罪论死。《唐律》摒弃秦汉时"盗铸"之谓，选择"私铸钱"之提法，在罪行之客观描述层面趋于缓和。其三，罚则设计。《唐律》"私铸钱"条遵循删繁就简的立法理念，仅规定"私铸"与"取镕"犯罪，且量刑与前代相比最轻。秦汉旧律规定的折算、择钱、销铸、告发等条，悉数从《唐律》中移除。武德初年尚有"盗铸者身死，家口配没"③之禁条，《唐律》酌减为徒、流之罚，其削烦去蠹之意昭然。此外，因"唐不以金银为币，故不立伪造之条"④；凡私铸金银等钱，不通时用者，依律不坐。《唐律》"私铸钱"条不仅为唐代钱法体系之基础条款，亦是考察历代钱法条款变迁的基本参照，为探讨先唐钱法规则演进，以及五代、两宋、明清时期钱法发展，提供了信而可据的文本资料。

---

① （唐）长孙无忌等：《唐律疏议》卷二十六《杂律》"私铸钱"，第480页。
② （唐）长孙无忌等：《唐律疏议》卷二十六《杂律》，第479页。
③ （宋）李昉等：《太平御览》卷八百三十六《资产部十六·钱下》，中华书局1960年版，第3732页。
④ （清）薛允升：《唐明律合编》卷二十五《诈伪》"私铸铜钱"，怀效锋、李鸣点校，法律出版社1999年版，第676页。

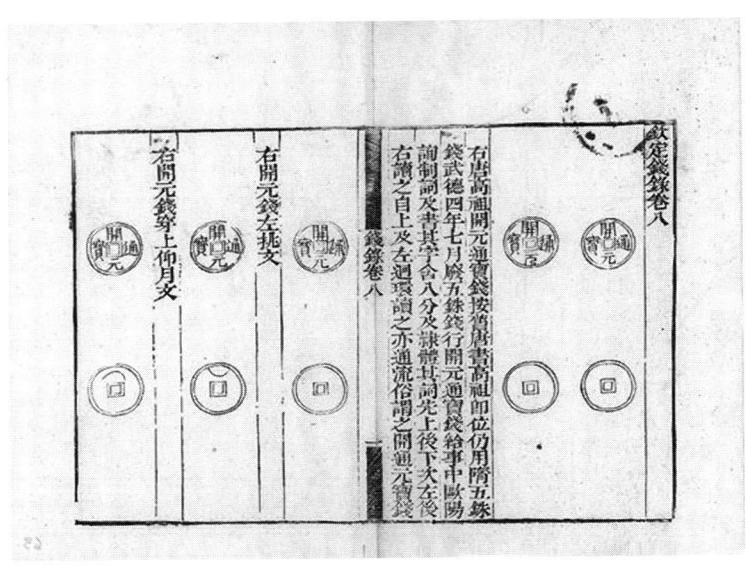

图 3-1

资料来源：梁诗正、于敏中：《钦定钱录》，商务印书馆 1937 年版。

二、《神龙散颁刑部格》"私铸钱"条

作为一类法律渊源，"格"始于北魏孝武年间《太昌条格》。据《魏书·高宗纪》，和平四年（463）十二月辛丑，诏"有司可为之条格，使贵贱有章，上下咸序，著之于令"。[①] 东魏制《麟趾格》，"以格代科"。[②] 北齐因魏立格，撰权格，与律令并行，格遂与律、令并行，唐因之不改。

敦煌出《神龙散颁刑部格》，今残存 120 行，卷首题签《散颁刑部格卷》，苏瓌奉敕删定。据《旧唐书·刑法志》，永徽二年（651）定制："分格为两部：曹司常务为《留司格》，天下所共者为《散颁格》。其《散颁格》下州县，《留司格》但留本司行用焉。"[③] 由此，《神龙散颁刑部格》（P.3078 号与 S.6473 号拼合，以下省称《神龙格》）是神龙年间制定后颁行于诸州之常法。《神龙格》广泛涉及伪造官文书、犯赃、訞诱隐

[①]（北齐）魏收：《魏书》卷五《高宗纪》，第 122 页。
[②]（唐）李林甫撰：《唐六典》卷六《尚书刑部》"刑部郎中员外郎"，第 185 页。
[③]（后晋）刘昫等：《旧唐书》卷五十《刑法志》，第 2141 页。

藏官奴婢、告密、光火劫贼等事十八则，诸条皆以"一"起首，著录体例与《开元户部格残卷》及《（神龙）吏部留司格》（ch 3841 号）存在一定差异。《神龙格》第九条是关于"私铸钱"之专门规定：

> 私铸钱人，勘当得实，先决杖一百，头首处尽，家资没官；从者配流。不得官当、荫赎，有官者，乃除名。勾合头首及居停主人，虽不自铸，亦处尽，家资亦没官。若家人共犯罪，其家长资财并没；家长不知，坐其所由者一房资财。其铸钱处，邻保处徒一年，里正、坊正各一百。若有人纠告，应没家资，同犯自首告者，免罪，依例酬赏。[①]

《神龙格》"私铸钱"条具有以下特色：其一，撰修体例。格文源自诏敕，所谓"编录当时制敕，永为法则，以为故事"。[②]《神龙格》"私铸钱"条当据先前诏敕删定而成，因史料阙载，其源流嬗变现无法查明。就编纂体例而言，《神龙格》诸条起始无"敕"字，末尾亦不署格文的发布年月，与敦煌出《兵部格》（P.4978 号）等属于同类。其二，内容变化。《神龙格》"私铸钱"条与永淳元年（682）五月敕之间存在直接继承关系，此学界已经论明。[③] 因高宗、武后时期恶钱泛滥，《神龙格》在大幅升格私铸首从量刑的同时，亦规定了房东、家长、邻保、里坊之督察、纠举责任，以及自首、告发赏格。其三，效力状况。就法律功能而言，"格者，百官有司之所常行之事也"。[④] 因源自诏敕，且为有司新纂，故"私铸钱"条当为神龙年间承办盗铸犯罪之最高依据，其效力在《唐律》之上。但后来《开元新格》转承永淳敕令，《神龙格》"私铸钱"条在开元以后当不再行用。

三、开元《刑部格》"私铸钱"条

永淳元年（682）五月，唐高宗颁布敕令，对《唐律》"私铸钱"条

[①] 唐耕耦、陆宏基编：《敦煌社会经济文书真迹释录》第 2 册，第 565 页。
[②] （后晋）刘昫等：《旧唐书》卷五十《刑法志》，第 2138 页。
[③] 刘俊文认为，《散颁刑部格》与永淳元年敕内容略同，当即格文所本，唯格文量刑较敕文更为严峻（刘俊文：《敦煌吐鲁番法制文书考释》，中华书局 1989 年版，第 262 页）。戴建国认为："这条格文与永淳元年敕文可以说有承继关系，但是亦有很明显的添加、修改的痕迹。"（戴建国：《唐格条文体例考》，《文史》2009 年第 2 期）
[④] （宋）欧阳修、宋祁：《新唐书》卷五十六《刑法志》，第 1407 页。

作出重大修正。据《通典》记载：

> 私铸钱造意人及勾合头首者，并处绞，仍先决杖一百。从及居停主人加役流，各决杖六十。若家人共犯，坐其家长；老疾不坐者，则罪归其以次家长。其铸钱处，邻保配徒一年；里正、坊正、村正各决六十。若有纠告者，即以所铸钱毁破并铜物等赏纠人。同犯自首免罪，依例酬赏。①

此敕《唐会要》、《旧志》阙载。《新志》略曰："永淳元年，私铸者抵死，邻、保、里、坊、村正皆从坐。"②《文献通考》又省作："永淳元年，私铸者抵死，邻保从坐。"③ 该敕后于开元二十五年（737）《开元新格》中略作修改，省去诏敕颁布时间及起首"敕"字，遂成调整私铸犯罪之通则，具有普遍适用之法律效力。后又为《宋刑统》全文引据④，题作（开元）《刑部格》。

与《唐律》基础条款相比，开元《刑部格》在法律渊源、主要内容、法律效力等方面均呈现出重大差异。其一，形式变革。《宋刑统》附载此敕行文以"敕"起首，末尾不署颁布年月，书写格式与《神龙散颁刑部格》存在一定差异。其二，内容变化。《刑部格》对《唐律》"私铸钱"犯罪作出调整，在共同犯罪、刑事责任、罚则赏格等诸领域厘革损益，多有创制，对于有效惩治盗铸犯罪提供了更为完善的法律依据。其三，法律效力。此敕后于开元二十五年（737）《开元新格》中略作修改，成为调整私铸犯罪之通则，具有普遍适用之法律效力，且后为《宋刑统》引据

---

① （唐）杜佑：《通典》卷九《食货九·钱币下》，第 200 页。
② （宋）欧阳修、宋祁：《新唐书》卷五十四《食货四》，第 1384 页。
③ （元）马端临：《文献通考》卷八《钱币考·钱币一》，第 90 页。
④ （宋）窦仪等撰：《宋刑统》卷二十七《杂律》"私铸钱"条引《刑部格敕》，第 407 页。刘俊文将此条断作："《刑部格》敕：私铸钱造意人及勾合头首者……"（刘俊文：《敦煌吐鲁番法制文书考释》，中华书局 1989 年版，第 262 页）目前关于唐格的研究成果主要有：郑秦：《律文恒存格敕损益——五代宋元的立法概况》，《法学杂志》1984 年第 5 期；侯雯：《唐代格后敕的编纂及特点》，《北京大学学报》2002 年第 1 期；王斐弘：《格敕背后的积淀与昭示——以敦煌写本〈开元户部格〉残卷为例》，《福建论坛》2008 年第 3 期；戴建国：《唐格条文体例考》，《文史》2009 年第 2 期；戴建国：《唐格后敕修纂体例考》，《江西社会科学》2010 年第 9 期；吴丽娱、赵晶：《唐五代格、敕编纂之演变再探》，《中华文史论丛》2015 年第 2 期。

准用，其效力亦由此及于宋初。就法源嬗变轨迹而言，永淳元年（682）五月敕、《开元新格》、《宋刑统》准用《刑部格》三者之间存在直接继受关系，永淳元年敕令是后二者之直接法源，并在开元晚期和北宋初年持续保持法律效力。

四、钱货诏敕

据初步统计，武德四年（621）至天祐二年（905）之间，发布钱法诏敕81件。通过政策调整和法律创制，最终形成唐代钱法"诏敕主导"之基本格局。依据不同分类标准，可将唐代钱法诏敕划分为不同类型。

其一，依据调整法律关系，可以将钱货诏敕分为铸行类、流通类、支付类、贮藏类四项。其中，铸行类诏敕主要规定货币铸行、官钱标准、币值折兑、铜铅管制等，目前已检得此类诏敕23则，占钱法诏敕比例为28.4%；流通类诏敕主要规定通货类型、通货标准、恶钱治理、限钱出境等，目前已检得此类诏敕33则，所占比例为40.7%；支付类诏敕主要规定俸禄支给、钱帛估算、虚估欠陌、榷税赃值等，目前已检得此类诏敕14则，所占比例为17.3%；贮藏类诏敕主要涉及限制私贮、禁销钱铸器、擅铸法器等，目前已检得此类诏敕13则，所占比例为16%。显然，在各类钱法诏敕之中，流通类诏敕占据绝对多数，铸行类诏敕次之，支付、贮藏二类诏敕又次之，且比例相当。需要指出的是，因个别诏敕调整数宗钱法事项，故在计算比例时必然存在重复现象。

其二，依据诏敕书写模式，则可以将钱货诏敕分为散见型与专条型二类。散见型指诏敕内容仅部分涉及钱法事项，如宝应元年（762）五月丙申《代宗即位赦文》即有关于"开元"、"乾元重棱"钱流通比价的规定。此类诏敕目前仅见8则，所占比例仅为9.9%。专条型指诏敕中专门规定钱法事宜的敕令，如元和十二年（817）正月《禁私贮见钱敕》，即为规制公私贮钱限额、处置、举告、赏格诸事之专敕。此类诏敕目前检得73则，所占比例为90.1%。

其三，依据钱法诏敕内容，又有单一型与复合型之分。单一型指诏敕文本专门规定某一钱法事项，如前述永淳元年（682）五月《禁私铸钱敕》是关于禁止盗铸钱之专门规定，涉及刑事责任、连带责任、举告赏格等。单一型诏敕是钱法诏敕之主流，已检得68则，所占比例为84%。

复合型指诏敕文本涉及两项以上货币法律关系,如元和三年（808）六月《条贯钱货及禁采银敕》即涉及禁止蓄钱、禁采银坑、劝课采铜等内容。复合型诏敕目前检得13则,所占比例为16%。

诏敕是修订唐格的基本来源,上述诏敕中有部分内容最终成为格文,从而具有普遍法律效力。前述永淳元年（682）敕篡入《开元新格》者,可为例证。除敦煌吐鲁番所出唐格及各类古籍引据格文片段以外,并无完整唐格存世,故目前无法查明钱法敕令转化为格文的具体情况。

表3-3 唐代钱法诏敕

时间	诏敕名称	类型	主要内容	法律关系
武德四年七月丁卯	《武德年中平王充窦建德大赦诏》节文	散见型单一型	铸行"开元通宝"钱。	铸行类
武德四年七月癸酉	秦王等赐炉铸钱敕	复合型	1. 洛、并等州置钱监; 2. 秦王、齐王、裴寂赐炉铸钱; 3. 盗铸者死,家口配没。	铸行类
显庆五年九月	市取恶钱敕	单一型	官市恶钱。	流通类
乾封二年正月丁丑	用旧钱诏	单一型	罢乾封钱,复行开元通宝钱。	铸行类
仪凤四年四月	纳恶钱敕	单一型	东都出远年米粟纳恶钱,令少府搥破镕铸。	流通类
永淳元年五月	禁私铸钱敕	单一型	私铸钱之刑事责任、共同犯罪、连带责任、罚则赏格等。	铸行类
长安年间	依样用钱敕（拟）	单一型	令百姓依样用钱。	流通类
长安年间	用钱敕（拟）	单一型	规定恶钱与通货类型。	流通类
景龙二年四月十四日	别库贮钱市物敕	单一型	少府于别库贮钱购物。	流通类
开元四年十一月	禁东都用钱变动诏	单一型	责成长吏督查东都用钱状况。	流通类
开元六年正月十八日	禁恶钱敕（拟）	单一型	准样式钱,禁断恶钱。	流通类
开元六年正月	季俸先给钱诏	单一型	听两京百官豫假俸钱,庶使良钱流布人间。	支付类
开元六年二月	禁恶钱敕	单一型	悬诸样,禁行恶钱。	流通类
开元六年闰七月	销毁恶钱诏	单一型	禁断恶钱改铸新者,务于精好。	铸行类
开元七年二月	禁断恶钱诏	单一型	敕太府及府县出粟十万石粜之,以敛人间恶钱,送少府销毁。	流通类
开元八年六月	官收恶钱诏	单一型	以好钱、布绢杂物博取恶钱。	流通类
开元十七年八月辛巳	禁铸造铜器诏	单一型	禁断私卖铜锡及禁造铜器。	贮藏类
开元二十年九月二十九日	令钱货兼用制	单一型	绫罗绢布杂货等,交易时合与钱通用。	流通类
开元二十年	申明样式及禁恶钱敕	单一型	重申开元通宝官钱标准,铜一斤为钱八十。	铸行类

续表

时　　间	诏敕名称	类型	主要内容	法律关系
开元二十二年三月二十一日	议放私铸钱敕	单一型	欲不禁私铸，令公卿百寮详议可否。	铸行类
开元二十二年十月六日	命钱物兼用敕	单一型	市价至一千以上，令钱物兼用。	流通类
开元二十九年正月十五日	明器禁用金银等敕	单一型	禁明器墓田等用铜、锡等。	贮藏类
天宝六载四月八日	《赎铜折钱折庸敕》节文	单一型	赎铜征赃缴纳钱、绢标准。	支付类
天宝十一载二月庚午	令所司收换恶钱敕①	单一型	出钱三数十万贯市易恶钱。	流通类
天宝十三载	禁铅铜锡敕	单一型	禁私家买卖、货易铅、铜、锡。	铸行类
乾元元年七月丙戌	行乾元重宝钱敕	复合型	1. 铸乾元重宝钱； 2. 一当十，与开元通宝同行用。	铸行类
乾元二年九月戊辰	行重轮钱敕	复合型	1. 更铸重轮乾元钱； 2. 一当五十，与乾元重宝、开元通宝钱三品并行。	铸行类
乾元三年十二月	令百官议罢新钱诏	单一型	肃宗命百官议罢新钱，不能改。	铸行类
上元元年六月乙丑	重棱钱减价行用敕	单一型	京中及畿县内开元钱与乾元小钱皆当十，重轮钱当三十行用。	铸行类
上元元年七月癸丑	重棱钱减价行用天下敕	单一型	天下重棱钱皆当三十，如畿内。	铸行类
上元元年十二月二十九日	典贴虚实诏	单一型	因重轮钱折当行用，钱有虚实之名。	流通类
上元二年正月二十八日	赃数约绢估敕	单一型	此后以实钱折算赃估。	支付类
上元二年正月	赃数约绢估（又敕）	单一型	定赃数约当时绢估，并准实钱。	支付类
宝应元年五月甲午	改行乾元钱制	复合型	改行乾元钱，重棱小钱一当二，重棱大钱一当三。	铸行类
宝应元年五月丙申	《代宗即位赦文》节文	散见型 单一型	改乾元大小钱，并一当一。	铸行类
大历七年十二月壬子	禁新铸铜器敕	单一型	1. 禁新铸铜器； 2. 旧器不得货鬻。	贮藏类
大历十四年七月庚午	放邕府金坑敕	单一型	邕州金坑任人采刷，官不得占。	铸行类
建中元年十月六日	禁锦罽等互市敕（拟）	单一型	银、铜、铁等，不得与诸蕃互市。	流通类
贞元九年正月甲辰	禁卖铸铜器敕（拟）	复合型	1. 禁卖铸铜器； 2. 天下铜山任人采取； 3. 铜官买，除铸镜外，不得铸造。	贮藏类

---

① 《通典》复曰："俄又宣敕，除铁锡、铜沙、穿穴、古文，余并依旧行用。"〔（唐）杜佑：《通典》卷九《食货九·钱币下》，第 203 页〕此敕旨在规制通货，与《令所司收换恶钱敕》别为两事。

续表

时　　间	诏敕名称	类型	主要内容	法律关系
贞元九年三月二十六日	禁欠陌钱敕	单一型	交关用欠陌钱者,检察送官,许人纠告。	流通类
贞元十年六月	禁销钱敕	复合型	1. 天下铸造买卖铜器,不须禁止; 2. 铜器每斤价值不得过一百六十文; 3. 销钱为铜,以盗铸钱罪论。	贮藏类
贞元二十年	令钱货兼用制(拟)	单一型	市井交易绢、布等与钱兼用。	流通类
贞元二十一年二月乙丑	罢月进钱敕(拟)	单一型	罢月进钱。	支付类
元和元年二月甲辰	禁用铜器敕(拟)	单一型	钱少,禁用铜器。	贮藏类
元和二年二月	条贯江淮铜铅敕	单一型	委诸道观察使等与知院官勾当江淮诸州府收市铅铜。	铸行类
元和二年四月甲子	禁铅锡钱敕(拟)	单一型	禁铅锡钱。	流通类
元和三年六月	条贯钱货及禁采银敕	复合型	1. 天下商贾先蓄见钱者,委所在长吏,令收市货物; 2. 五岭以北禁采银,令其采铜。	贮藏类 铸行类
元和四年二月	停实估敕	单一型	送省及留使匹段,不得剥征折估钱。	流通类
元和四年闰三月四日	禁欠陌钱及铅锡钱敕	复合型	1. 陌内欠钱二十,捕之; 2. 有铅锡钱,捕之。许人纠告。	支付类 流通类
元和四年六月	任采银坑及禁钱出岭敕	复合型	1. 任百姓开采五岭以北银坑; 2. 依前,禁见钱出岭。	流通类
元和六年二月二十八日	《赈恤百姓德音》节文	散见型 复合型	1. 贸易钱十缗以上者,参用布帛; 2. 禁茶商等公私便换见钱。	流通类
元和六年三月	蔚州铸钱敕	单一型	于蔚州置五炉铸钱。	铸行类
元和七年二月	令百寮陈钱物重轻利害诏	单一型	因钱重物轻,令群臣各随所见利害状以闻。	流通类
元和七年五月	禁销钱毁器诏	单一型	禁销钱毁器,擅自添铸。	贮藏类
元和八年四月	出内库钱收市布帛敕(拟)	单一型	以钱重货轻,出内库钱五十万贯,估加十之一收市布帛。	流通类
元和八年	死囚配流天德五城敕(拟)	散见型 单一型	不赦铸钱等重罪。	铸行类
元和九年五月壬申	禁与商人私有便换敕(拟)	单一型	禁与商人私有便换。	流通类
元和十一年九月己丑	内外支钱抽贯备军需敕	单一型	淮蔡用兵,经费屈竭。内外用钱,每垫二十,复抽五十。	支付类

续表

时间	诏敕名称	类型	主要内容	法律关系
元和十二年正月	平泉货敕	单一型	因缯帛转贱,出见钱五十万贯,依市价交易。	流通类
元和十二年正月	禁私贮见钱敕	单一型	所有私贮见钱,并不得过五十贯,违限杖死,纠告有赏。	贮藏类
元和十四年六月	禁铅锡钱敕	复合型	1. 禁陌内欠钱; 2. 禁铅锡钱。	流通类
元和十五年闰正月	令百寮议钱货轻重敕（拟）	单一型	货轻钱重,令百寮各陈意见。	流通类
元和十五年六月己卯	绫绢准实估代青苗钱敕（拟）	单一型	以绫绢准实估付京兆府代所放青苗钱。	支付类
元和十五年六月壬辰	停抽俸钱敕	单一型	停抽外官俸料钱。	支付类
长庆元年正月三日	《南郊改元赦文》节文	散见型 单一型	委京兆府及御史台禁断公私便换钱物。	流通类
长庆元年九月	定钱陌敕	单一型	定每贯一例除垫八十,以九百二十文成贯。	流通类
宝历元年八月二十一日	禁销铸见钱敕（拟）	单一型	销铸见钱为佛像同盗铸钱论。	贮藏类
大和三年	禁铸铜佛像敕（拟）	单一型	禁铸铜佛像,盗铸者死。	贮藏类
大和四年十一月	纠告私贮蓄积现钱敕	单一型	设定民间贮钱限额,纠告有赏。事竟不行。	贮藏类
大和五年十一月	令王彦威定郓曹等州税务诏	单一型	两税、榷酒及征物匹数,虚实估价,立一定额。	支付类
开成三年四月	允裴度奏勿废飞狐县铸钱诏	复合型	1. 飞狐县铸钱院令度支收管; 2. 以新铸钱充甲价; 3. 申奏工匠名籍。	铸行类
会昌五年正月三日	《南郊赦文》节文	散见型 复合型	1. 依前行垫陌钱八十文; 2. 五贯已上,一半折用匹帛。	流通类
会昌六年二月	停用旧钱敕	单一型	公私行用,并用新钱,同用铅锡恶钱例科断,旧钱纳官。事竟不行。	流通类
会昌六年二月	流布见钱敕	单一型	百僚俸料并给见钱。其一半先给虚估匹段,对估价支给。	支付类
会昌六年八月	禁用金玉修佛像敕	单一型	不得用金、银、铜等修饰佛像。	贮藏类
大中四年正月	《两税外不许更征诏》节文	散见型 单一型	两税匹段等物,并留州、留使钱物纳匹段等,虚实估价及见钱,皆从定制。	支付类

续表

时间	诏敕名称	类型	主要内容	法律关系
大中四年正月	令详定盗贼赃罪诏	单一型	令有司详定"赃至一千处极法"事。	支付类
大中六年闰七月	犯赃定估敕	单一型	平赃定估等,议取所犯处及所犯月上绢之价。	支付类
光启元年三月	议盐法钱法诏	散见型 单一型	铜铅至多,折纳铸钱。	铸行类
光化四年四月十五日	《改元天复敕》节文	散见型 单一型	不赦铸钱等重罪。	铸行类
天祐二年四月丙辰	市肆交易以八十五为陌敕	单一型	以八十五文为陌,不得更改移。	流通类

注:依据诏敕类型分布状况,图表中仅标明"散见型"诏敕,凡未作特殊说明者,皆为"专条型"诏敕。

第三节　五代钱法

五代乃晚唐、两宋间法令典制承上启下之关键时期,至北宋初年,五代法制遗迹尚参差可见。《四库全书总目》曰:"五代干戈俶扰,百度陵夷。故府遗规,多未暇修举。然五十年间法制典章,尚略具于累朝《实录》。"[1] 与唐代相较,五代时期钱法渊源可谓传承有序、颇多发明。其一,承用唐法。继续适用唐代律疏、《开成格》、令、式等法律渊源,自后梁始,历代皆在一定程度上沿用唐代律法。[2] 其二,编订"统类"。以大中七年(853)张戣《统类》为参照,汇集累朝敕、律、令、格、式

---

[1] (清)永瑢等:《四库全书总目》卷八十一《史部·政书类·五代会要》,第694页。
[2] 后梁开平四年十二月,"宰臣薛贻矩奏:'太常卿李燕等重刊定律令三十卷,式二十卷,格一十卷,并目录一十三卷,律疏三十卷,凡五部一十帙,共一百三卷。敕中书舍人李仁俭诣阁门奉进,伏请目为《大梁新定格式律令》,仍颁下施行。'从之。"直至后周,唐格、统类仍具相当效力。显德四年五月,中书门下奏:"今朝廷之所行用者律一十二卷、律疏三十卷、式二十卷、令三十卷、《开成格》一十卷、《大中统类》一十二卷、后唐以来至汉末编敕三十二卷及皇朝制敕等。折狱定刑,无出于此。"[(宋)薛居正等:《旧五代史》卷一百四十七《刑法志》,中华书局1976年版,第1961、1964页]

· 64 ·

等，以类相从，勒成部帙，相继纂成《同光刑律统类》、《大周刑统》等。① 其三，纂修"编敕"。晚至清泰元年（934），已有"编敕"行用②，后唐、后晋、后周之际皆有编敕行世③，与统类、格、式等参用。

不同历史时期钱法史料之状况，必然存在一定差异。《金布律》、《钱律》是研究秦汉钱法之直接依据，《唐律疏议》"私铸钱"条等则是唐代钱法之基础条款，皆信而可征，可大致反映特定时期钱货立法状况。与前代相比，五代十国所修律、令、统类、编敕等皆已亡佚，对于这一时期钱法的研究，主要依靠诏敕、奏议等相关文献。经初步统计可知，五代十国延续了唐代律、敕并行的法律创制传统，所降诏敕事关钱法者29件，广泛涉及盗铸、放铸、恶钱、铜禁、销钱、欠陌等领域。参考唐代钱法诏敕类型划分标准，亦可将五代十国钱法诏敕作如下分类。

其一，依据调整法律关系不同，可将钱货诏敕分为铸行类、流通类、支付类、贮藏类四种。目前已检得铸行类诏敕21则，占钱法诏敕比例为72.4%，广泛涉及盗铸、恶钱、销钱、铜禁、贩铜等受关注多的领域，其中涉及铜禁与销铸者占据绝对多数；流通类诏敕10则，所占比例为34.5%，主要涉及铜钱出境、行用恶钱及欠陌问题，三者所占比例大致相当；支付类诏敕暂阙；贮藏类诏敕1则，为同光二年（924）二月己巳《南郊赦文》"宜令所司，散下州府，常须检校，不得令富室分外贮见钱"④，所占比例为3.4%。在各类钱法诏敕之中，铸行类诏敕占据绝对多数，流通类诏敕次之，贮藏类诏敕又次之。与唐代钱法诏敕的情况类似，部分诏

---

① （宋）薛居正等：《旧五代史》卷一百四十七《刑法志》，第1962、1965页。
② 《五代会要·定格令》："晋天福三年六月，中书门下奏：'伏睹天福元年十月敕节文，唐明宗朝敕命法制，仰所在遵行，不得改易。今诸司每有公事，见执清泰元年十月十四日编敕施行，称明宗朝敕，除集外，并已封锁不行。臣等商量，望差官将编集及封锁前后敕文，并再详定。其经久可行条件，删录奏闻。'从之。"〔（宋）王溥：《五代会要》卷九《定格令》，第148页〕
③ 清泰二年四月，"御史中丞卢撰等进清泰元年以前十一年内制敕，可久远施行者凡三百九十四道，编为三十卷；其不中选者，各令本司封闭，不得行用。敕付御史台颁行。"天福四年七月，"薛融等上所详定编敕三百六十八道，分为三十一卷，令有司写录，与格式参用"。〔（宋）王溥：《五代会要》卷九《定格令》，第148页〕周太祖广顺元年六月，"敕侍御史卢亿、刑部员外郎曹匪躬、大理正段涛同议定重写法书一百四十八卷。先是，汉隐帝末，因兵乱法书亡佚，至是大理奏重写律令格式、统类编敕，凡改点画及义理之误字二百一十有四，以晋、汉及国初事实刑法敕条，凡二十六件，分为二卷，附于编敕，目为《大周续编敕》，命省、寺行用焉。"〔（宋）薛居正等：《旧五代史》卷一百四十七《刑法志》，第1962页〕
④ （宋）王钦若等编纂：《册府元龟》卷五百一《邦计部·货币第三》，第5693页。

敕涉及两种以上钱货法律关系，故在数据比例上仍存在重复计算现象。

其二，依据钱法诏敕书写模式差异，可将钱货诏敕分为专条型与散见型两类。专条型诏敕是五代十国时期钱法诏敕的主要书写模式，目前检得21则，所占比例为72.4%，广泛涉及钱法领域各个方面。与唐代相似，五代十国散见型钱法诏敕主要集中于赦文、德音等文告之中，目前检得8则，所占比例为27.6%。此类诏敕以列举方式，将铸钱与十恶、杀人、行劫、犯赃、伪造等重罪一并纳入不赦之列。值得一提的是，同光二年二月己巳《南郊赦文》除申明铸钱不赦以外，又专辟一节，规定私贮、销铸、出境等事，此为仅见特例：

> 钱者，古之泉布，盖取其流行天下，布散人间。无积滞则交易通，多贮藏则士农困。故西汉兴改币之制，立告缗之条，所以权畜贾而防大奸也。宜令所司，散下州府，常须检校，不得令富室分外贮见钱。又，工人销铸而为铜器，兼沿边州镇设法钤辖，勿令商人搬载出境。①

其三，依据钱法诏敕所调整的法律关系差异，可将钱货诏敕分为单一型与复合型两类。前者专门规定某一钱法事宜，如天成二年（927）七月《禁短陌敕》规定："今后凡有买卖，并须使八十陌钱。如有辄将短钱兴贩，仰所在收捉禁治。"② 此类为五代钱法诏敕之主流，目前检得此类诏敕22则，所占比例为75.9%。复合型指诏敕文本涉及两项以上货币法律关系，目前检得此类诏敕7则，所占比例为24.1%。如天福三年（938）十一月癸亥《公私铸钱条章诏》即涉及放铸、恶钱、销铸等诸多事宜：

> 国家所资，泉货为重。减耗渐亏于日用，增加自致于时康。近代已来，中原多事。销毁则甚，添铸无闻。朝廷合议于条章，寰海必臻于富庶。宜令三京、邺都诸道州府晓示，无问公私，应有铜者，并许铸钱。仍以天福元宝为文，左环读之。委盐铁司铸样，颁下诸道。令每一铢重二钱四絫，十钱重一两。或虑诸人接便，将铅铁铸造杂乱铜

---

① （宋）王钦若等编纂：《册府元龟》卷五百一《邦计部·货币第三》，第5693页。
② （元）马端临：《文献通考》卷九《钱币考二·历代钱币之制》，第93页。

钱。仍令三京、邺都诸道州府依旧禁断。尚虑逐处铜数不多，宜令诸道应有久废铜冶处，许百姓取便开炼，永远为主，官中不取课利。其有生熟铜，仍许所在中卖入官，或任自铸钱行用。其陈许铸钱外，则不得接便别铸造铜器。如有违犯者，并准三年三月三十日敕条处分。①

表3-4　五代十国钱法诏敕简

时　间	诏敕名称	类　型	主要内容	法律关系
武成元年	前蜀高祖即位赦（拟）	散见型 单一型	铸钱等重罪，不在赦免之限。	铸行类
同光元年四月己巳	改元同光赦文	散见型 单一型	铸钱等重罪，不在赦免之限。	铸行类
同光二年二月己巳	南郊赦文	散见型 复合型	1. 铸钱等重罪，不在赦免之限； 2. 不得令富室分外贮见钱； 3. 禁工人镕钱为铜器； 4. 勿令商人载钱出境。	铸行类 贮藏类 流通类
同光二年三月丙辰	禁铅锡钱诏②	单一型	禁用铅锡钱。	流通类
同光二年	行八十陌钱敕	单一型	凡有买卖，并须使八十陌钱。	流通类
同光四年正月壬戌	减膳宥罪德音	散见型 单一型	铸钱等重罪，不在赦免之限。	铸行类
天成元年八月乙巳	批答中书门下奏敕	复合型	1. 禁销镕现钱铸器； 2. 生、熟铜器论斤计价。	铸行类
天成元年十一月六日	约勒见钱敕	单一型	诸城门见钱五百以上不得放出。	流通类
天成元年十二月	禁铁镴钱敕	单一型	所使铜钱内镴钱，即宜毁弃，不得辄更行使。	流通类
天成二年七月	禁短陌敕③	单一型	买卖须使八十陌钱，所在收捉禁治兴贩短钱。	流通类
天成四年四月庚子	禁铁镴钱敕（拟）	单一型	禁铁镴钱。	流通类
天成四年九月	禁铁锡钱敕	单一型	钱陌内捉到铅铁钱并纳官科罪。	流通类

---

① （宋）王钦若等编纂：《册府元龟》卷五百一《邦计部·货币第三》，第5694页。
② 此诏因知唐州晏骈安奏请发布，《旧五代史·食货志》："知唐州晏骈安奏：市肆间点检钱帛，内有锡镴小钱。拣得不少，皆是江南纲商挟带而来。"〔（宋）薛居正等：《旧五代史》卷一百四十六《食货志》，第1948页〕
③ 此诏因度支所请发布。"度支奏：'三京、邺都并诸道州府，市肆买卖，所使见钱等，每有条章，每陌八十文。近访闻在京及诸道街坊市肆人户，不顾条章，皆将短陌转换长钱，但恣欺罔，殊无畏忌。若不条约，转启幸门。请更严降指挥，及榜示管界州镇县军人、百姓、商旅等，凡有买卖，并须使八十陌钱。兼令巡司、厢界节级、所由点检觉察。如有无知之辈，依前故违，辄将短钱兴贩，便即收捉，委逐州府枷项收禁勘责。所犯人，准条奏处断讫申奏。其钱尽底没纳入官。'奉敕：'宜依度支所奏。'"〔（宋）王溥：《五代会要》卷二十七《泉货》，第435页〕

续表

时间	诏敕名称	类型	主要内容	法律关系
长兴元年正月	处置郭在徽奏请铸造新钱敕（拟）	复合型	1. 降授卫尉少卿同正； 2. 钱谱纳史馆。擅造到官数钱图，并令焚毁。	铸行类
长兴二年三月十八日	禁铁锡钱敕（又敕）	复合型	1. 禁夹带铁镴钱； 2. 禁私铸泻及将铜钱销铸别物色。	流通类 铸行类
清泰二年十二月戊辰	禁铅钱敕（拟）	单一型	御史台晓告禁使铅钱。	流通类
天福二年	禁铜器敕（拟）	单一型	禁铜器；铜镜官铸，东京货卖。	铸行类
天福三年三月丁丑	令盐铁使禁销钱铸器物敕	单一型	令盐铁使禁止私下打造、铸泻铜器。	铸行类
天福三年十月戊戌	平范延光大赦文	散见型 单一型	铸钱等重罪，不在赦免之限。	铸行类
天福三年十一月癸亥	公私铸钱条章诏	复合型	1. 公私有铜者许铸天福元宝钱； 2. 禁断铅铁铸造杂乱钱； 3. 禁止别铸造铜器。	铸行类
天福三年十二月戊寅	任公私铸钱敕	单一型	天福元宝钱规格，禁杂入铅铁。	铸行类
天福四年七月丙辰	禁铸私钱敕	单一型	今后只官铸钱，依旧禁私铸。	铸行类
天福四年十一月己丑	栾川建钱炉敕（拟）	单一型	于栾川建钱炉。	铸行类
天福七年七月庚子	少帝即位大赦文	散见型 单一型	铸钱等重罪，不在赦免之限。	铸行类
开运元年七月辛未	改元开运大赦文	散见型 单一型	铸钱等重罪，不在赦免之限。	铸行类
开运二年五月丙申	征契丹还大赦文	散见型 单一型	铸钱等重罪，不在赦免之限。	铸行类
广顺元年三月二十八日	定铜法敕	单一型	更不禁断贩铜，不得泻破为铜器货卖。	铸行类
显德二年九月一日	令毁铜器铸钱敕	复合型	1. 禁断铜器； 2. 铜象器物毁废送官； 3. 铜镜官铸，东京货卖； 4. 法物、军器等不得更使铜。	铸行类
显德四年二月十一日	铜器及铜官买敕（拟）	复合型	1. 铜器及铜官场货卖，支给价钱； 2. 确定生、熟铜收购价格； 3. 兴贩高丽铜货，官府收购。	铸行类
显德五年七月	市铜铸钱敕（拟）	单一型	命韩彦卿、金彦英使高丽赉帛市铜铸钱。	铸行类

注：依据诏敕类型分布状况，图表中仅标明"散见型"诏敕，凡未作特殊说明者，皆为"专条型"诏敕。

第三章 钱法渊源考

　　五代十国钱货诏敕之中时常言及"律"、"条法"、"指挥"、"铜法"等，为了解这一历史时期钱法渊源提供了重要线索。在考察五代钱法渊源时，应对相关概念有所辨析，明其异同。

　　首先，诏敕奏议所引律文是独立的法律渊源。五代钱法文献引律者凡二例。其一，后唐明宗天成元年（926）八月乙巳，敕禁销钱逐利，规定："生铜器物，每斤价定二百〔文〕；熟铜器物，每斤四百〔文〕。如违省价，买卖之人，依盗铸钱律文科断。"① 由此，违反官定铜价兴贩逐利者，应比照"盗铸钱"律文处断。其二，后唐天成四年（929）八月，工部员外郎孙洽奏："准律，泻钱作铜，最为大罪，望加禁绝。"② 认为对销镕现钱铸造铜器的犯罪行为，当依律处置。销钱之禁，始于汉初《钱律》："故毁销行钱以为铜、它物者，坐臧（赃）为盗。"③ 但《唐律疏议》"私铸钱"条并无禁销钱之明确规定。伴随唐代经济发展，通货数量与商品总量不匹配，开始出现"泉货益少，币帛颇轻"的问题。开元十七年（729）八月辛巳《禁铸造铜器诏》④，将民间铸器问题提上议事日程。此诏虽未直接规定禁销铸，唐代铜禁却自此发轫。惩治销铸犯罪之直接法律渊源，最早可溯至贞元十年（794）六月《禁销钱敕》：

　　　　今后天下铸造买卖铜器，并不须禁止。其器物约每斤价值，不得过一百六十文，委所在长吏及巡院同勾当访察。如有销钱为铜，以盗铸钱罪论。⑤

就立法旨趣而言，贞元十年《禁销钱敕》与开元十七年《禁铸造铜器诏》可谓一脉相承，二者均立足申严铜禁，保障通货。在立法意涵层面，贞元十年《禁销钱敕》、天成元年《批答中书门下奏敕》、天成四年孙洽《请禁泻钱作铜奏》亦完全一致，凡销钱铸器或违法兴贩者，皆依律以"盗

---

① （宋）王溥：《五代会要》卷二十七《泉货》，第434页。
② （宋）王钦若等编纂：《册府元龟》卷五百一《邦计部·钱币第三》，第5693页。
③ 张家山二四七号汉墓竹简整理小组：《张家山汉墓竹简》（释文修订本），第35页。
④ （唐）杜佑：《通典》卷九《食货九·钱币下》，第200—201页。
⑤ （宋）王溥：《唐会要》卷八十九《泉货》，第1932页。

铸钱"论，而后唐所行者，又多为唐代律法①；销铸之条当时是否收入律文，目前尚未可知。

其次，"铜法"成为独立钱法渊源。铜是中国铸币之基本材料，其开采、冶炼、买卖、流通、铸造等历来受到严格控制。与之相适应，以"铜禁"为核心的相关立法历来是钱法体系之重要组成部分。以律令、诏敕作为表现形式的"铜禁"立法传统可谓由来已久，后周广顺元年（951）三月二十八日《定铜法敕》，首次以单行法形式确立"铜法"作为独立钱法渊源的重要地位：

> 铜法，今后官中，更不禁断，一任兴贩，所有一色即不得泻破为铜器货卖。如有犯者，有人纠告捉获，所犯人不计多少斤两，并处死。其地方所由节级，决脊杖十七放。邻保人决臀杖十七放。其告事人，给与赏钱一百贯文。②

从内容而言，广顺元年"铜法"确立了铜货自由流通的基本政策，并详细规定销铸量刑、长吏责任、邻保责任、赏格标准等。从形式而言，广顺元年"铜法"具备权威性立法权源和独立的调整对象与调整手段，"铜法"至此发展成为"钱法"体系项下基本法律渊源之一。"铜法"在后世被长期征引、改定与适用。北宋民间多镕钱点药，以为鍮石，销毁货币，滋长奸滥。大中祥符二年（1009）四月，"命有司议定科禁，请以犯铜法论"。③ 宣和三年（1121）四月二十七日，中书、尚书省奏僧尼影带私造铙钹，诏："应首纳未尽铙钹，限一月许随所在官司陈首，特与免罪。官为镌凿字号，给据照验使用。如出限不行陈首，断罪、告赏并依私有

---

① 据《旧五代史》，庄宗同光元年十二月，御史台奏："'请敕定州节度使速写副本进纳，庶刑法令式，并合本朝旧制。'从之。未几，定州王都进纳唐朝格式律令，凡二百八十六卷。二年二月，刑部尚书卢价奏，纂集《同光刑律统类》凡一十三卷，上之。"从法律底本与修纂时间判断，《同光刑律统类》势必在相当程度上沿用唐制。〔（宋）薛居正等：《旧五代史》卷一百四十七《刑法志》，第 1961、1962 页〕

② （宋）薛居正等：《旧五代史》卷一百四十六《食货志》，第 1949 页。点校本册府元龟误作："……决脊杖十七。放邻保人决臀杖十七。放其告事人，给与赏钱一百贯文。"〔（宋）王钦若等编纂：《册府元龟》卷五百一《邦计部·货币第三》，第 5695 页〕当据改。

③ （宋）李焘：《续资治通鉴长编》卷七十一"真宗大中祥符二年四月"，上海师范大学古籍整理研究所、华东师范大学古籍研究所点校，中华书局 1995 年版，第 1603—1604 页。

铜法。"① 此皆宋代"铜法"适用之例。《金史·食货志》载，金初用辽、宋旧钱，民间铜禁甚严，后"听民冶铜造器，而官为立价以售，此铜法之变也"。② 此则为"铜法"厘定之例矣。

再次，"条法"尚不构成钱法渊源。五代钱法诏敕中有准"条法"处分一例。清泰二年（935）十二月戊辰敕："御史台宜晓告中外，不得使用铅钱。如违犯者，准条法处分。"③ 此处"条法"乃泛指法规，尚未具备法律渊源之地位。新旧《五代史》、《五代会要》等史籍中多处使用"条法"一词，有规则、习俗、法规等多重意涵。如长兴二年（931）七月三司奏："先许百姓造曲，不来官场收买。伏恐课额不迨，请复以前曲法，乡户与在城条法一例指挥，仍据已造到曲纳官，量支还麦本。"④ 天福六年（941）秋七月庚辰诏："政教所切，狱讼惟先。推穷须察于事情，断遣必遵于条法。"⑤ 因此，前述使用铅钱者，"准条法处分"，当指依据当时行用之《开成格》、《同光刑律统类》、《大中统类》、编敕等相关规定处置。

最后，"指挥"亦不构成钱法渊源。五代文献中，"指挥"与"条法"、"条章"、"条约"相似，皆为规则、法规之泛称。天成二年（927）七月十二日度支《买卖使八十陌钱奏》即有"条章"、"条约"与"指挥"通用之例：

> 近访闻在京及诸道街坊市肆人户，不顾条章，皆将短陌转换长钱，但恣欺罔，殊无畏忌。若不条约，转启幸门。请更严降指挥，及榜示管界州府镇县军人、百姓、商旅等，凡有买卖，并须使八十陌钱。⑥

显德四年（957）二月十一日《铜器及铜官买敕》亦以诏敕形式指令各地官府执行各类铜禁措施："宣命指挥：限外有人将铜器及铜于官场货卖，支给价钱。如使隐藏及使用者，并准元敕科断。其熟铜令每斤添及二百、生铜

---

① （清）徐松：《宋会要辑稿·刑法二》，刘琳等校点，上海古籍出版社2014年版，第8326页。
② （元）脱脱等：《金史》卷四十六《食货一》，中华书局1975年版，第1029页。
③ （宋）王溥：《五代会要》卷二十七《泉货》，第435页。
④ （宋）薛居正等：《旧五代史》卷四十二《唐书十八·明宗纪第八》，第581页。
⑤ （宋）薛居正等：《旧五代史》卷一百四十七《刑法志》，第1961、1969页。
⑥ （宋）王溥：《五代会要》卷二十七《泉货》，第435页。

添及一百五十收买。"① 五代文献中,"指挥"常有管束、处分、指令之义。如同光二年（924）五月二十四日敕："宗正寺严切指挥诸陵台令、丞,不得辄令影占人户。"② 此处"指挥",为管束、监督之义。天福八年（943）四月壬申,以狴牢滞淹,敕"三京、邺都及诸道州府,见禁罪人等,宜令逐处长吏,严切指挥本推司及委本所判官,疾速结绝断遣"。③ 此处"指挥",为处分、处置之义。《庆元条法事类·关市令》："寺观阙大钟,听经所在州陈乞,勘会诣实,保明申尚书省,候得指挥,听铸。若诸军合用铜锣,申降指挥下军器所造给。"④ 此处指挥,则为指令、命令之义。

第四节　宋代钱法

一、宋代钱法概说

宋代法律创制承晚唐、五代法典体例之余绪,以诏敕地位变革为线索,呈现出较为鲜明的时代特色。北宋建隆四年（963）,以《大周刑统》为蓝本,纂成《宋建隆重详定刑统》,律文疏议则承用《唐律》。宋代法律渊源亦曰律、令、格、式。宋初大致敕、律并行；熙宁以后,提高敕的地位,宣布"律不足以周事情,凡律所不载者一断于敕"⑤,形成"以敕代律"传统,律则恒存于敕外。编敕"随时损益",逐渐成为宋代最为重要的法律渊源。建隆四年所制《建隆新编敕》,为宋代编敕之始。伴随诏敕地位不断上升,南宋将敕、令、格、式等分类汇编,更名为"条法事类",其取代"编敕"成为淳熙以后之基本法律渊源。宋代钱法渊源大致包含三个部分：《宋刑统》"私铸钱"条,《庆元条法事类》卷二十九

---

① （宋）王溥：《五代会要》卷二十七《泉货》,第437—438页。
② （宋）王溥：《五代会要》卷四《杂录》,第60页。
③ （宋）薛居正等：《旧五代史》卷一百四十七《刑法志》,第1961、1970页。
④ （宋）谢深甫等：《庆元条法事类》卷二十八《榷禁门二·铜鍮石铅锡铜矿》,戴建国点校,杨一凡、田涛主编：《中国珍稀法律典籍续编》,黑龙江人民出版社2002年版,第403页。
⑤ （元）脱脱等：《宋史》卷一百九十九《刑法一》,中华书局1977年版,第4963页。

《榷禁门二》"私铸钱"、"鈢凿钱宝"、"私钱博易"等条,以及散见于宋代钱法诏敕之中的相关条目。因主题和篇幅所限,本书仅从法律文本角度研究《宋刑统》和《庆元条法事类》钱法相关条款,暂不涉及宋代钱法诏敕问题的系统研究。

二、《宋刑统·杂律》"私铸钱"条

《宋刑统》"私铸钱"条律文、疏议皆沿用《唐律》,与此同时,准用唐《刑部格》、长兴二年(931)三月十八日敕节文各一则。唐《刑部格》"私铸钱"条本于永淳元年(682)《禁私铸钱敕》,文字略有差异:《禁私铸钱敕》作"老疾不坐者,则罪归其以次家长"①,《宋刑统》准《刑部格》则作"若老弱残疾不坐者,则归罪其以次家长"。

> 私铸钱及造意人,及句合头首者,并处绞,仍先决杖一百。从及居停主人加役流,仍各先决杖六十。若家人共犯,坐其家长;若老弱残疾不坐者,则归罪其以次家长。其铸钱处,邻保配徒一年;里正、坊正、村正各决六十。若有纠告者,即以所铸钱毁破并铜物等赏纠人。同犯自首免罪,依例酬赏。②

长兴二年三月十八日敕,《唐文拾遗》题作《禁铁锡钱敕》(又敕),与《宋刑统》所引节文存在一定差异:

> 敕:诸道州府,累降敕令,不得使铁蜡钱。如有违敕行使者,所使钱不计多少,并没纳入官。所犯人,具姓名以闻。近日依前,有无良之辈,所使钱内,夹带铁蜡钱,须议再行止绝。宜令诸道州府严切条理,密差人常于街坊察访。如有众私铸泻及将铜钱销铸别造物色,捉获勘究不虚,并准前敕处分。③

唐长兴二年三月十八日敕节文。先降指挥,诸道州府不得使铁镴

---

① (唐)杜佑:《通典》卷九《食货九·钱币下》,第200页。
② (宋)窦仪等撰:《宋刑统》卷二十七《杂律》"私铸钱"条引《刑部格敕》,第407页。
③ (宋)王钦若等编纂:《册府元龟》卷五百一《邦计部·货币第三》,第5694页。

· 73 ·

钱，或陌内捉到一两文，所使钱数不计多少，并纳入官。如有衷私铸泻铁镴钱，及将铜钱销铸，别造物色，捉获勘鞫不虚，并依格敕处断。①

节文"先降指挥，诸道州府不得使铁镴钱，或陌内捉到一两文，所使钱数不计多少，并纳入官"一节，其实源自天成四年（929）九月《禁铁锡钱敕》："今后有人于钱陌内捉到一文至两文，所使钱不计多少，并纳入官，所犯人准条流科罪"②，此即节文所谓"先降指挥"所指。其实，天成四年《禁铁锡钱敕》相关内容在长兴二年（931）三月十八日敕（又敕）中已有所体现："诸道州府，累降敕令，不得使铁蜡钱。如有违敕行使者，所使钱不计多少，并没纳入官。所犯人，具姓名以闻。"③《宋刑统》所引据者，实际上是两则《禁铁锡钱敕》之组合：前半部分承用天成四年敕文节文，后半部分"如有衷私铸泻铁镴钱，及将铜钱销铸，别造物色，捉获勘鞫不虚，并依格敕处断"一节则袭用长兴二年三月十八日敕节文。值得注意的是，《宋刑统》引据者将原敕"并准前敕处分"改为"并依格敕处断"，则长兴二年三月十八日敕在《宋刑统》编修之前或已纂入格文，以为常法。

三、《庆元条法事类》"钱法"条

《庆元条法事类》卷二十九《榷禁门二》"私铸钱"、"私钱博易"、"钑凿钱宝"等条款，是南宋"钱法"最为集中的反映。上述条款在承继前朝立法传统的同时，又依据社会经济发展实际，在法律创制方面有所创新。具体而言，主要表现于法律渊源、调整对象和调整方式之重大变革。

1. 钱货法律渊源之变革

"条法事类"是南宋孝宗朝创立的新型法律渊源，以法律关系性质为分类依据，将当时通行的敕、令、格、式、申明等以事为据，分门纂修。《庆元条法事类》事关"钱法"者纂入"榷禁门"，涉及"铜鍮石铅锡铜矿"、"铜钱金银出界"、"铜钱下海"、"铁钱过江南"、"钱银过江北"、"私铸钱"、"私钱博易"、"钑凿钱宝"8条，收录敕26条、令27条、格21条、式2条、

---

① （宋）窦仪等撰：《宋刑统》卷二十七《杂律》"私铸钱"条准唐长兴二年三月十八日敕节文，第407页。
② （宋）王溥：《五代会要》卷二十七《泉货》，第435页。
③ （宋）王钦若等编纂：《册府元龟》卷五百一《邦计部·货币第三》，第5694页。

申明（随敕申明）20条，参考"旁照法"6条。上述敕、令、格、式、申明等以事类聚、分合皆宜，秦汉以来律、敕主导的钱法渊源格局至此遽变。

2. 钱法调整对象之变革

《唐律疏议》"私铸钱"条是唐代钱法之基础条款，主要包括"私铸"（含犯罪预备）与"取镕"两款，相关敕、令、格虽广泛涉及铸行、流通、贮藏、支付等领域，但囿于传统律法体例，尚未形成纲目清晰的钱法体系，法司检用、处置未称便宜。《庆元条法事类》适应南宋政治、军事、经济现实需要，传统钱法调整领域得以大幅扩张。《庆元条法事类》严格控制私有、兴贩、买卖铜、锡、铅、鍮石的行为，从根本上有效控制了民间私铸犯罪的发生概率。与宋金军事对峙及货币制度改革相适应，《庆元条法事类》专门设立铜钱、铁钱外流、越界、博易等专条，重点保障江南地区金融安全。《庆元条法事类》重视构建钱法程序规则，建立了寺院法器登记制度，购买官造铜器、鍮石物品凭证制度，铜钱禁出条制公示制度，禁纳铜钱入海条令公示制度等。

3. 钱法调整方式之变革

《庆元条法事类》充分注意到宋代金融法制之时代特性，综合运用刑事、经济、行政等多种法律方法，全面调整钱货法律关系，遂使南宋钱法体系趋于完善。

第一，刑事法律方法。《庆元条法事类》确立重典严惩货币犯罪的刑事策略，《名例敕》规定："诸私铸钱者，不以荫论，命官不在议、请、减之列。"[①] 罪名设计方面，侧重源头治理，将铜、铅、锡、鍮石、铜矿等与铸币相关的物资监管事宜纳入刑法调整领域；"私铸"、"磨镕"两项钱法基本条款空前完善，"私铸钱"、"钑凿钱宝"两条由敕、令、格、式、申明等组成错综复杂且紧密关联的精致规则架构；不见于唐五代旧律的"私钱博易"犯罪也开始纂入法典，形成由敕、令、格组成的完整法律体系。刑罚制度方面，除承用传统笞、杖、徒、流、死五刑以外，刺配、编管、配役等刑罚亦得到广泛适用。

第二，经济法律方法。《庆元条法事类》配合南宋多元币制体系，强调货币区域管理制度，专设"铁钱过江南"、"钱银过江北"等专条，货币管

[①] （宋）谢深甫等：《庆元条法事类》卷二十九《榷禁门二·私铸钱》，戴建国点校，杨一凡、田涛主编：《中国珍稀法律典籍续编》，第419页。

理水平大幅超越前代,在增加朝廷财政收入的同时,为实现国家军事战略和保障政权稳固发挥了重要作用。同时,《庆元条法事类》钱法奖赏机制日臻完备。凡钱法诸条有"格"者,皆开示《赏格》,或附载《赏令》,奖励对象遍及长吏、巡查、县尉、耆老、邻保等。官吏等查获辖内货币犯罪,可以抵减磨勘年限或转官,出现《保明命官任满获私铸钱酬赏状》等常设性奖赏格目。凡人捕告钱货犯罪,高额奖励应予优先偿付,或除授相应官职。

第三,行政法律方法。《庆元条法事类》强调各地担负巡检、稽查任职官吏与地方基层组织的行政法律职责。官方货币监管措施广泛涉及钱或铜之销铸、运输、兴贩、持有、行用、贮藏、博易、出界、出海等领域。《卫禁敕》、《职制令》强调明定责任、严格考课,将货币监管政绩与官员迁转黜陟挂钩,确立巡捕官查获铜和鍮石登记制度、岁终监司考核奏闻制度、巡捕榷货登记制度、沿海巡检官员透漏铜钱入海申报制度等。

表3-5 《庆元条法事类》"钱法"条款

敕	卫禁敕	1. 私有铜、鍮石、铅罚则; 2. 铜、铜矿、鍮石、铅以外榷货非贩罚则; 3. 巡捕官任内走私、烹炼、买卖铜、铅、锡罚则; 4. 辖内停藏、买卖榷货,及私卖铜或铸造铜器出售,巡捕人失察责任; 5. 铜、铅、锡产地耆长失察责任。	卷28《榷禁门二·铜鍮石铅锡铜矿》敕、令、格
	擅兴敕	私有铜锣罚则。	
令	职制令	监司岁终考核辖内巡捕官查获铜、鍮石殿、最,每路二员以闻。	
	赏令	1. 巡捕官查获辖内烹炼铜、铅、锡奖励标准; 2. 巡捕官查获辖内私有铜、铅、锡奖励标准。	
	捕亡令	1. 巡捕榷货登记制度及失察折抵制度。	
	关市令	1. 铸造寺院法器、铜钟、铜锣等申报、施行程序; 2. 购买官造铜器、鍮石物品凭证制度; 3. 产地外地区锡官营,购买免税制度; 4. 产锡地公私公德像登记、公示制度,损毁入官; 5. 产锡地民用锡器买卖、税务制度。	
	杂令	1. 制造、买卖铜、鍮石器物禁令公示制度; 2. 长吏逐月申报辖内铸造铜器犯罪情况; 3. 经登记、镌记的法器、铜像允许持有; 4. 许有榷货及铜、鍮石物认定标准; 5. 允许以铅造妇人首饰及棱道泥画。	
	军器令	造铜锣及弩牙发之类阙铜及无工匠,转运司就近造成支付。	
格	赏格	1. 告发私有铜、鍮石奖励标准; 2. 告发私有铅奖励标准; 3. 告发私有铜锣奖励标准。	

续表

敕	卫禁敕	1. 以铜钱出中国界者罚则，徒伴者捕赏标准，及引领等人罚则； 2. 以铜钱与蕃商博易罚则，徒伴者捕赏标准，及引领等人罚则； 3. 市舶司等官失察铜钱出中国界者，或以铜钱与蕃商博易罚则。	卷29《榷禁门二·铜钱金银出界》敕、令、格、申明及旁照法
	杂敕	1. 川、陕等地铁钱越界行用以博易私钱论，及入铜钱境使用罚则； 2. 铜钱入川、陕界罚则； 3. 陕西路用铜钱罚则。	
令	关市令	禁铜钱出国界条制，州县每半年一晓示。	
格	赏格	1. 命官查获禁铜钱出中国界者，减磨勘及转官标准； 2. 命官查获以铜钱与蕃商博易者，减磨勘及转官标准； 3. 查获禁铜钱出中国界者奖励标准； 4. 查获以铜钱与蕃商博易者奖励标准； 5. 告发川、陕等地铁钱越界行用奖励标准； 6. 获铜钱入川、陕界奖励标准。	
申明	随敕申明（卫禁）	1. 乾道九年五月十八日敕：带铜钱过淮，比照以铜钱出中国界断罪、推赏，江、淮有司稽查举劾责任； 2. 乾道九年九月三日敕：带金银过淮及北界，犯人及官吏估值比照以铜钱出中国界或以铜钱与蕃商博易论断； 3. 淳熙元年五月十五日敕令所看详：盱眙军榷场搜检发客所带金、银、铜、钱等； 4. 淳熙元年十二月十五日枢密院札子：如隐匿荫赎过淮博易，偷传银、钱事发，不得引用荫赎； 5. 淳熙五年五月十八日敕：蕃商海船挟带铜钱五百文，离岸五里，依出界条法； 6. 绍熙元年十一月十四日敕：淮河沿岸捕获铜钱罚则，不得荫赎； 7. 绍熙二年三月二十五日敕：盱眙军申，打夺银钱私自分受，依条法施行，元般贩钱、银两人，于正犯刑名上减等断罪； 8. 绍熙六年十二月二十一日敕：告获伪造会子，赏钱优先支付，官吏非理阻挠，允许越诉。告获钱宝将出界，仍依格付赏。	
旁照法	名例敕	不以赦将原减者，除奸细、妖教等外，若遇非次赦或大礼赦，允许原免。	
	杂敕	博易私钱规利罚则。	
敕	卫禁敕	1. 将铜钱入海船罚则，化外有犯者奏裁，许徒伴等人捕，随行钱物赏捕人； 2. 打造海船前，将"禁纳铜钱入海条令"雕注船梁，违者杖八十。	卷29《榷禁门二·铜钱下海》敕、令
令	职制令	沿海巡检官员透漏铜钱入海者，所属申尚书省。	

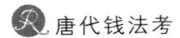

续表

申明	随敕申明（卫禁）	1. 淳熙二年十月十五日敕：自淮南带铁钱过江，依乾道九年五月十八日敕减二等论断； 2. 乾道九年五月十八日敕：带铜钱过淮，比照以铜钱出中国界断罪、推赏，江、淮有司稽查举劾责任（同卷29《榷禁门二·铜钱金银出界》条随敕申明）； 3. 淳熙四年十二月二十三日敕：江、淮帅、漕司严查铁钱过江南，逐月申尚书省，铜钱界不得行使铁钱。	卷29《榷禁门二·铁钱过江南》申明
申明	随敕申明（卫禁）	1. 乾道九年五月十八日敕：带铜钱过淮，比照以铜钱出中国界断罪、推赏，江、淮有司稽查举劾责任（同卷29《榷禁门二·铜钱金银出界》条申明）； 2. 乾道九年八月十五日敕：携带银两、铜钱至缘边州军榷场及沿淮地分，已装载下船，虽未离岸依已渡法，许人告捕，一半充赏； 3. 绍熙元年十一月十四日敕：淮河沿岸捕获铜钱罚则，不得荫赎（同卷29《榷禁门二·铜钱金银出界》条随敕申明）； 4. 绍熙二年二月二十五日敕：打夺银钱私自分受，依条法施行，元殷贩铜钱、银两人，于正犯刑名上减等断罪（同卷29《榷禁门二·铜钱金银出界》条随敕申明）； 5. 淳熙四年十二月二十三日敕：江、淮帅、漕司严查铁钱过江南，逐月申尚书省（略同卷29《榷禁门二·铁钱过江南》随敕申明）。	卷29《榷禁门二·钱银过江北》申明
敕	杂敕	1. 私铸钱、渣垢夹铸、杂物私铸等罚则，许人告发，长吏邻保失察不纠责任； 2. 制造、买、借及购买、接受铸钱作具量刑； 3. 持有私铸钱不摧毁者，杖一百，许人告发。	卷29《榷禁门二·私铸钱敕》令、格、式、申明
敕	名例敕	私铸钱者不以荫论，命官不在议、请、减之列。	
敕	贼盗敕	府库收纳钱官员以私钱混杂换易，杖一百，停职，许人捕。	
令	捕亡令	巡捕官查获私铸钱，并计火数，当日取历，依式批书。	
令	杂令	私铸、私造、渣垢夹铸者，毁讫没官。	
令	断狱令	私铸钱应配者，计里数配钱监；已成不劾应配者，刺充钱监工匠。	
令	赏令	1. 以犯人财产充赏，无或不足者以官钱支。获私铸钱事状明白，当日以官钱借支。 2. 私铸钱犯人财产无或不足支赏，责停止知情人支付，又不足，责邻保厢耆支；杂物造钱者，邻保均备。	
格	赏格	1. 命官亲获私铸钱，减磨勘、转官规定； 2. 州县官任满获私铸钱，减磨勘、转官规定； 3. 获私铸钱奖励标准； 4. 获私以杂物造钱奖励标准； 5. 告获制造、买、借及购买、接受铸钱作具奖励标准； 6. 告获持有私铸钱不摧毁者奖励标准； 7. 获府库收纳钱官员以私钱混杂换易奖励标准。	

续表

式	保明命官任满获私铸钱酬赏状	勘会官员信息姓名，到任、离任时间，任内获私铸钱依条折除推赏，谨具如后： 1. 任内失觉私铸钱火数； 2. 一火（姓名、年月、因依、获者、开结断刑名等）； 3. 任内查获私铸钱火数； 4. 折除失觉后剩余火数； 5. 检坐合用条格； 准格令酬赏，谨录奏闻，伏候圣旨，年月日依例程。	卷29《榷禁门二·私铸钱敕》令、格、式、申明
	批耆巡捕官任内失觉察及获私铸钱	某处报某地分巡捕官某人，失觉察若获私铸钱： 1. 失觉察私铸钱时间、地点、犯人结断情况； 2. 查获私铸钱时间、地点、犯人结断情况。 右批上本官印纸照会，年月日依例程。	
申明	随敕申明（杂敕）	1. 淳熙四年二月八日敕：交易、输纳时混杂行使私铸砂毛钱，剖下江东西等地搜检拘收，依法断罪追赏，批示官吏考核情况； 2. 淳熙十六年正月十九日敕：所部私铸砂毛钱禁戢搥毁，若有故纵，官吏有罚； 3. 绍熙三年五月一日尚书省劄子：日后两淮败获江南私铸铁钱，界分官吏、邻保重罚。	
敕	杂敕	1. 博易私钱规利与博易官钱罚则，引领博易人同，许人告； 2. 巡检等官失察以鈜销、磨错、剪凿方式取铜求利，及私造铜器，续展磨勘年限。	
	贼盗敕	1. 钱纲押纲等人以私钱贸易所运钱罚则，本舡军人雇工犯罪，以盗所运官物论； 2. 以私钱贸易纲运所般钱监上供钱者，许人捕。	
令	赏令	1. 捕、告奖赏依次由犯人、停止知情人、邻保厢耆承担。	卷29《榷禁门二·私钱博易》敕、令、格及旁照法
格	赏格	1. 告获博易私钱规利奖励标准； 2. 获钱纲押纲等人以私钱贸易所运钱奖励标准； 3. 巡检、县尉等人任满获鈜销、磨错、剪凿方式取铜求利，及私造铜器，减磨勘规则。	
旁照法	贼盗敕	1. 梢工盗本船所运官物，依主守法，及徒流罪量刑标准。本船军人和雇工盗，减一等论； 2. 窃盗得财量刑标准； 3. 监临主守自盗财物量刑标准。	

续表

敕	杂敕	1. 鈒销、磨错、剪凿钱取铜,铸造器物,工匠、兴贩人罚则,命官奏裁,许人捕;厢耆、巡察、官吏、邻保责任;保内纠举或工匠首告,赏如法; 2. 巡检、县尉、都监任内失察鈒销、磨错、剪凿钱取铜、铸造器物,展磨勘年限; 3. 守令任内失察鈒销宝货、私铸铜器,提刑司申尚书省取旨。	卷29《榷禁门二·鈒凿钱宝》敕、令、格、申明
令	杂令	1. 私造铜鍮石器物及鈒销、磨错、剪凿钱取铜、贩卖等禁条,于要闹处晓示; 2. 守臣按月向朝廷和提刑司申报私铸铜器情况。	
	赏令	1. 获鈒销、磨错、剪凿钱取铜、贩卖,除依格给赏外,所获器物估价以钱给之; 2. 鈒销、磨错、剪凿钱取铜及私造铜器赏金,依次由犯人、停止知情人、邻保厢耆承担。	
格	赏格	1. 巡检、县尉、都监任满察获鈒销、磨错、剪凿钱取铜、铸造器物,减磨勘年限; 2. 告获鈒销、磨错、剪凿钱取铜、铸造器物奖励标准。	
申明（卫禁）	随敕申明	淳熙六年十二月十一日敕:告获伪造会子赏钱,于所在有管经总制钱内优先支付,惯例非理阻挠者,允许越诉。告获私造铜器、鈒凿钱宝给赏钱。准此施行。	

表3-6 历代钱法基本条款变迁

法典名称\基本罪名	私铸	取镕	其他
秦汉《金布律》			1. 钱布折算标准; 2. 禁止择钱; 3. 十月平贾计非钱臧物。
《二年律令·钱律》	1. 盗铸钱及佐者,弃市。 2. 颇有其器具未铸者,皆黥以为城旦舂。智(知)为及买铸钱具者,与同罪。		1. 行钱、行金标准; 2. 禁止择钱; 3. 销行钱为铜; 4. 为伪金; 5. 同居、典伍告发义务,官吏失察责任; 6. 捕获盗铸奖励标准。
《唐律疏议》	诸私铸钱者,流三千里;作具已备,未铸者,徒二年;作具未备者,杖一百。	磨错成钱,令至薄小,而取其铜,以求利润者,徒一年。	

· 80 ·

续表

法典名称\基本罪名	私　铸	取　鋊	其　他
《宋刑统》	诸私铸钱者，流三千里；作具已备，未铸者，徒二年；作具未备者，杖一百。	磨错成钱，令至薄小，而取其铜，以求利润者，徒一年。	
《庆元条法事类》	1. 杂敕：诸私铸钱者，绞，未成百，减一等；指教人及工匠为从，死罪；从及罪至流者，配千里；以渣垢夹铸罪至死者，奏裁；以杂物私造，可乱俗者，减私铸法一等，不及百文又减一等，并许人捕。 2. 诸制造、卖、借若与人铸钱作具者，减犯人罪一等；买、借及受之者，与同罪，已造而未成者，减三等，许人告。	杂敕：诸钰销及磨错、剪凿钱取铜以求利，或铸造器物，若工匠及买卖兴贩之者，一两杖一百，一斤加一等，八斤配本城，十斤皆配五百里。命官及有荫人奏裁，并许人捕。	1. 铜鍮石铅锡铜矿； 2. 铜钱金银出界； 3. 铜钱下海； 4. 铁钱过江南； 5. 钱银过江北； 6. 私钱博易。
《大明律》	凡私铸铜钱者，绞；匠人罪同。为从及知情买使者，各减一等，告捕者，官给赏银五十两。里长知而不首者，杖一百，不知者不坐。	1. 若将时用铜钱剪错薄小，取铜以求利者，杖一百； 2. 伪造金银。①	
《大清律例》	凡私铸铜钱者，绞（监候）；匠人罪同。为从及知情买使者，各减一等，告捕者，官给赏银五十两。里长知而不首者，杖一百，不知者不坐。	1. 若将时用铜钱剪错薄小，取铜以求利者，杖一百； 2. 伪造金银。	1. 造私铸器，尚未铸钱； 2. 私铸钱家属刑责； 3. 拣行使前代废钱； 4. 毁化小制钱； 5. 经纪铺户拣和私钱； 6. 经纪铺户收买剪边钱； 7. 将大制钱打造烟袋等物； 8. 官员缉拿私铸赏罚； 9. 伪造银； 10. 倾造锡锞冒充银； 11. 变造银。②

---

① 除《大明律》以外，明代钱法集中规定于《会典》、《事例》等文献中。如明人范钦《嘉靖事例》（北京图书馆出版社1997年版）专设"钱法"一节。《明会典》卷三十一《库藏二·钱法》（中华书局1989年版）开列条目42则，全面规定货币铸造、流通、支付、贮藏等问题。

② 除《大清律例》外，清代钱法集中规定于《会典》、《则例》等文献中。如《大清会典事例》"户部"、"吏部"部分；《钦定户部则例》卷四十二《钱法》、卷四十四《钱法·价脚》、卷四十五《钱法·养廉杂费》（故宫珍本丛刊，海南出版社2000年版）；《钦定户部鼓铸则例》（故宫珍本丛刊，海南出版社2000年版）；《则例便览》卷二十《钱法》（沈城辑，乾隆五十六年刻本）；《刑部通行条例》卷二《仓库·钱法》；《新例要览》（雍正十年石室堂刻增修本），所涉内容略同于明代。

第四章 钱法职能考

以安史之乱为界，唐代钱法功能布局可谓泾渭分明：武德至天宝时期，以维护"开元通宝"法定流通、支付职能为核心，旨在打击盗铸、抑制恶钱；德宗推行"两税法"后，钱法以应对钱荒为核心，重点惩治毁钱铸器、铜钱外流等。"钱绢兼行"是唐代既定且长期坚守的金融政策，而作为铸造钱币材料的铜，则成为一系列法律法规创制、运行和厘革的核心所在。本章以唐代"铜法"体系构成与运作为切入，以"开元通宝"基本职能为线索，通过对铜禁、恶钱、虚币、销铸、私贮、欠陌等具体问题的讨论，考察钱法规则在货币铸造、流通、贮藏、支付等领域的具体表现。

第一节 铜法

本章所谓"铜法"，是关于铜之开采、冶炼、铸造、收购、交易等律法之总和。对于铜料的有效控制，是保障市场通货充足、信用稳定、流通畅达的先决条件。唐代因受私铸恶币之盛行、用铜制器之增广、贪官污吏之聚敛、铜钱之流出海外等因素综合影响[1]，综合采取开源节流、综合治理的立法策略，通过鼓励民间采炼、加强外贸购铜来增加铜材供应。通过制定限制民间铸器市易、铜器陪葬和寺观铸像等法令，构建了较为缜密的铜法体系，为唐代经济安全和社会进步提供了坚实保障。

---

[1] 参阅汪思清：《唐代禁铜之原因及其结果》，《浙江青年》1937 年第 3 卷第 7 期。

一、采炼外贸法令

古代中国对民间开采和冶炼铜矿的态度,经历了从严格禁止到逐步开放的艰难转型。"铜布于下,为天下灾。"[①] 自西汉始,贾谊这一"铜禁"学说一直被奉为货币金融管理的基本法则,民间铜材的开采、冶炼、流通等活动受到严格限制。贾谊《新书》中关于铜材与盗铸、伪钱、农事之间关系的系统论证,对后世法制产生深远影响。开皇至开元初年,官府长期固守铜材管制政策。开皇三年(583)四月,针对不合于样钱者,"即坏以为铜,入官"。[②] 其后,京师恶钱滥行,文帝令"有司检天下邸肆见钱,非官铸者,皆毁之,其铜入官"。[③] 唐代负责执行铜禁法令者,包括尚书工部、少府监掌冶署等中央官署,以及各地冶监和铸钱使。唐初百余年继受历代铜禁策略,部分州府对开发铜冶仍持消极态度。圣历元年(698)陈子昂《上益国事》描述了剑南道铜冶凋敝之状:"伏见剑南诸山,多有铜矿,采之铸钱,可以富国。今诸山皆闭,官无采铸,军国资用,惟敛下人,乃使公府虚竭,私室贫弊,而天地珍藏,委废不论。"[④] 开元七年(719)《杂令》仍严格禁止百姓私采铜矿:"诸州界内出铜矿处官未置场者,百姓不得私采。"[⑤] 可见,开元初年以前,官府禁止民间参与铜冶,铜矿采炼主要由官府垄断经营。

开元中期,朝廷对民间采矿的态度开始发生重大转变,逐步开禁民间采矿、冶炼,规定由官方收购铜材,借此增加原铜供应,平抑市场铜价,降低官铸成本。开元十七年(729)八月辛巳《禁铸造铜器诏》为唐代铜禁之始[⑥],此诏主要规定禁止民间买卖铸钱所需之铜锡等物资、禁止制造铜器、官方平价收购原铜三项,民间采铜禁令由此开豁:

[①] (汉)贾谊:《新书》卷三《铜布》,闫振益、钟夏校注,中华书局2000年版(新编诸子集成),第110页。
[②] (唐)魏徵等:《隋书》卷二十四《食货志》,第691页。
[③] (唐)魏徵等:《隋书》卷二十四《食货志》,第692页。
[④] (唐)陈子昂撰:《陈子昂集》,徐鹏校点,中华书局1960年版,第177页。
[⑤] 天一阁博物馆、中国社会科学院历史研究所天圣令整理课题组:《天一阁藏明钞本天圣令校证附唐令复原研究》,第369页。
[⑥] 参阅汪圣铎:《中国钱币史话》,中华书局1998年版,第156页。

> 古者作钱，以通有无之乡，以平小大之价，以全服用之物，以济单贫之资。钱之所利，人之所急。然丝布财谷，四民为本。若本贱末贵，则人弃贱而务贵。故有盗铸者冒严刑而不悔，藏镪者非倍息而不出。今天下泉货益少，币帛颇轻。欲使天下流通，焉可得也。且铜者馁不可食，寒不可衣，既不堪于器用，又不同于宝物，唯以铸钱，使其流布。宜令所在加铸，委按察使申明格文，禁断私卖铜锡。仍禁造铜器，所在采铜锡铅，官为市取，勿抑其价，务利于人。①

开元十七年敕是唐代铜矿开采、冶炼政策变革的重要举措，是官府开放民间采铜以及完善官方收购规则的首次尝试。这可从开元二十六年（738）《唐六典》的相关规定中得到清晰印证：

> 凡州界内有出铜、铁处，官未采者，听百姓私采。若铸得铜及白镴，官为市取；如欲折充课役，亦听之。其四边，无问公私，不得置铁冶及采铜。自余山川薮泽之利，公私共之。②

官府尝试推行官营优先、公私分利政策，并允许百姓以铜应税。此可与开元二十二年（734）崔沔《禁私铸议》中"税铜折役则官冶可成，计估度庸则私钱以利薄而自息"③的建议相互照应。但是，由于用度消耗、铸币投入、私家贮币等因素综合影响，至开元年间，唐代铜的供应已无法满足铸币需要。唐代货币法令的重心，亦由先前的打击盗铸转向抑制钱荒。以上诸端，均受高昂铜价之制约。④ 针对铸钱与铜价关系，开元二十二年三月，左监门录事参军刘秩《货泉议》作了如下论断：

> 夫铸钱用不赡者，在乎铜贵；铜贵，在于采用者众矣。夫铜以为兵则不如铁，以为器则不如漆，禁之无害，陛下何不禁于人？禁于

---

① （唐）杜佑：《通典》卷九《食货九·钱币下》，第200—201页。
② （唐）李林甫等：《唐六典》卷三十"上州中州下州官吏士曹、司士参军"条注，第749页。
③ （宋）欧阳修、宋祁：《新唐书》卷五十四《食货四》，第1385页。
④ 钟兴龙指出："'铜贵'问题决定了唐代前后期铸币流通问题的变化。以'铜贵'问题出现为标志，唐代铸币流通问题由前期的由盗铸、私铸所引起的恶钱问题变为后期日渐严重的钱荒问题。"（钟兴龙：《唐代"铜贵"问题》，《古籍整理研究学刊》2013年第6期）

人，则铜无所用；铜无所用，则铜益贱；铜贱则钱之用给矣。夫铜不布下，则盗铜者无因而铸；无因而铸，则公铸不破，人不犯死刑，钱又日增，必复利矣。是一举而四美兼也，惟陛下熟察之。谨议。①

刘秩认为"铸钱用不赡者，在乎铜贵"，可谓洞察唐代通货短缺之根本，但刘氏提出抑制铜价的对策远未超越贾谊之"铜禁"理论。他认为"铜贵，在于采用者众"，与唐代铜材供应实际并不相符：采铜者众，市场铜的总量理应增加，铜价当呈现下跌趋势，而此恰与唐代铜贵钱荒的客观现实严重冲突。

中晚唐之际，允许民间采炼铜材的政令被长期袭用，与此同时，禁止民间铸币的政策亦继续得到加强。② 贞元九年（793）正月，诸道盐铁使张滂奏："臣请自今已后，应有铜山，任百姓开采，一依时价，官为收市。"③ 随后发布的政策采纳上述建议："禁卖铸铜器。天下有铜山，任人采取，其铜官买，除铸镜外，不得铸造。"④ 官民共营、官府收购的原则在中晚唐得到长期遵行，具体事务由诸道盐铁院知院官负责。据元和二年（807）二月《条贯江淮铜铅敕》：

> 钱贵物贱，伤农害工，权其轻重，须有通变。比者铅锡无禁，鼓铸有妨，其江淮诸州府收市铅铜等，先已令诸道知院官勾当，缘令初出，未各颁行，宜委诸道观察使等与知院官专切勾当，事毕日，仍委盐铁使据所得数类会闻奏。⑤

为增加铜材供应，唐后期曾采取引导措施，激励民间采炼铜冶。元和三年（808）六月《条贯钱货及禁采银敕》禁断岭北银坑，"恐所在坑户，不免失业，各委本州府长吏劝课，令其采铜，助官中铸作。仍委盐铁使作法条

---

① （宋）李昉等：《文苑英华》卷七百六十九《货食》，第 4044—4045 页。
② 刘玉峰指出，安史之乱后，管理体制及经营生产上进一步发生变化，形成了铸钱使、盐铁使及诸道州府、藩镇皆可根据情况置炉铸币的多头共管局面，造成了官营铸币的混乱，但铸币业由政府一手垄断、不许私人染指的政策始终未变，整个矿业受封建政府操纵控制的格局也始终没有变化。（刘玉峰：《唐代矿业政策初论》，《齐鲁学刊》2001 年第 2 期）
③ （宋）王钦若等编纂：《册府元龟》卷五百一《邦计部·钱币第三》，第 5689 页。
④ （后晋）刘昫等：《旧唐书》卷十三《德宗纪下》，第 376 页。
⑤ （宋）王溥：《唐会要》卷八十九《泉货》，第 1932 页。

流闻奏"。① 经过不懈努力，元和至大中年间，年产铜量总体呈现上升趋势，宣宗大中之际，铜产量年均达到65.5万斤，约为元和时期2.5倍有余。

表4-1 晚唐年度产铜量

时　代	产铜数量	文献来源
天宝(742—756)	(用铜)二十一万二千一百斤(估算)	《通典》《新志》《玉海》
元和(806—820)	采铜二十六万六千斤	《新志》
开成(836—840)	天下铜坑五十，岁采二十六万六千斤	《新志》《玉海》
大中(847—859)	铜六十五万五千斤	《新志》

唐五代之际，官府在积极开采铜矿的同时，采取诸多措施限制铜材与铜钱外流。如建中元年（780）十月六日，敕禁绫罗、铜铁、奴婢等互市交易，防止铜材外流："诸锦罽、绫罗、縠绣、织成细绸，丝布，牦牛尾，真珠，银，铜，铁，奴婢等，并不得与诸蕃互市。"② 至文宗朝，诸蕃铜材成为中原铸钱的重要原材料。官府非常重视进口高丽、渤海等邻国的铜材，以此充实铸币需求，保障货币供给。据《册府元龟》，开成元年（836）六月，淄青节度使奏："新罗、渤海将到熟铜，请不禁断。"③ 淄青节度使辖区位于山东半岛，管领青、淄、齐、沂、密、海六州，与新罗、渤海国海陆毗邻，二国熟铜多经此孔道内输中原。朝鲜半岛地区铜料内输至少持续至五代末年，显德四年（957）二月十一日敕鼓励民间涉外铜材贸易，并由官府平价收购：

> 兼知高丽多有铜货，仍许青、登、莱州人户兴贩。如有将来中卖入官者，便仰给钱收买，即不得私下买卖。④

后周将输入高丽铜材上升为官方行为。显德五年（958）七月，周世宗命尚书水部员外郎韩彦卿、尚辇奉御金彦英使于高丽，"因命赍帛数千匹就彼市铜，以备铸钱之用"。⑤ 又据《新五代史》，高丽"其地产铜、银，周

---

① （宋）王溥：《唐会要》卷八十九《泉货》，第1932—1933页。
② （宋）王钦若等编纂：《册府元龟》卷九百九十九《外臣部·互市》，第11562—11563页。
③ （宋）王钦若等编纂：《册府元龟》卷九百九十九《外臣部·互市》，第11562页。
④ （宋）王溥：《五代会要》卷二十七《泉货》，第438页。
⑤ （宋）王溥：《五代会要》卷二十七《泉货》，第472页。

世宗时，遣尚书水部员外郎韩彦卿以帛数千匹市铜于高丽以铸钱。六年，（高丽光宗王）昭遣使者贡黄铜五万斤"。①

二、铸器市易限令

若言采炼、外贸为开源之举，铸器市易限令则为节流之策。与佛寺铸像、瘗钱陪葬有所不同，铸器市易唯在牟利。开元十七年（729），玄宗"以人间多盗铸钱，始禁私卖铜铅锡及以铜为器皿；其采铜铅锡者，官为市取"。② 此诏规定私家售铜、私铸铜器两项禁令，是唐代货币政策与立法重心转换的核心事件。安史乱后，朝廷频频发布铜禁法令，其中，大历七年（772）十二月壬子敕是目前可以查明的中晚唐时较早的铜禁法令：

> 禁天下新铸造铜器，唯镜得铸。其器旧者，听用之，不得货鬻。③

大历七年敕的法律效力一致延续至德宗初期，并促成铜禁新令的出台。贞元九年（793）正月，诸道盐铁使张滂呈《请禁铸铜器杂物奏》：

> "江淮之间，钱实减耗。伏准建中元年六月二十六日敕令，准大历七年十二月十五日敕文，一切禁断。年月深远，违犯尚多。臣请自今已后，应有铜山，任百姓开采，一依时价，官为收市。除铸镜外，一切不得铸造及私相买卖。其旧器物先在人家，不可收集。破损者，仍许卖入官所。贵铜价，渐轻钱，免销毁。伏请委所在观察使与臣属吏会计处置。"诏曰：可。④

值得注意的是，张滂奏议援引了建中元年（780）六月二十六日与大历七年十二月十五日的两则敕文。前者内容今不可考，后者正为上引大历七年十二月壬子敕。在货币立法领域，前朝旧敕可能对后世立法具有重要参考价值。经臣僚援引、君主诏可即可持续产生法律效力。德宗时期恰承安史

---

① （宋）欧阳修：《新五代史》卷七十四《四夷附录第三》，徐无党注，中华书局1974年版，第919页。
② （宋）司马光：《资治通鉴》卷二百一十三"玄宗开元十七年八月辛巳"，第6786页。
③ （宋）王钦若等编纂：《册府元龟》卷五百一《邦计部·钱币第三》，第5688页。
④ （宋）王钦若等编纂：《册府元龟》卷五百一《邦计部·钱币第三》，第5688—5689页。

丧乱，兵戈连载，财力匮乏。通过铜禁充盈通货，基本成为社会共识。正如贞元十年（794）陆贽《请两税以布帛为额不计钱数》所言："诚宜广即山殖货之功，峻用铜为器之禁，苟制持得所，则钱不乏矣。"① 与中晚唐时期铜价攀升、通货匮乏的社会矛盾相适应，自开元年间起，铜禁法令历经代、德、顺、宪、穆、敬、文、武诸朝绵延不绝。元和元年（806）二月甲辰，"宪宗以钱少复禁用铜器"。② 宪、穆时期，曾多次就铜货短缺引发的钱重物轻问题征询百寮。元和七年（812）二月，宪宗因钱重物轻为弊颇甚，"令群臣各随所见利害状以闻"。③ 韩愈以"禁人无得以铜为器皿……蓄铜过若干斤者，铸钱以为他物者，皆罪死不赦"④ 等救弊策论四则应。同年八月，中书门下针对钱重物轻问题先后两次上奏，其中皆有铜禁内容。其中，《州郡收铜铸钱奏》提出收购民间铜器纳节度、团练等使，令本处军人镕铸："其收市铜器期限、并禁铸造买卖铜物等，待议定，便令有司条疏闻奏。其上都铸钱及收铜器，各请处分。"⑤ 元稹认为中书门下意见颇有不便，进呈《中书省议赋税及铸钱等状》，主张允许百姓以铜器折价纳税，或由度支给价收购，递送就近钱监监冶铸钱：

> 臣等约计天下百姓有铜器用度者，分数无多，散纳诸使，斤两盖寡。创置炉冶，器具颇繁，一年勒停，并是废物。军人既未素习，镕铸亦恐甚难。又每年留州留使钱额，本约一年用度支留。若待铸得新钱，然遣当州给用，必恐百事又阙，不应时须。臣等商量，请令诸使诸州一切在所，许百姓以铜器折纳税钱，并度支给价收市。每年每季，随便近有监冶处，据数送纳。所冀炉冶无创置之劳，工匠有素习之便，不烦铸本，自有利宜。其州府出铜铅可广铸处，请委诸道有铜铅处长吏，各言利害，具状申陈，参酌众情，然议可否。以前据中书门下奏，请令中书门下两省重议可否奏闻者。臣等谨议如前，谨录奏闻，伏候敕旨。⑥

---

① （唐）陆贽：《陆贽集》卷二十二《中书奏议六》，王素点校，中华书局2006年版，第751页。
② （宋）欧阳修、宋祁：《新唐书》卷五十四《食货四》，第1388页。
③ （后晋）刘昫等：《旧唐书》卷十五《宪宗纪下》，第441页。
④ 《韩昌黎文集校注》卷八《状·钱重物轻状》，马其昶校注，上海古籍出版社1986年版，第595—596页。
⑤ （宋）王溥：《唐会要》卷八十九《泉货》，第1936页。
⑥ （唐）元稹：《元稹集》卷三十六《状·中书省议赋税及铸钱等状》，冀勤点校，中华书局1982年版，第415—416页。

第四章 钱法职能考

"徒善不足以为政,徒法不能以自行。"① 唐代铜禁屡禁不止、事出多门,除厚利驱使以外,地方官员懈怠搪塞亦是重要原因。元和十五年(820)闰正月,穆宗因货轻钱重问题敕令百司,"各陈意见,以革其弊"。元稹建议严格实行铜禁法令:

> 臣不敢远征古证。窃见元和已来,初有公私器用禁铜之令,次有交易钱帛兼行之法,近有积钱不得过数之限,每更守尹,则必有用钱不得加除之榜。然而铜器备列于公私,钱帛不兼于卖鬻,积钱不出于墙垣,欺滥遍行于市井,亦未闻鞭一夫,黜一吏,赏一告讦,坏一蓄藏。岂法不便于时耶?盖行之不至也。陛下诚能采古今救弊之方,施赏罚必行之令,则圣祖神宗之法制何限,前贤后智之议论何穷?岂待愚臣盗窃古人之见,自称革弊之术哉!谨录奏闻,伏听敕旨。②

政令不行,善法无益。开成三年(838)六月癸丑,文宗就钱重货轻问题咨于宰臣,据《旧唐书·文宗纪下》:"上御紫宸,对宰臣曰:'币轻钱重如何?'杨嗣复曰:'此事已久,不可遽变其法,法变则扰人。但禁铜器,斯得其要。'"③ 可见,禁铜是扭转颓局的关键所在。而官员执行不力,则是造成铜禁难行的重要原因。诚如宰臣李珏所言:

> 先有止令,州府禁铜为器,当今以铜为器,而不知禁。所病者制敕一下,曾不经年,而州县因循,所以制令相次,而视之为常。今自淮而南,至于江岭,鼓铸铜器,列而为次。州县不禁。市井之人,逐圭刀之利,以缗范为他器,鬻之售利,不啻数倍。是则禁铜之令,必在严切,斯其要也。④

作为铜禁法令的重要内容之一,五代销钱禁令时常与一般禁铸法令杂糅并用,铸器禁令经历代厘革损益更趋完善。天成元年(926)八月《批答

---

① (汉)赵岐注,(宋)孙奭疏:《孟子》卷七上《离娄章句上》,廖明春、刘佑平整理,北京大学出版社 2000 年版,第 219 页。
② (唐)元稹:《元稹集》卷三十四《表状·钱货议状》,第 397 页。
③ (后晋)刘昫等:《旧唐书》卷十七下《文宗纪下》,第 574 页。
④ (宋)李昉等:《太平御览》卷八百一十三《珍宝部十二·铜》,第 3612 页。

· 89 ·

中书门下奏敕》曰："禁镕钱为器，仍估定生铜器价斤二百，熟铜器斤四百，如违省价买卖者，以盗铸钱论。"① 天福二年（937）甚至禁铸一切铜器，"其铜镜今后官铸造，于东京置场货卖，许人收买，于诸处兴贩去"。② 天福三年（938）三月丁丑，又"敕禁民作铜器"。③ 广顺元年（951）三月二十八日颁布《定铜法敕》，在规定铸器犯罪论死的同时，明确界定了长吏、邻保、举报人的奖惩标准，唐五代时期"铜法"至此大备：

> 铜法，今后官中，更不禁断，一任兴贩，所有一色即不得泻破为铜器货卖。如有犯者，有人纠告捉获，所犯人不计多少斤两，并处死。其地分所由节级，决脊杖十七放。邻保人决臀杖十七放。其告事人，给与赏钱一百贯文。④

显德二年（955）九月丙寅，"诏禁天下铜器，始议铸钱"。⑤ 此外，后周末年也异常重视运用价格杠杆调整铜材供给。据显德四年（957）二月十一日敕：

> 宣命指挥：限外有人将铜器及铜于官场货卖，支给价钱。如使隐藏及使用者，并准元敕科断。其熟铜令每斤添及二百、生铜添及一百五十收买。所有诸处山场野务采炼淘沙到，依旧例，铜每二十两为一斤，今时每一十六两为一斤，给钱一百二十收买。⑥

三、陪葬、铸像禁令

陪葬与铸像是唐、五代消耗铜材的重要领域。与民间铸器出售牟利不

---

① （宋）薛居正等：《旧五代史》卷三十七《唐书第十三·明宗纪三》，第 508 页。
② （宋）薛居正等：《旧五代史》卷一百四十六《食货志》，第 1949 页。
③ （宋）司马光：《资治通鉴》卷二百八十一"高祖天福三年三月丁丑"，第 9185—9186 页。
④ （宋）薛居正等：《旧五代史》卷一百四十六《食货志》，第 1949 页。
⑤ （宋）洪遵：《泉志》卷三《正用品下》"周通钱"条引郑向《五代开皇纪》，商务印书馆 1937 年版（丛书集成初编），第 21 页。
⑥ （宋）王溥：《五代会要》卷二十七《泉货》，第 437—438 页。

同，陪葬的铜器、铜钱以及佛像、铜钟、佛具等，一旦埋瘗于陵墓或供奉于寺观，铜材基本永久退出流通领域，无复铸币流通之可能。与铸器市易、私贮铜钱等相比，其蠹更甚。

（一）陪葬禁令

瘗钱之俗，由来已久。《史记》载元狩二年（前121）"盗发孝文园瘗钱"事①。《新唐书》又曰："汉以来葬丧皆有瘗钱。"② 陪葬铜钱、铜器等耗材量巨大，且彻底退出流通领域，是促使唐代铜价暴涨的重要原因。先民之初，有陪葬之仪；上古以降，其礼具备。《礼记·檀弓下》："其曰明器，神明之也。涂车、刍灵，自古有之，明器之道也。"③ 刘熙《释名》又曰："送死之器曰明器，神明之器，异于人也。"④《唐令》明确规定：陪葬明器，皆以瓦木。据《唐六典》，甄官令掌供丧葬明器：

> 三品以上九十事，五品以上六十事，九品已上四十事。当圹、当野、祖明、地轴、鞁马、偶人，其高各一尺；其余音声队与僮仆之属，威仪、服玩，各视生之品秩所有，以瓦、木为之，其长率七寸。⑤

贞观九年（635），虞世南进《谏山陵制度过厚表》曰："明器所须，皆以瓦木，合于礼文，一不得用金银铜铁，使万代子孙并皆遵奉"，⑥首次明确提出禁止以铜制作明器陪葬。此后，虽屡有葬制诏敕颁布，却极少涉及铜器、铜钱陪葬问题。

开元二十九年（741）正月十五日敕明确规定：明器墓田等，"不得用木及金、银、铜、锡"。⑦ 大历年间有议者曰："钱亦岁毁于棺瓶埋藏焚溺，其间铜贵钱贱，有铸以为器者，不出十年钱几尽，不足周当世之

---

① （汉）司马迁：《史记》卷一百二十二《酷吏列传》，第3142页。
② （宋）欧阳修、宋祁：《新唐书》卷一百四九《王玙传》，第4107页。
③ （汉）郑玄注，（唐）孔颖达疏：《礼记正义》卷九《檀弓下》，十三经注疏整理委员会整理，北京大学出版社2000年版，第323页。
④ （汉）刘熙：《释名》卷八《释丧制第二十七》，中华书局1985年版（丛书集成本），第135页。
⑤ （唐）李林甫等撰：《唐六典》卷二十三《将作都水监·甄官署》，陈仲夫点校，第597页。
⑥ （唐）杜佑：《通典》卷七十九《礼三十九·凶一》，第2146页。
⑦ （宋）王溥：《唐会要》卷三十八《服纪下·葬》，第811页。

用。"① 可见,受铜价日高客观因素影响,铜钱、铜器陪葬问题仍受到社会各界普遍关注。

表 4-2 唐代禁诫厚葬诏敕、奏议

诏敕/奏议	主要内容
《戒厚葬诏》 贞观十七年(643)三月	勋戚之家,多流遁于习俗。闾阎之内,或侈靡而伤风。以厚葬为奉终,高坟为行孝。遂使衣衾棺椁,极雕刻之华。刍灵明器,穷金玉之费。富者越法度以相高,贫者破资产以不逮。徒伤教义,无益泉壤。为害既深,宜有惩革。其公卿以下,爰及黎庶,送终之具有乖令式者,明加检察,随状科罪。在京五品以上及勋戚之家,录状闻奏。
《令雍州长史李义玄禁僭侈诏》 永隆二年(681)正月	诏雍州长史李义玄曰:"……商贾富人,厚葬越礼。卿可严加捉搦,勿使更然。"
《禁丧逾礼制》 证圣元年(695)三月	丧葬礼仪,盖惟恒式,如致乖越,深蠹公私。乃有富族豪家,竞相逾滥,穷奢极侈,不遵典法。至于送终之具,著在条令,明器之设,皆有色数。遂敢妄施队伍,假设幡帱,兼复创造园宅,雕剪花树。或桐阇木马,功用尤多;或告覃凶□,彩饰殊贵。诸如此类,不可胜言。贵贱既无等差,资产为其损耗,既失刍灵之义,殊乖朴素之仪。此之愆违,先已禁断。州牧县宰,不能存心;御史金吾,曾无纠察。积习成俗,颇紊彝章。即宜各令所司,重更申明处分。自今已后,勿使更然。
《诫厚葬敕》 开元二年(714)九月甲寅	冥器等物,仍定色数及长短大小;园宅下帐,并宜禁绝。坟墓茔域,务遵简俭。凡诸送终之具,并不得以金银为饰。如有违犯者,先决杖一百。州县长官不能举察,并贬授远官。
《条流葬祭敕》 大历七年(772)三月	葬祭之仪,古有彝范。顷来或逾法度,侈费尤多。自今以后,宜俭约,悉依令。不得于街衢致祭及假造花果禽兽,并金银、乎脱、宝钿等物,并宜禁断。
《命妇丧葬节制奏》 元和三年(808)五月	京兆尹郑元修奏:"王公士庶,丧葬节制,一品、二品、三品为一等。凡命妇,各准本品。如夫子官高,听从夫子。其无邑号者,准夫子品荫子孙。未有官者,降损有差。其凶器,悉请以瓦木为之。"
《论丧葬逾制疏》 长庆三年(823)十二月	浙西观察使李德裕奏:"应百姓厚葬,及于道途盛陈祭奠,兼设音乐等……伏请自今已后,如有人犯者,准法科罪。其官吏已下不能纠察,请加惩责。仍请常委出使郎官、御史访察,所冀遐远之俗,皆知宪章。"敕旨:宜依。
《条流丧葬奏》 会昌元年(841)十一月	御史台奏请条流京城文武百寮及庶人丧葬事……伏乞圣恩,宣下京兆府,令准此条流,宣示一切供作行人,散榜城市,及诸城门,令知所守。如有违犯,先罪供造人贾售之罪。庶其明器,并用瓦木,永无僭差。以前条件,臣寻欲陈论,伏候进止,本月二十一日已于延英具奏讫。敕旨:宜依。

---

① (宋)欧阳修、宋祁:《新唐书》卷五十四《食货四》,第 1387—1388 页。

韩建武认为："进入唐代，由于青铜礼器不再流行，日常生活中的铜器被金银器、瓷器、漆器所代替；铜材主要用于铸钱，政府也多次发布禁铸铜器诏令，所以除铜镜、造像外，唐代铜器在冶铸技术上少有创新，数量较少。"① 与前代相比，唐代葬俗仪制较少以铜器陪葬，唐墓陪葬铜器数量远远少于瓷器、陶器、金银器等。② 以铜器随葬的事例主要集中于社会上层，如北京史思明墓曾出土铜龙、铜牛、鎏金铜铺首、鎏金铜钉帽、鎏金铜带扣③；洛阳高秀峰墓曾出土鎏金铜马、鎏金铜龟、铜镜、铜钵、铜洗、铜构件等。④ 唐代铜器陪葬禁令得到较为严格的执行，平民墓葬虽有铜盆、铜钵、铜剪、铜镜、铜洗、铜灯、铜壶、铜簪、手炉等生活用具和少量"开元通宝"、"乾元重宝"等铜钱陪葬⑤，但耗费铜材数量在可控范围之内，尚未对铸币用铜构成威胁。因此，陪葬明器并非唐代铜法的重点管制领域。

（二）铸像禁令

唐代佛道铸造法器，耗费甚巨。麟德二年（665）二月庚辰，皇太子李弘祈奉二圣，"于西明寺造铜钟一口，可一万斤"。⑥ 景云二年（711）"景云钟"（现藏西安碑林）以铜锡合金铸成，重达六吨。若按"开元通宝"一千文重六斤四两的标准折算，此钟耗材约可铸钱1920000文。由于寺观耗铜靡费，寺观铸造禁令成为唐代铜禁的重要内容。元和初年明确规定重铸铜钟程序：寺观申报州府，州府申报掌冶署等铜材管理机构奏闻。元和元年（806）二月十日敕："京城及诸州府寺观铜钟，因有破损，须更制造者，请令州府申牒所司奏闻，敕下许以本钟再铸，不得更别添铜者。"此敕于大和四年（830）为祠部《请申禁僧尼奏》所援引，并被重新赋予法律效力：

> 其诸州府近日皆不守敕文，擅有鼓铸。自今已后，并令申省。臣等伏以当司公事，废阙多年，名额空存，事皆去本。因起请再举旧

---

① 韩建武：《生活气息浓郁的唐代铜器》，《收藏家》2016年第6期。
② 参阅齐东方：《隋唐考古》，文物出版社2002年版，第185—187页。
③ 北京市文物研究所：《北京丰台唐史思明墓》，《文物》1991年第9期。
④ 洛阳市文物工作队：《洛阳东明小区C5M1542唐墓》，洛阳师范学院河洛文化国际研究中心编：《洛阳考古集成补编》，北京图书馆出版社2007年版，第356—367页。
⑤ 秦浩指出："铜镜是日常生活用品，常被用作墓葬中的随葬品。"（秦浩：《隋唐考古》，南京大学出版社1992年版，第310—341页）
⑥ （唐）释道宣：《广弘明集》卷二十八上《启福篇第八·唐西明寺钟铭》，《景印文渊阁四库全书》第1048册，台湾商务印书馆1985年版，第738—739页。

规，比类参详依格。可之。①

晚唐对于寺观用铜的规定更趋细致。大和三年（829）规定佛像质地及装饰材质，尤其禁止以铜铸像："佛像以铅、锡、土、木为之，饰带以金银、鍮石、乌油、蓝铁，唯鉴、磬、钉、镮、钮得用铜，余皆禁之，盗铸者死。"② 鍮石为铜锌合金，白镴为铅锡合金，鍮石含铜，与铸钱直接关联，其开采、流通受到严格限制。宋代铜及鍮石，并为官府所禁。《庆元条法事类》："诸私有铜及鍮石者，（原注：铜矿及夹杂铜并烹炼净铜计数。其盗人许存留之物者，免烹炼，每两除豁三钱。）一两杖八十，一斤加壹等，十五斤不刺面配邻州。本城为人造作器物者，与物主同罪，配亦如之，作具没官。（原注：自造者准此。）"③

对于佛寺铸像用铜最为严厉的限制发生于"会昌法难"之际。会昌五年（845）七月，中书门下上呈《毁佛像奏》，请以废寺铜像、钟磬等铸钱，民间铜像限期一月内上缴：

> 中书门下奏："以天下废寺铜像及钟磬等委诸道铸。"其月，又奏："天下士庶之家所有铜像，并限敕到一月内送官，如违此限，并准盐铁使旧禁铜条件处分。其土木等像并不禁，所由不得因此扰人。其京城及畿内诸县衣冠百姓家，有铜像并望送纳京兆府。自拆寺以来，应有铜像等，衣冠百姓家收得，亦限一月内陈首送纳。如辄有隐藏，并准旧条处分。"敕旨："宜依。"④

同年八月，中书门下又奏请"诸道废毁寺铁像，望令所在销为农器；鍮石之像，望令销付度支"。⑤ 鍮石因可采炼铸钱，故由度支掌管。会昌六年（846）八月，武宗发布《禁用金玉修佛像敕》，禁以金、银、铜、铁修饰佛像："如缘修饰佛像，但用土木，足以致敬，不得用金、银、铜、

---

① （宋）王钦若等编纂：《册府元龟》卷四百七十四《台省部·奏议第五》，第5370页。
② （宋）欧阳修、宋祁：《新唐书》卷五十四《食货四》，第1390页。
③ （宋）谢深甫等：《庆元条法事类》卷二十八《榷禁门一·铜鍮石铅锡铜矿敕令格》，戴建国点校，收入杨一凡主编：《中国珍稀法律典籍续编》第1册，第401页。
④ （宋）王溥：《唐会要》卷四十九《杂录》，第1008—1009页。
⑤ （宋）王溥：《唐会要》卷四十九《杂录》，第1009页。

第四章 钱法职能考

铁及宝玉等,如有犯,衣冠录名闻奏。"① 会昌年间,诸州、道销镕佛像铸钱事迹,史籍多有记载。② 譬如《旧唐书·柳公绰子仲郢传》:"时废浮图法,以铜像铸钱。仲郢为京畿铸钱使,钱工欲于模加新字,仲郢止之,唯淮南加新字,后竟为僧人取之为像设钟磬。"③《新志》载,会昌六年(846),永平监官李郁彦请"以铜像、钟、磬、炉、铎皆归巡院,州县铜益多矣。盐铁使以工有常力,不足以加铸,许诸道观察使皆得置钱坊"。④

至宣宗即位,尽黜会昌之政,"新钱以字可辨,复铸为像"。⑤ 元和以来限制佛寺铸像的禁条、限令至此彻底终结。

作为唐代"钱法"的重要组成部分,唐代"铜法"广泛涉及铜矿开采、冶炼、持有、流通、用度、镕铸等诸多领域。一方面,官府依据国家财政形势变化,适时调整铜禁政策,时常以诏敕形式加以规范,在一定程度上促进了唐代货币经济的运行与发展。另一方面,由于铸钱成本高昂、铸器利润丰厚,巨额利差促使铜材不断退出货币领域,唐五代铜禁法令之实际执行效果遂由此大为折损。

第二节　销铸

唐、五代之际,官府严格限制铜、锡、铅等铸币原料流通,其中对于铜的控制最为严格,形成历代承用、渐进调整的铜禁法律体系。其中,有关销镕铜钱铸造器皿的禁令,在整个唐代铜法体系中占据重要地位。关于销铸法令运行与演化的讨论,对于查明唐五代铜禁规则之整体架构具有非常重要的理论价值。销钱禁令可溯至汉《二年律令·钱律》:"故毁销行

---

① (宋)王溥:《唐会要》卷四十九《杂录》,第1009页。
② 贾钟尧认为:"因为材料的缺乏,人们对于武宗灭佛的行动,有不少的误解。佛教的僧徒,都归咎于道士赵归真。实际上,把材料仔细抽绎出来,真相就可以明瞭。大概,武宗的行动,在最初还是继续唐初以来取缔僧尼的政策,想积极的整理大历元和间的僧尼伪滥。自然僧尼之庄园钱物奴婢等等,是主要的诱引的原因。"〔贾钟尧:《唐会昌政教冲突史料》,载陶希圣主编:《食货》(半月刊)第4卷第12期,新生命书局1936年版,第18页〕
③ (后晋)刘昫等:《旧唐书》卷一百六十五《柳公绰子仲郢传》,第4306页。
④ (宋)欧阳修、宋祁:《新唐书》卷五十四《食货四》,第1391页。
⑤ (宋)欧阳修、宋祁:《新唐书》卷五十四《食货四》,第1391页。

· 95 ·

钱为铜、它物者,坐臧(赃)为盗。"① 自古以来,销铸牟利一直是民间通货匮乏的重要原因。与相伴唐王朝始终的恶钱问题有所不同,销铸问题爆发的时间相对滞后。开元以后,铜价踊贵;肃宗乾元年间币制改革昙花一现,直接促使民间销铸剧增。代宗宝应元年(762)五月丙申敕,"集'开元'、'乾元重棱钱',并宜准一文用,不须计以虚数"。② 此次币值调整以后,开始出现大规模销铸现象,《通典》记载:"人间无复有乾元、重棱二钱者,盖并铸为器物矣。"③ 官府至晚曾于大历七年(772)十二月十五日、建中元年(780)六月二十六日先后颁布敕文,意欲禁断销铸。嗣后屡颁诏敕,以期保障铜材供应,达到充盈通货之目的。

一、价格限令

铜器售价与铜钱之间的巨额利差,是促使民间销铸的根本原因。开元十七年(729)《禁铸铜器诏》曰:"不堪于器用,又不同于宝物,唯以铸钱,使其流布。"④ 此论显为官府为推行铜禁所作出的片面论断。实际上,铜器质地精良,售价高昂,获利丰厚,远胜铸钱。"销铜为器的现象比较普遍,就是因为货币的表面价值小于货币的实际价值,加上币材的贱金属性,这都促使销铜为器的发生。"⑤ 由贞元九年(793)正月诸道盐铁使张滂奏疏可窥其详:

> 兴贩之徒,潜将销铸。每销钱一千,为铜六斤;造写器物,则斤直六百余。其利既厚,销铸遂多。⑥

每销千钱,可得铜六斤。铸造铜器出售,每斤售价六百,原本一千铜钱即可转换为三千六百钱,销铸者获利约三倍有余。元和元年(806),白居易亦因铜利贵于钱刀陈敛散之法,进禁销铸之策:

---

① 张家山二四七号汉墓竹简整理小组:《张家山汉墓竹简》(释文修订本),第35页。
② (宋)王溥:《唐会要》卷八十九《泉货》,第1928页。
③ (唐)杜佑:《通典》卷九《食货九·钱币下》,第204页。
④ (唐)杜佑:《通典》卷九《食货九·钱币下》,第201页。
⑤ 张靖人:《货币的储藏与唐宋钱荒》,《河南财政税务高等专科学校学报》2006年第1期。
⑥ (宋)王钦若等编纂:《册府元龟》卷五百一《邦计部·钱币第三》,第5688页。

> 夫官家采铜铸钱，成一钱破数钱之费也；私家销钱为器，破一钱成数钱之利也。铸者有程，销者无限。虽官家之岁铸，岂能胜私家之日销乎？此所以天下之钱日减而日重矣。今国家行挟铜之律，执铸器之禁，使器无用铜。铜无利也，则钱不复销矣。此实当今权节重轻之要也。①

至文宗末，铸器逐利现象仍屡现不衰。开成三年（838）六月，宰臣李珏奏曰："今江淮已南，铜器成肆，市井逐利者，销钱一缗，可为数器，售利三四倍。远民不知法令，率以为常。"② 由于数倍厚利强烈刺激民间销铸，抑制铜器价格遂成官府打击销铸的首选措施。据贞元十年（794）六月《禁销钱敕》："其器物约每斤价值，不得过一百六十文，委所在长吏及巡院同勾当访察"，此为唐代官定铜器价格的首次尝试。按照每销千钱得铜六斤计算，铸造铜器出售，得钱九百六十文，商贾无利可图，销铸行为按理当受遏制。但从中唐至五代之际的诏敕、奏议中不难发现，销铸问题不但没禁绝，反呈日益恶化之态势。究其根本，官定铜价的做法完全忽略铜器材质、工艺、用途等具体差异，一概论斤计价，彻底背离市场经济规律，故而难逃失败命运。

相比于唐代，五代销铸问题可谓愈演愈烈。天成元年（926）八月中书门下奏："访闻近日诸道州府所买卖铜器价贵，多是销镕现钱，以邀厚利。"③ 据天成二年（927）十月右司员外郎杨熏奏："先以铜器贵，市人多销钱以为器。'下令禁之。令不行，又降之，乃再行前敕，亦不能禁'。"④ 可谓屡禁不止，奈之若何？清泰元年（934），程逊等奏曰："市人销钱，贵卖铜器。累行止绝，尚未知禁。"⑤ 自后唐始，诏敕、奏疏中关于各地销铸的记载比比皆是。如，天福三年（938）三月丁丑《令盐铁使禁销钱铸器物敕》："迩来趋利之人，违法甚众。销镕不已，毁蠹日滋。"⑥ 显

---

① （唐）白居易：《白居易集笺校》卷六十三《策林二》，朱金城笺校，上海古籍出版社1988年版，第3472—3473页。
② （后晋）刘昫等：《旧唐书》卷一百七十六《杨嗣复传》，第4557页。
③ （宋）薛居正等：《旧五代史》卷一百四十六《食货志》，第1948页。
④ （宋）王钦若等编纂：《册府元龟》卷五百一《邦计部·钱币第三》，第5693页。
⑤ （宋）王钦若等编纂：《册府元龟》卷五百五十三《词臣部·献替》，第6328页。
⑥ （宋）王钦若等编纂：《册府元龟》卷五百一《邦计部·货币第三》，第5694页。

德二年（955）九月《令毁铜器铸钱敕》又曰："至于私下，不禁销镕，岁月渐深，奸弊尤甚。"① 中晚唐限定铜价政策在五代时期得到进一步发展，天成元年（926）八月乙巳《批答中书门下奏敕》在大幅提高铜器价格的同时，按照纯度差异，生、熟铜分别定价："如生铜器物，每斤价定二百；熟铜器物，每斤四百。如违省价，买卖之人，依盗铸钱律文科断。"② 与贞元十年（794）旧敕相比，生、熟铜器价格分别上调四十文和三百四十文。

二、铸器限令

私铸铜器禁令是抑制铜器价格的重要配套措施。中唐以后，民间铸器范围遭遇严格限制。贞元九年（793）正月，诸道盐铁使张滂奏请严格限制民间铸造、买卖铜器："甲辰，禁卖铸铜器。天下有铜山，任人采取，其铜官买，除铸镜外，不得铸造。"③ 铜镜为居家生活所必需，其余饰物、用具等皆不得以铜为之。次年六月，试图依靠铜价调整，一度开禁民间铜器销售："今后天下铸造买卖铜器，并不须禁止。"④ 但凭借官府定价单一调节，无从遏制民间销铸之风。

五代销铸之禁始于同光二年（924）二月己巳《南郊赦文》："禁工人镕钱为铜器，勿令商人载钱出境。"⑤ 此后，铸器限令即与销钱犯罪相伴始终。天成元年（926）八月敕，将民间铸器材料严格限定于原旧破损铜器及碎铜。⑥ 天成四年（929）八月，工部员外郎孙洽奏："泻钱作铜，最为大罪，望加禁绝。"⑦ 长兴二年（931）三月十八日《禁铁锡钱敕》（又敕）规定："将铜钱销铸，别造物色，捉获勘鞫不虚，并依格敕处断。"⑧ 清泰元年（934），应程逊等奏请，民间铸器范围扩展至铜镜、马具和衣

---

① （宋）王溥：《五代会要》卷二十七《泉货》，第437页。
② （宋）王溥：《五代会要》卷二十七《泉货》，第434页。
③ （后晋）刘昫等：《旧唐书》卷十三《德宗纪上》，第376页。
④ （宋）王溥：《唐会要》卷八十九《泉货》，第1932页。
⑤ （宋）薛居正等：《旧五代史》卷三十一《唐书第七·庄宗纪五》，第428页。
⑥ （宋）薛居正等：《旧五代史》卷一百四十六《食货志》，第1949页。
⑦ （宋）王钦若等编纂：《册府元龟》卷五百一《邦计部·钱币第三》，第5693页。
⑧ （宋）窦仪等撰：《宋刑统》卷二十七《杂律》"私铸钱"条准唐长兴二年三月十八日敕节文，第408页。

饰:"伏乞严下条法,其铜,除镜、鞍辔、腰带外,不许市卖铜器,犯者以赃论。"① 天福三年(938)三月丁丑《令盐铁使禁销钱铸器物敕》试图官方垄断铜器铸造活动:"禁止私下打造铸泻铜器。"② 同年十一月,一度允许官私共同铸造"天福元宝","其有生熟铜,仍许所在中卖入官,或任自铸钱行用。其余许铸钱外,则不得接便别铸造铜器。如有违犯者,并准三年三月三十日敕条处分。"③ 显德二年(955)九月《令毁铜器铸钱敕》详尽开列官私铜器清单,涉及官府、民间与寺观三大领域:官府所用法物、军器和其他官物;民间则仅限铜镜一项;寺观等宗教场所可用钟、磬、钹、相轮、火珠、铃、铎等铜器。

起今后,除朝廷法物、军器、官物及镜,并寺观内钟、磬、钹、相轮、火珠、铃铎外,其余铜器,一切禁断。应两京、诸道州府铜象器物,诸色装铰所用铜,限敕到五十日内,并须毁废送官。其私下所纳利铜,据斤两给付价钱。④

此敕涉及的铸造物件,大致可以分为三类。其一,法物。"法物"乃古代用于仪仗、祭祀的器物。朝廷卤簿是耗铜之大宗。《后汉书·光武帝纪下》李贤注:"法物谓大驾卤簿仪式也。"⑤《新唐书·仪卫志》:"其人君举动必以扇,出入则撞钟。庭设乐宫,道路有卤簿、鼓吹。礼官百司必备物而后动,盖所以为慎重也。"⑥ 卤簿之中,车驾、仪仗、戎器、服饰、鼓吹等以铜制作、装饰者甚夥。后周卤簿之制,当与唐制相类。其二,铸镜。中唐以后,民用铜器范围被严格限制,唯铜镜一例不在禁绝之列。大历七年(772)十二月壬子,"禁天下新铸造铜器,唯镜得铸。其器旧者,听用之,不得货鬻。"⑦ 后晋天福二年(937),进而规定铜镜官造:"禁一切铜器,其铜镜今后官铸造,于东京置场货卖,许人收买,于诸处兴贩去。"⑧

---

① (宋)王钦若等编纂:《册府元龟》卷五百五十三《词臣部·献替》,第6328页。
② (宋)薛居正等:《旧五代史》卷七十七《晋书第三·高祖纪三》,第1014页。
③ (宋)王溥:《五代会要》卷二十七《泉货》,第436页。
④ (宋)王溥:《五代会要》卷二十七《泉货》,第437页。
⑤ (宋)范晔撰:《后汉书》卷一下《光武帝纪》,(唐)李贤注,第62页。
⑥ (宋)欧阳修、宋祁:《新唐书》卷二十三上《仪卫志》,第481页。
⑦ (宋)王钦若等编纂:《册府元龟》卷五百一《邦计部·钱币第三》,第5688页。
⑧ (宋)薛居正等:《旧五代史》卷一百四十六《食货志》,第1949页。

民间铜材用度与朝廷用度相比，可谓天壤之别。后汉乾祐年间，膳部郎中罗周胤《禁民间用铜奏》曰："除钱外，只令铸镜。镜亦官铸，量尺寸定价，其余并不得用铜"①，疏奏不报。金世宗大定八年（1168），竟因销铸禁止民间铸镜："民有犯铜禁者。上曰：'销钱作铜，旧有禁令。然民间犹有铸镜者，非销钱而何。'遂并禁之。"② 其三，军械。据《唐六典》，唐设武器署、军器监，负责兵仗器械之制造与管理。其中鼓、錞、镯、铙、铎、弩、甲、器用等，多需铜材。③ 至于寺观法器所涉铜材，正如《令毁铜器铸钱敕》列示。南宋正式将"私铸铜器"纳入律典，并辅以申明等禁约之。《庆元条法事类》规定："杂敕：诸守令任内，失觉察鈒销钱宝，私铸铜器，提点刑狱司具申尚书省取旨。"④ 淳熙六年（1179）十二月十一日敕定告获伪造会子赏钱规则，同时规定"所有告造铜器、鈒销钱宝，依格合给赏钱，亦依此一体施行"。⑤

三、用度限令

官署、寺观用度是铜材消耗的重要途径。万岁通天时，武后令司农卿宗晋卿铸九鼎于明堂，"用铜五十六万七百一十二斤"。⑥ 宝历元年（825）七月，"诏度支进铜三千斤、金薄十万翻，修清思院新殿及升阳殿图障"。⑦ 同时，部分官署、寺院因赋役、布施、放贷等原因掌控大量现钱，遂有销钱铸器之便。因此，除民间铸器牟利以外，上述机关销钱铸器也是造成现钱匮乏的重要因素。据元和七年（812）五月《禁销钱毁器诏》，即使官署以旧器镕铸，仍需有司监督，严格禁止销镕现钱添铸：

自今已后，诸州府有请以破钟再铸，宜令所在差人监领，不得令

---

① （宋）王钦若等编纂：《册府元龟》卷五百一《邦计部·钱币第三》，第5695页。
② （元）脱脱等：《金史》卷四十八《食货三》，第1070页。
③ 参阅（唐）李林甫等：《唐六典》卷十六《卫尉宗正寺》，第460—464页。
④ （宋）谢深甫等：《庆元条法事类》卷二十八《榷禁门一·铜鍮石铅锡铜矿》，戴建国点校，杨一凡、田涛主编：《中国珍稀法律典籍续编》，第402页。
⑤ （宋）谢深甫等：《庆元条法事类》卷二十九《榷禁门二·凿鈒宝货》，戴建国点校，杨一凡、田涛主编：《中国珍稀法律典籍续编》，第428页。
⑥ （后晋）刘昫等：《旧唐书》卷二十二《礼仪二》，第868页。
⑦ （后晋）刘昫等：《旧唐书》卷十七上《敬宗纪》，第516页。

销钱毁器，别有加添。①

与寺观相比，唐代官署常规用铜难以望其项背。因官方倡导，有唐一代佛事大盛，伽蓝林立，法脉远布。佛寺因铸造佛像、法器等，大量消耗铜材。铜材一旦铸成佛具，则极难销镕铸钱，重新回流，用于市场交易。而销钱铸像之举，其害尤甚。贞观年间，太宗敕禁民间购置佛像供养，"自今已后，工匠皆不得预造佛道形象卖鬻"。② 宝历元年八月二十一日《禁销铸见钱敕》规定："销铸见钱为佛像者，同盗铸钱论。"③ 同年十月，河南尹王起奏请两京据此敕重制科条奏闻。据《旧唐书·敬宗纪》，"十月庚子朔，河南尹王起奏：盗销钱为佛像者，请以盗铸钱论"。④

中国佛教历史上，有所谓"三武一宗法难"之说，其中，唐武宗、周世宗时期打击佛教势力的诸多举措之中，毁像铸钱一项颇可关注。《旧唐书·武宗纪》：

> （会昌五年七月）中书又奏：天下废寺，铜像、钟磬委盐铁使铸钱，其铁像委本州铸为农器，金、银、鍮石等像销付度支。衣冠士庶之家所有金、银、铜、铁之像，敕出后限一月纳官。如违，委盐铁使依禁铜法处分。其土、木、石等像合留寺内依旧。⑤

会昌法难之际销毁的佛像、法器等一度被铸成新币，号为"会昌开元钱"。据董逌《钱谱》："封寅（演）曰：武宗会昌五年，铸开元钱。时废天下佛寺，宰相李德裕请以废寺铜钟、佛像及僧瓶碗等物，命所在铸钱。扬州节度使李绅乃以所废寺品铸钱，背加昌字，以表年号。又有敕令，铸钱所各加本郡州号名，为背文"⑥，共计二十三品。伴随武宗暴殂、宣宗

---

① （宋）王钦若等编纂：《册府元龟》卷五百一《邦计部·钱币第三》，第5690页。
② （唐）释道宣：《广弘明集》卷二十八上《启福篇第八·断卖佛像敕》，《景印文渊阁四库全书》第1048册，第737页。
③ （宋）王溥：《唐会要》卷八十九《泉货》，第1936页。
④ （后晋）刘昫等：《旧唐书》卷十七上《敬宗纪》，第517页。
⑤ （后晋）刘昫等：《旧唐书》卷十八上《武宗纪》，第605页。
⑥ （宋）董逌：《钱谱》，（明）陶宗仪等编：《说郛》卷九十七下，上海古籍出版社1988年版，第4483页。

即位,"尽黜会昌之政,新钱以字可辨,复铸为像"①,销钱铸像问题终因官方政策调整发生重大逆转。

至后周之际,交易乏钱问题更加严峻,"民间多销钱为器皿及佛像,钱益少"。② 显德二年(955)"九月丙寅朔,诏禁天下铜器,始议立监铸钱"。③ 世宗毁佛,意志弥坚。《资治通鉴》载:"若朕身可以济民,亦非所惜也。"④ 以至于有文献将世宗销像铸钱与罹患痈症相联系,据王巩《随手杂录》:

> 柴世宗销天下铜像以为钱,真定像高大,不可施工,有司请免。既而北伐,命以炮击之。中佛乳,竟不能毁。未几,世宗痈发乳间而殂。⑤

销钱铸器乃商贾逐利之举,官府尚可依凭行政力量强制推行,加以抑制铜价、禁绝销铸,然收效甚微。与此同时,大规模销毁佛像镕铸铜钱,虽有整肃社会政治、经济秩序的充分理由,却与中古社会业已形成的民间信仰严重背离,对于解决唐五代时期货币流通问题作用不大。

第三节 恶钱

"恶钱"是关于民间盗铸劣币的专有称谓。"恶钱"一词,始见于《隋书·食货志》:"杂以锡钱,递相放效,钱遂轻薄,乃下恶钱之禁。"⑥

---

① (宋)欧阳修、宋祁:《新唐书》卷五十四《食货四》,第 1391 页。
② (宋)司马光:《资治通鉴》卷二百九十二"世宗显德二年九月",第 9529 页。
③ (宋)薛居正等:《旧五代史》卷一百十五《周书第六·世宗纪二》,第 1532 页。
④ (宋)司马光:《资治通鉴》卷二百九十二"世宗显德二年九月",第 9529—9530 页。
⑤ (宋)王巩:《随手杂录》,(宋)陶宗仪等编:《说郛》卷一百二十,第 2297 页。
⑥ (唐)魏徵等:《隋书》卷二十四《食货志》,第 692 页。目前关于唐代恶钱的主要研究成果有:章秉纯:《再析唐代私铸盛行和铜钱不足的问题》,《云南师范大学学报》2002 年第 2 期;闫晓君:《试论张家山汉简〈钱律〉》,《法律科学》2004 年第 1 期;唐金荣、赵靖:《透过法律看唐代恶钱之流通与作用》,《西南农业大学学报》2010 年第 6 期;王律友:《略论唐代"恶钱"与"禁恶钱"》,《内蒙古金融研究》2003 年 S4 期;张金国:《广州西湖路唐代铸币遗址的熔炼与铜料来源考》,《广州文博》2011 年第 1 期;胡月、陈懿人:《"开元初年恶钱问题小论"——以宋璟为相时期的"恶钱"整治行动为中心》,《黑龙江史志》2015 年 11 期。

第四章　钱法职能考

实质意义上之恶钱，晚至秦汉之际即已现端倪。查明官钱规格，是辨析优劣、遏制私铸、保障流通的基本前提。秦时已有关于铸币规格与记重之明确规定："秦钱半两，径一寸二分，重十二铢。"①《汉书·食货志》又曰，秦钱"文曰'半两'，重如其文"。②然而，官府铸币本身亦存在形制不一、质劣轻薄之弊，此与坊间盗铸实无本质差异。秦汉之际，因官钱减重和民间私铸双重刺激，通货规格与法定标准相去甚远。官府基于垄断货币铸造权和保障铜钱信用货币地位之综合考虑，在严惩民间盗铸的同时，确立"禁择行钱"的基本原则，一定程度上许可劣钱在市井通行。据秦《金布律》，"百姓市用钱，美恶杂之，勿敢异"。③相比之下，汉《钱律》规定则更为详赡："钱径十分寸八以上，虽缺铄，文章颇可智（知），而非殊折及铅钱也，皆为行钱。金不青赤者，为行金。敢择不取行钱、金者，罚金四两。"④汉代禁止制造、挟带非法钱币，"铸伪钱"、"私铸作钱"、"挟不行钱"等罪名屡见于出土简牍。居延汉简中亦可见宣帝时官府下令追缉盗铸钱币者的简文："元康元年十二月辛丑朔，壬寅……诏所名捕及铸伪钱盗亡未得者牛延寿、高建等廿四牒书到廋。"⑤《居延新简》："奸黠吏民作使宾客私铸作钱，薄小，不如法度"⑥，即以汉代官钱为参照标准，其意与贾谊所谓"法钱"⑦相类。

武德四年（621）七月，唐高祖以五铢钱"既渐讹滥，质贱价轻"⑧为由铸行"开元通宝"，中国古代币制进入"通宝钱"时代。与秦汉律法有别，《唐律》未在"私铸钱"条明示"开元通宝"具体规格，亦无保障官钱流通的相关规定。据《通典》记载，开元通宝"每十钱重一两，计

---

① （汉）司马迁：《史记》卷三十《平准书》，第1418页。
② （汉）班固撰：《汉书》卷二十四下《食货下》，第1152页。
③ 睡虎地秦墓竹简整理小组：《睡虎地秦墓竹简》，第35—36页。
④ 张家山汉墓二四七号汉墓竹简整理小组：《张家山汉墓竹简》（释文修订本），第35页。
⑤ 谢桂华等：《居延汉简释文合校》，文物出版社1989年版，第33页。
⑥ 李均明、刘军：《汉代屯戍遗简法律志》，刘海年、杨一凡主编：《中国珍稀法律典籍集成》甲编第2册，第219页。
⑦ （汉）班固撰：《汉书》卷二十四下《食货下》，第1154页。
⑧ （唐）许敬宗编：《日藏弘仁本文馆词林校证》，罗国威整理，中华书局2001年版，第360页。

103

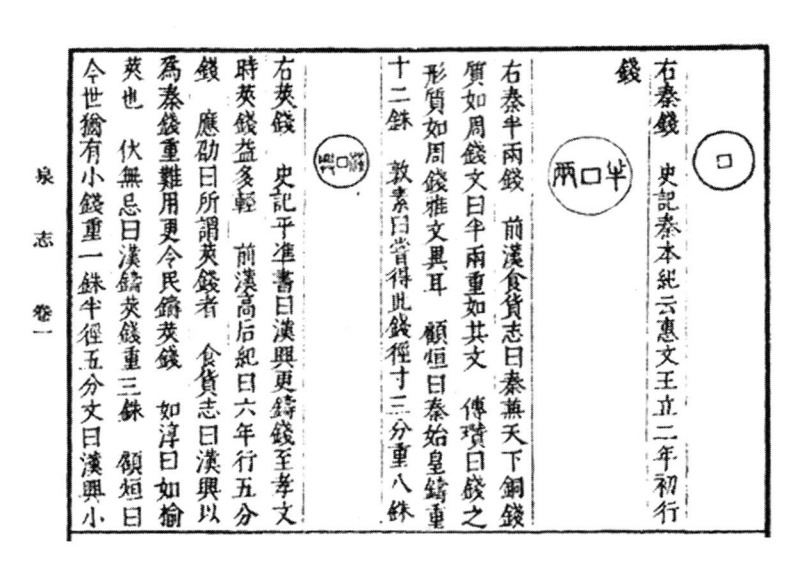

[图 4-1]

资料来源：（宋）洪遵：《泉志》卷一《正用品上》，王云五主编：《丛书集成初编》，商务印书馆1939年版。

一千重六斤四两，轻重大小，最为折衷，远近便之"。① 以上官钱标准既是司法实践中鉴别铸币优劣之基本参照，也是官府管理货币流通时"悬样勘验"的重要依据。

相对而言，"恶钱"具有体薄轻小、材质杂劣、铸工粗糙、文字漫漶等基本特征。唐代铸行"开元通宝"后不久，"盗铸渐起，而所在用钱滥恶"的问题即日趋严峻。直至唐亡，屡禁不绝。数百年间，恶钱名目繁杂、品式迭出，曾有铁锡、铜荡、穿穴、偏炉、棱钱、缺顿、沙涩、荡染、白强、黑强、鹅眼、绽环诸色。② 抑制私铸恶钱，是唐代前期货币政

---

① （唐）杜佑：《通典》卷九《食货九·钱币下》，第199页。齐涛指出："开元通宝这一钱制的改变，也有其社会意义：铜钱名曰'通宝'，它反映着人们对于货币作用进一步的认识，也反映货币地位在社会经济生活中的增强。因为，'通宝'即通流的宝货之意，一方面，作为商品交换的工具而通流不息；同时，以钱为'宝'，则反映着货币即财富这一观念的增强以及货币权力的扩大。"（齐涛：《中国古代经济史》，山东大学出版社1999年版，第397—398页）

② 延晶平结合出土唐钱指出，唐代小开元钱（直径2.15—2.19厘米，重量1.8—1.3克）、铅钱、含铁钱、夹锡钱等均属私铸钱范畴。〔延晶平：《唐朝的几种私铸钱》，《陕西金融·钱币专辑》（9），1988年7月，第36—37页〕

策的焦点。这一时期货币政策始终是针对如何禁止私铸恶钱、维护官钱信用来制定和实施的。① 唐代在借鉴历代经验的基础上，结合唐代社会生活实际状况，采取刑事、经济、行政等诸多举策，通过强制、干预货币制度和货币流通系统治理恶钱。

一、刑事举措

（一）盗铸刑责

与经济、行政措施相比，刑事制裁是更为严厉的惩治手段，并与"开元通宝"的发行、流通相伴始终。唐代确立了律、令、格、敕相互为用的立法格局，依据社会生活形势变化，因势利导，厘革损益。按照盗铸量刑标准，可将盗铸刑事责任分为四个阶段。

第一阶段，论死配没时期。唐初在继受秦汉以来"盗铸论死"之量刑传统的同时，又增家属连坐之罚。《太平御览》引《唐书》武德四年（621）七月癸酉诏："敢有盗铸者身死，家口配没。"② 盗铸论死，渊源已久。《钱律》规定："盗铸钱及佐者，弃市。"③ 汉律此款或承于秦制，且为后世所袭。文帝前元五年（前175）四月，《钱律》暂废。④ 景帝中元六年（前144）十二月，"定铸钱伪黄金弃市律"⑤，《钱律》复行于世。武帝时更铸三铢钱，"盗铸诸金钱罪皆死，而吏民之犯者不可胜数"。⑥ 王莽变乱币制，沿用论死之条。后以犯者日众，更为"私铸作泉布者，与妻子没为官奴婢"。⑦ 三国魏晋之际，承继汉律余绪，盗铸论死之制犹存。孙吴嘉禾五年（236）春，"设盗铸之科"。⑧ 北魏孝庄帝建义初，"重盗铸之禁，开纠赏之格"。⑨ 吴科、魏律之中盗铸罚则虽未详知，当距汉制未远。北周正式确立"盗铸断绞"处置原则，武帝建德五年（576）正月戊

---

① 参阅黄伟：《唐代货币政策初探》，《四川金融》1995年第11期。
② （宋）李昉等：《太平御览》卷八百三十六《资产部十六·钱下》，第3732页。
③ 张家山汉墓二四七号汉墓竹简整理小组：《张家山汉墓竹简》（释文修订本），第35页。
④ （汉）班固撰：《汉书》卷四《文帝纪》，第121页。
⑤ （汉）班固撰：《汉书》卷五《景帝纪》，第148页。
⑥ （汉）班固撰：《汉书》卷二十四下《食货下》，第1164页。
⑦ （汉）班固撰：《汉书》卷二十四下《食货下》，第1184页。
⑧ （晋）陈寿撰：《三国志》卷四十七《吴书二·吴主传》，（宋）裴松之注，第1140页。
⑨ （北齐）魏收：《魏书》卷一百一十《食货志》，第2865页。

申,"初令私铸钱者绞,其从者远配为民",① 对隋唐时期盗铸量刑产生直接影响。

第二阶段,徒流主导时期。《唐律疏议·杂律》"私铸钱"条是唐代调整盗铸犯罪的基本依据,该条系统涉及有关犯罪预备、私铸量刑、磨错取鋊等基本问题。首先,秦汉律法已对盗铸犯罪预备有所关注。《睡虎地秦墓竹简·封诊式》记同伍告发盗铸,"捕索其室而得此钱、容(鎔),来诣之"。② 汉《钱律》:"谋盗铸钱,颇有其器具未铸者,皆黥以为城旦舂。"③ 永徽四年(653)《唐律疏议》将私铸钱预备犯罪划分为"作具已备"与"作具未备"两类:作具已备,"谓铸钱作具,并已周备,而未铸者",徒二年;作具未备,"谓有所欠少,未堪铸钱者",杖一百。④ 其次,在盗铸量刑层面,《唐律》废止历代"盗铸论死"传统,规定:"诸私铸钱者,流三千里。"如前所述,秦汉以降,洎乎明清,历代基本坚守盗铸论死原则,而唐律此条,堪称轻典。⑤ 最后,《唐律》规定了"磨质取鋊"之量刑标准。质者,钱背也;鋊,铜屑也。⑥ 取鋊之禁,汉已有之。《汉书·食货下》:"奸或盗摩钱质而取鋊。"⑦ 武帝时,有司请郡国铸五铢钱,"周郭其质,令不可得摩取鋊"。⑧《唐律》规定:"辄有磨错成钱,令至薄小,而取其铜,以求利润者,徒一年。"⑨ 可见,磨钱求利,无论获利多寡,皆徒一年,取鋊数量与量刑轻重的关系尚未明确。"不定其少多致狱,孰究其高下?"⑩ 遭人诟病,合于情理。直至南宋,始定鈘销、剪凿、磨错钱取铜以求利者的刑罚标准:"一两杖一百,一斤加一等,八斤配本

---

① (唐)令狐德棻:《周书》卷六《武帝纪下》,中华书局1971年版,第94页。
② 睡虎地秦墓竹简整理小组:《睡虎地秦墓竹简》,第151页。
③ 张家山汉墓二四七号汉墓竹简整理小组:《张家山汉墓竹简》(释文修订本),第36页。
④ (唐)长孙无忌等:《唐律疏议》卷二十六《杂律》"私铸钱",刘俊文点校,第480页。
⑤ 除汉魏晋之际以外,南宋、明、清盗铸者皆断绞刑。《庆元条法事类》卷二十九《榷禁门二·私铸钱》:"杂敕:诸私铸钱者,绞,未成百,减一等。"《大明律》卷二十四《刑律·诈伪》:"凡私铸铜钱者,绞。匠人罪同,为从及知情买使者各减一等。"《大清律例》卷二十四《刑律·诈伪》:"凡私铸铜钱者,绞(监候)。匠人罪同。为从及知情买使者,各减一等。"
⑥ (汉)许慎撰:《说文解字》卷十四上《金部》,(清)段玉裁注,上海古籍出版社1981年版,第705页。
⑦ (汉)班固撰:《汉书》卷二十四下《食货下》,第1163—1164页。
⑧ (汉)班固撰:《汉书》卷二十四下《食货下》,第1165页。
⑨ (唐)长孙无忌等:《唐律疏议》卷二十六《杂律》"私铸钱",第480页。
⑩ (宋)李昉等:《文苑英华》卷五百四十六《钱帛王璧果门二十三道·钱帛·磨钱判》,第2786页。

城，十斤皆配五百里。"① 较之《唐律》，更胜一筹。

第三阶段，决杖论死时期。因民间盗铸猖獗，法禁不行，高宗以后，量刑日峻。永淳元年（682）五月，私铸者改断死刑，附加决杖一百："私铸钱造意人及勾合头首者，并处绞，仍先决杖一百。"② 此敕后厘定为《刑部格》，《宋刑统》援引准用。中宗神龙年间，私铸量刑在"永淳敕"的基础上又附加没收罪犯家产。《神龙散颁刑部格》："私铸钱人，勘当得实，先决杖一百，头首处尽，家资没官。"③ 由此，私铸钱罪成为谋反、逆、叛以外最重之罪，反映出唐代私铸钱类犯罪活动之猖獗及其造成危害之严重。④ 同时，因盗铸犯罪往往有多人参与，"永淳敕"与《神龙散颁刑部格》专门规定了盗铸共犯量刑标准，弥补《唐律》之阙漏，遂使盗铸量刑准则更为详备。"永淳敕"规定："从及居停主人加役流，各决杖六十。若家人共犯，坐其家长；老疾不坐者，则罪归其以次家长。"此与《唐律》"共犯罪者以造意为首"⑤ 精神基本契合。相比之下，《神龙散颁刑部格》关于盗铸共犯的量刑则更为详尽：

（私铸钱）从者配流。不得官当荫赎，有官者，乃除名。勾合头首及居停主人，虽不自铸，亦处尽，家资亦没官。若家人共犯罪，其家长资财并没；家长不知，坐其所由者一房资财。⑥

与"永淳敕"相比，《刑部格》的共犯责任有三点变化。其一，确立私铸犯罪不得官当、用荫赎免的刑法原则。其二，增设首谋者、居停主人财产责任。除私铸者家资没官外，首谋及居停主人即使未实施犯罪，仍须追没财产。其三，相对减轻家长责任。家人共犯中，按照家长知情与否，分别没收相关责任人财产若干，不得牵蔓罗织罪及房支。

第四阶段，销钱以盗铸论。千家驹认为："肃宗、代宗以后，藩镇各

---

① （宋）谢深甫等：《庆元条法事类》卷二十九《榷禁门二·钰凿钱宝》，戴建国点校，杨一凡、田涛主编：《中国珍稀法律典籍续编》，第427页。
② （唐）杜佑：《通典》卷九《食货九·钱币下》，第200页。
③ 唐耕耦、陆宏基编：《敦煌社会经济文书真迹释录》第2册，第565页。
④ 刘俊文：《唐律疏议笺解》，中华书局1996年版，第1782页。值得注意的是，自高宗、武后朝始，币值渐趋滥恶。神龙年间部分官员亦加入盗铸行列。
⑤ （唐）长孙无忌等：《唐律疏议》卷五《名例》"共犯罪造意为首"，第115页。
⑥ 唐耕耦、陆宏基编：《敦煌社会经济文书真迹释录》第2册，第565页。

自为政，民间私铸尤多，或者只用谷帛，恶钱更滥。此后，通货膨胀严重，对私铸和恶钱已无暇顾及，恶钱问题也就一直遗留下去。"① 此论断与唐代司法实践颇有出入。中唐以后，民间销钱铸器，通货紧缩，以致货重物轻，民不堪命。自开元中期，朝廷数次申严铜禁，"私销用私铸之例"② 屡见于诏敕，确立了"销钱以盗铸论"的量刑原则。贞元十年（794）六月《禁销钱敕》："如有销钱为铜，以盗铸钱罪论。"③ 宝历元年（825）八月敕："销铸见钱为佛像者，同盗铸钱论。"④ 同年十月，河南尹王起奏请，销铸见钱为佛像者，"令请犯者以盗铸钱论。制可"。⑤ 天成元年（926）八月乙巳，因销镕现钱，致铜器价贵，敕生、熟铜器论斤计价，"如违省价，买卖之人，依盗铸钱律文科断"。⑥ 唐宋以降，例分八字，"以"、"准"、"皆"、"各"、"其"、"及"、"即"、"若"谓之"律母"。关于"以"之用例，《读律佩觿》有如下解释："以者，非真犯也。非真犯，而情与真犯同，一如真犯之罪罪之，故曰以。"⑦ 上述"同"、"依"之意，皆与"以"相同。对于销钱为铜、销钱铸像、高价售铜等犯罪，皆比照"盗铸钱"条论断。

（二）流通刑责

在禁止民间盗铸的同时，朝廷多次发布诏敕，采取点检没纳、奖励纠举等措施打击流通领域持有、使用恶钱行为。显庆五年（660），官府博换市面恶钱，百姓嫌其价贱，"私自藏之，以候官禁之弛"⑧。长安末年，市井恶钱过剩，朝廷被迫下调通货标准，"非铁锡、铜荡、穿穴者，并许行用。其熟铜、排斗、沙涩、厚大者，皆不许简"。⑨ 排斗、沙涩等钱与官钱一并流通，此与秦、汉时"禁择行钱"之意完全相同。先天以后，恶钱流布更广。开元二十年（732），禁行"缺顿、沙涩、荡染、白强、

---

① 千家驹、郭彦岗：《中国货币史纲要》，上海人民出版社 1984 年版，第 53 页。
② （清）沈家本：《历代刑法考·律令四》"宝历增法"，邓经元、骈宇骞，第 950 页。
③ （宋）王溥：《唐会要》卷八十九《泉货》，第 1932 页。
④ （宋）王溥：《唐会要》卷八十九《泉货》，第 1936 页。
⑤ （宋）王钦若等编纂：《册府元龟》卷五百一《邦计部·钱币第三》，第 5691 页。
⑥ （宋）王溥：《五代会要》卷二十七《泉货》，第 434 页。
⑦ （清）王明德：《读律佩觿》，何勤华等点校，法律出版社 2001 年版，第 4 页。
⑧ （后晋）刘昫等：《旧唐书》卷四十八《食货上》，第 2095 页。
⑨ （唐）杜佑：《通典》卷九《食货九·钱币下》，第 200 页。

黑强之钱"。① "大历以前淄青、太原、魏博贸易杂用铅铁"②，恶钱之滥可见一端。至中晚唐，打击恶钱流通的努力仍在继续。元和二年（807）"夏四月甲子，禁铅锡钱"③，其中包含禁止锡铅钱铸造、流通之意。元和十四年（819）六月敕，若持有铅锡钱者，隶属诸军诸使"宜令京兆府枷项收禁，牒报本军本使府司，差人就军及看决二十"。④ 会昌六年（846）二月，停用旧钱，"公私行用，并取新钱，其旧钱权停三数年。如有违犯，同用铅锡恶钱例科断"⑤，惜事竟不行。

唐代限制恶钱流通的诸多举措，在五代十国时期被长期承用继受。同光二年（924）三月丙辰，因知唐州晏骈安奏请，庄宗发布《禁铅锡钱诏》，拣择、收缴市面通行恶钱：

> 宜令京城及诸道，于行市行使钱内点检，杂恶铅锡，并宜禁断。沿江州县，每有舟船到岸，严加觉察，若私载往来，并宜收纳。⑥

天成元年（926）十二月戊戌，复禁镴钱流通。据《册府元龟》载，"应中外所使铜钱内镴钱，即宜毁弃，不得辄更行使。如违，其所使钱，不限多少，并纳入官，仍科深罪。"⑦ 天成四年（929）四月庚子，再"禁铁镴钱"。⑧ 实践中，后唐镴钱禁令之推行颇为艰难，以致朝廷数次降诏，监控流通领域，重申恶钱之禁。同年九月《禁铁锡钱敕》："今后有人于钱陌内捉到一文至两文（铅铁钱），所使钱不计多少，并纳入官，所犯人准条流科罪。"⑨ 长兴二年（931）三月十八日敕："有无良之辈，所使钱内，夹带铁蜡钱，须议再行止绝。"⑩ 据洪遵《泉志》，后唐曾铸"天成元

---

① （宋）欧阳修、宋祁：《新唐书》卷五十四《食货四》，第1385页。
② （宋）司马光：《资治通鉴》卷二百四十二"穆宗长庆元年九月"，第7799页。
③ （后晋）刘昫等：《旧唐书》卷十四《宪宗纪上》，第421页。
④ （宋）王溥：《唐会要》卷八十九《泉货》，第1935页。
⑤ （宋）王溥：《唐会要》卷八十九《泉货》，第1938页。
⑥ （宋）王溥：《五代会要》卷二十七《泉货》，第434页。
⑦ （宋）王钦若等编纂：《册府元龟》卷五百一《邦计部·货币第三》，第5693页。
⑧ （宋）薛居正等：《旧五代史》卷四十《唐书第十六·明宗纪六》，第549页。
⑨ （宋）王溥：《五代会要》卷二十七《泉货》，第435页。
⑩ （宋）王钦若等编纂：《册府元龟》卷五百一《邦计部·货币第三》，第5694页。

宝"，"径九分，重三铢六絫"。① 以上敕令所禁，当即此钱。

（三）赏罚标准

"赏罚并行"是古代社会治理恶钱的重要策略之一。秦、汉律法已设定邻伍、乡官、长吏纠告盗铸之法定义务。《睡虎地秦墓竹简·封诊式》有某里士伍告发盗铸钱的事例："某里士五（伍）甲，乙缚诣男子丙、丁及新钱百一十钱，容（镕）二合。"② 汉《钱律》规定，辖内盗铸钱犯罪，同居、邻伍、长吏未尽告发义务，量刑有差："同居不告，赎耐。正典、田典、伍人不告，罚金四两。或颇告，皆相除。尉、尉史、乡部、官啬夫、士吏、部主者弗得，罚金四两。"③ 此外，《钱律》贯彻"厚赏重罚"理念，在设定邻伍里坊举告责任的同时，还对捕获盗铸者的奖励标准以及盗铸者自首、告发等作出具体规定。

唐代构建宗族、邻伍、里坊等层级联防机制，采取赏罚并行的策略，惩禁盗铸犯罪，抑制恶钱流通。永淳元年（682）五月《禁私铸钱敕》设定"邻保连坐"责任，并以杖、徒刑代替汉代罚金之制："其铸钱处，邻保配徒一年；里正、坊正、村正各决六十。"④ 邻保、里坊连带责任原不见于《唐律》，当是盗铸泛滥背景下创制的权宜之法。此后，《神龙散颁刑部格》又在上述格敕基础上，对"私铸钱"连带责任再作调整。针对辖区盗铸钱犯罪，《刑部格》规定的长吏责任明显加重，"其铸钱处，邻保处徒一年，里正、坊正各杖一百"。⑤

为有效打击盗铸犯罪，官府数次明示赏格，鼓励民间揭举。永淳元年创立涉案赃钱酬赏之制："若有纠告者，即以所铸钱毁破并铜物等赏纠人。"⑥《神龙散颁刑部格》将赏额提升至案犯家产："若有人纠告，应没家资，并赏纠人。"⑦ 元和初年，一度将酬赏比例提高至1∶100，借此刺激民间揭发："应有铅锡钱，并合纳官，如有人纠得一钱，赏百钱。"⑧ 因难于施行，大和三年（829）六月，中书门下奏请厘革："其所用铅锡钱，

---

① （宋）洪遵：《泉志》卷三《正用品下》"天成钱"，第21页。
② 睡虎地秦墓竹简整理小组：《睡虎地秦墓竹简》，第151页。
③ 张家山汉墓二四七号汉墓竹简整理小组：《张家山汉墓竹简》（释文修订本），第36页。
④ （唐）杜佑：《通典》卷九《食货九·钱币下》，第200页。
⑤ 唐耕耦、陆宏基编：《敦煌社会经济文书真迹释录》第2册，第565页。
⑥ （唐）杜佑：《通典》卷九《食货九·钱币下》，第200页。
⑦ 唐耕耦、陆宏基编：《敦煌社会经济文书真迹释录》第2册，第565页。
⑧ （宋）王溥：《唐会要》卷八十九《泉货》，第1936页。

仍纳官。其能纠告者，每贯赏五千文，不满一贯，准此例，累赏至于三百千，仍且取当处官钱给付。其所犯人罪不死者，征纳家资，充填赏钱。其元和四年闰三月敕，便望删去。可之。"① 上述高额奖励与纠举连坐相辅相成，成为唐代惩治盗铸犯罪法律架构之重要组成部分。

刑事法律规则是唐代恶钱治理规则体系的基础内容。永淳以降，法令日峻，"私铸钱"条适用范围扩大至销钱、铸像、售铜等领域，纠举连坐之法随之大行其道。安史乱后，受藩镇割据、税赋改革等客观因素影响，朝廷频繁发布的恶钱禁令在实践中难以有效贯彻。

二、经济举措

除刑事制裁以外，唐代官府又采取博换劣币、增发官钱、市易恶钱等多项经济措施，驱逐市井恶钱，维护经济秩序。但因盗铸获利丰厚，历次进行的经济调控多以失败告终。

（一）博换恶钱

收兑博换是唐代恶钱治理较早采用的经济措施。事与愿违的是，受制于"劣币驱逐良币"这一客观规律，唐代历次博换措施均以失败告终。显庆五年（660）九月，官府按照5∶1比例收兑恶钱："所在官私为市取，五文恶钱酬一好钱。"次年十月，被迫将兑换标准提升至2∶1，"又改以好钱一文，易恶钱二文"。② 因恶钱价贱，侵夺民利，百姓乃持藏恶钱，"以待禁弛"。③ 先天元年（712）九月，谏议大夫杨虚受以京中"铜锡乱杂，伪钱转多"，请官府博取恶钱"纳铸钱州，京城并以好钱为用"。④ 中书门下详议，以为扰政，事竟不行。开元八年（720）六月，官府抬帖估价，收兑恶钱。据《官收恶钱诏》，"百姓情愿出恶钱一千文，计秤满六斤，即官以好钱三百文博取。无好钱处，依时估折布绢杂物"。⑤ 此次博换比

---

① （宋）王溥：《唐会要》卷八十九《泉货》，第1937页。
② （唐）杜佑：《通典》卷九《食货九·钱币下》，第199页。
③ （宋）欧阳修、宋祁：《新唐书》卷五十四《食货四》，第1384页。
④ （宋）王钦若等编纂：《册府元龟》卷五百一《邦计部·钱币第三》，第5684页。
⑤ （宋）王钦若等编纂：《册府元龟》卷五百一《邦计部·钱币第三》，第5685页。喻明高、郭彦岗指出："玄宗时曾拿出官钱数十缗收兑恶钱，商贾反以为不便，表明对恶钱的需要。因此，盛唐虽有麻烦的恶钱问题，物价平稳，并未发生通货膨胀。"（喻明高、郭彦岗：《历代通货膨胀问题商榷》，《上海金融研究》1984年第5期）

例为 10∶3，较显庆五年收兑比值有所下降。其中，"千钱六斤"的计量标准与官钱"千文重六斤四两"①的规定较为接近。同时，允许乏钱州府依时估折布绢杂物抵偿所收恶钱，以确保此次博换的顺利推行。开元二十年（732），朝廷在重申官钱记重标准的同时，规定诸色流通恶钱，"首者，官为市之。铜一斤为钱八十"。②天宝年间，因好恶兼行，官府不许好钱加价回博，以致恶钱盈市，钱法大坏。《旧志》曰："富商奸人，渐收好钱，潜将往江淮之南，每钱货得私铸恶者五文，假托官钱，将入京私用。"③天宝十一载（752）二月庚午，官府复以官钱收兑市行恶钱，据《令所司收换恶钱敕》，"宜令所司即出钱三数十万贯，分于两市，百姓间应交易所用不堪久行用者，官为换取，仍限一月日内使尽"。④此次博换恶钱仍以失败告终，京城百姓久用恶钱，制下之后，颇相惊扰。朝廷又于"龙兴观南街开场，出左藏库内排斗钱，许市人博换。贫弱者又争次不得"。⑤后经杨国忠奏请，敕"钱非铁锡、铜沙、穿穴、古文，皆得用之"⑥，用钱标准竟回归至长安末年。

值得指出的是，民间擅自以恶钱博易好钱者，当处杖刑。《隋书·赵绰传》记时人在市以恶钱易好者，赵绰谏曰："此人坐当杖，杀之非法。"⑦又《庆元条法事类》载南宋惩治恶钱博换之罚则：

> 诸博易私钱以规利者，杖一百，一百文加一等，过徒三年，一贯加一等，十贯配本城，三犯徒邻州编管。即将私钱博易官钱者，加二等，罪止配临近钱监。⑧

可见，南宋针对擅自博换行为之罚则在继承《隋律》杖责的基础上，注意区分私易标的和博换数额，博易私钱或官钱规利者，起刑点分别为杖一百

---

① （宋）王溥：《唐会要》卷八十九《泉货》，第 1925 页。
② （宋）欧阳修、宋祁：《新唐书》卷五十四《食货四》，第 1385 页。
③ （后晋）刘昫等：《旧唐书》卷四十八《食货上》，第 2099 页。
④ （唐）杜佑：《通典》卷九《食货九·钱币下》，第 203 页。
⑤ （宋）王钦若等编纂：《册府元龟》卷五百一《邦计部·钱币第三》，第 5685 页。
⑥ （宋）欧阳修、宋祁：《新唐书》卷五十四《食货四》，第 1386 页。
⑦ （唐）魏徵等：《隋书》卷六十二《赵绰传》，第 1485—1486 页。
⑧ （宋）谢深甫：《庆元条法事类》卷二十九《权禁门二·私钱博易》，戴建国点校，杨一凡、田涛主编：《中国珍稀法律典籍续编》，第 423 页。

和徒一年半。比照隋、宋律法，唐代惩治民间博换行为之法则或与之相类。

除民间博换以外，官员贸易官钱的现象亦时有发生，元和九年（814）袁州刺史李将顺"坐以官钱贸易以求利，且擅兴工役"①，贬循州司户参军。

（二）增发官钱

铸行虚币，历代有之。或缘物重币轻，平抑物价；或因用度空虚，聚敛资财。因面额与实际价值悬殊，大钱虚币被认为是财政匮乏和币制混乱的表现。②乾封元年（666）五月庚寅诏："改铸乾封泉宝钱。"③ 与历代发行虚币大钱目的有所不同，遏制恶钱流布是此次铸行新币的直接动因。据《唐会要》，"乾封元年五月二十三日，盗铸转多，遂改铸新文，曰'乾封泉宝'，钱径寸，重二铢六分"。④"乾封泉宝"铸行中遵循两项原则。其一，新钱与旧钱并行，即"开元通宝"与"乾封泉宝"均为合法，一并流通。其二，设定新旧币兑换比。"一当十，俟期年尽废旧钱"⑤，意在引导市贸交易使用新币，借此逐步淘汰旧钱。事与愿违的是，此次旨在驱逐恶钱的币制改革，以迅速失败草草收场。《旧唐书·高宗纪下》载，乾封二年（667）春正月，"罢乾封钱，复行开元通宝钱"。⑥《用旧钱诏》对此次罢新复旧有如下记述：

> 泉布之兴，其来自久。实古今之要重，为公私之宝用。年月既深，伪滥斯起，所以采乾封之号，改铸新钱。静而思之，将为未可。高祖拨乱反正，爰创轨模。太宗立极承天，无所改作。今废旧造新，恐乖先旨。其开元通宝，宜依旧施行，为万代之法。乾封新铸之钱，令所司贮纳，更不须铸。仍令天下置炉之处，并铸开元通宝钱。⑦

此诏言"伪滥斯起，所以采乾封之号，改铸新钱"，可谓秉笔直书，真实反映了铸行新币的缘由。另一方面，又将复行旧币的原因归结为祖述旧

---

① （宋）王钦若等编纂：《册府元龟》卷七百《牧守部·贪黩》，第8089页。
② 汪圣铎：《中国钱帛史话》，中华书局1998年版，第89页。
③ （后晋）刘昫等：《旧唐书》卷五《高宗纪下》，第90页。
④ （宋）王溥：《唐会要》卷八十九《泉货》，第1927页。
⑤ （宋）司马光：《资治通鉴》卷二百一"高宗乾封元年正月庚寅"，第6347页。
⑥ （后晋）刘昫等：《旧唐书》卷五《高宗纪下》，第91页。
⑦ （后晋）刘昫等：《旧唐书》卷四十八《食货上》，第2095页。

制,实为曲笔回护。其实,铸兴新钱引发的通货膨胀[①]与物价上涨,才是迫使高宗复行旧币的根本原因。事与愿违的是,"自行乾封泉宝钱,各帛踊贵,商贾不行"。[②] 乾封二年(667)正月癸未,宣诏罢之。

汲取铸行新币之惨败教训,朝廷转以维护"开元通宝"法币地位,通过增加官钱铸造和投放数量淘汰劣币。开元六年(718)正月,因禁断恶钱,恐人间少钱行用,"听两京百官豫假俸钱"。[③] 当月,宰相宋璟、苏颋奏请出太府钱五万贯置南、北两市,"以平价买百姓不售之物可充官用者"。[④] 上述举措皆欲使好钱散行,缓解京畿恶钱滥行的问题。元和初年,河东道以"增炉鼓铸,沙汰锡钱"为主要内容的经济改革可谓成效显著。元和六年(811)三月,河东节度使王锷请于当管蔚州界加炉铸钱,以废锡钱。宪宗诏曰:"河东道自用锡钱已来,百姓不堪其弊。若蔚州鼓铸,渐致铜钱,则公私之间,皆得充用。宜委所司仔细计料量借钱本,积渐加至五炉。"[⑤] 嗣后,以蔚州刺史李听为使,每炉月铸钱三十万,河东锡钱皆废。[⑥] 元和七年(812)二月,中书侍郎李吉甫请于蔚州置飞狐钱坊,"救河东困竭之弊"[⑦],遂诏"蔚州铸钱,令度支量支钱三万贯充本"。[⑧]

(三)市易恶钱

实物市易是以官府掌控的米粟、布帛等物资交换百姓劣币。唐代曾多次投放官贮米粟、绢帛等,回笼市场流通恶钱。仪凤四年(679)四月,高宗"令东都出远年糙米及粟,就市粜,斗别纳恶钱百文。其恶钱令少

[①] 一个普遍较能接受的定义是:"通货膨胀"是商品和劳务的货币价格总水平明显持续上涨的过程。这个定义实际上强调了三层含义:(1)通货膨胀不是指个别商品价格的上涨,而是价格指数的上涨;(2)通货膨胀是价格指数的持续上涨的一个过程,短暂或复苏型价格上涨不能算是通货膨胀;(3)通货膨胀是价格指数明显上涨,轻微的价格指数上升不能算是通货膨胀。(宣文俊主编:《货币银行学》,北京大学出版社2008年版,第251页)
[②] (宋)司马光:《资治通鉴》卷二百一"高宗乾封二年正月癸未",第6351页。
[③] (宋)司马光:《资治通鉴》卷二一十二"玄宗开元六年正月辛酉",第6732页。
[④] (宋)司马光:《资治通鉴》卷二一十二"玄宗开元六年正月",第6732页。
[⑤] (宋)李昉等:《太平御览》卷八百三十六《资产部十六·钱下》,第3732页。
[⑥] (宋)欧阳修、宋祁:《新唐书》卷五十四《食货四》,第1389页。
[⑦] (唐)李吉甫撰:《元和郡县图志》卷十八《河东道五·蔚州》,贺次君点校,中华书局1983年版,第407页。
[⑧] (宋)王钦若等编纂:《册府元龟》卷五百一《邦计部·钱币第三》,第5690页。

府、司农相知，即令铸破。其厚重合斤两者，任将行用"。① 此次市易恶钱标准为：糙米或粟一斗，折纳恶钱百文，市易事宜由司农寺太仓署和少府监掌冶署执掌。此次市易恶钱对于增加通货数量发挥了积极作用，一时间好钱激增，以致钱贱物贵，"于是权停少府监铸钱，寻而复旧"②。开元七年（719）二月，朝廷发布《禁断恶钱诏》，再次采取粜米市易方式收纳恶钱："宜量出米十万石，令府县及太府寺选交易稳便处所分置，依时价粜与百姓，收取恶钱。"③ 此诏作为全面禁止恶钱流通的先行措施，由府县长吏和太府寺负责执行。所购恶钱，由少府监销毁镕铸。

特定条件下，布帛杂物也可市易恶钱。开元八年（720）六月，官收恶钱，允许"无好钱处，依时估折布绢杂物"。④ 天宝十一载（752）二月，玄宗命有司"出粟帛及库钱数十万缗于两市易恶钱"。⑤ 可见，以米粟、绢帛、杂物之属市易恶钱，往往是作为官钱博换之配套措施。

铸钱成本高昂，博换比例悬殊，市易物资乏用。唐代整理恶钱的经济对策难以奏效，究其原因，在于上述添铸、博换、市易等举措偏离市场经济客观规律，与唐代社会发展凿枘不合。

三、行政举措

（一）巡查检括

高宗初年，因荆、潭、衡、郴等州私铸过多，遂敕所部官人"严加禁断，所在追纳恶钱，一二年间使尽"。⑥ 然此敕在执行中几同具文，各地盗铸不息。长安末年，"江淮之南，盗铸者或就陂湖巨海深山之中，波涛险峻，人迹罕到，州县莫能禁约"，地方长吏巡查恶钱之职近于废弛。百余年间，盗铸不止。至天宝时期，"天下盗铸益起，广陵、丹阳、宣城尤甚"⑦。京师权豪以好钱私易江淮恶钱，通货卒恶，贻害无穷。

---

① （唐）杜佑：《通典》卷九《食货九·钱币下》，第199页。
② （后晋）刘昫等：《旧唐书》卷四十八《食货上》，第2096页。
③ （宋）王溥：《唐会要》卷八十九《泉货》，第1926—1927页。
④ （宋）王钦若等编纂：《册府元龟》卷五百一《邦计部·钱币第三》，第5685页。
⑤ （宋）司马光：《资治通鉴》卷二百一十六"玄宗天宝十一载二月庚午"，第6909—6910页。
⑥ （后晋）刘昫等：《旧唐书》卷四十八《食货上》，第2096页。
⑦ （宋）欧阳修、宋祁：《新唐书》卷五十四《食货四》，第1386页。

因恶钱泛滥，干扰市井，朝廷屡屡降诏巡检，具体举措如下：其一，官府收缴镕铸。开元六年（718）正月十八日，行二铢四絫已上旧钱，"更收人间恶钱，镕破复铸"。① 此次收缴镕铸严重侵害百姓利益，引发市场波动，物价暴涨，以致"四民扰骇，谷帛踊贵"②。闰七月，令恶钱破镕重铸，"有先铸不如法，总重毁炼"③。其二，诫励长吏巡查。开元四年（716）十一月，因东都用钱变动，"敕刘知柔、单思远稍自勖励，严加捉搦"④。开元六年二月又敕，若通货"真伪相杂，则官失其守"⑤，其中督促长吏巡查非违之意甚明。其三，责成御史检括。唐监察御史有监察诸道屯田、铸钱之责⑥，开元六年闰七月，因诸道铸钱滥恶，御史失察，玄宗敕其"且更提振，不即加罪"⑦。开元八年（720）正月，"以监察御史萧隐之充使括恶钱"⑧。五代十国之际，御史督查恶钱职责仍为国所重。清泰二年（935）十二月戊辰敕："御史台宜晓告中外，不得使用铅钱。"⑨ 其四，委派使臣监管。实践中，时有责成观察等使监督辖区恶钱之例。建中二年（781）八月，诸道盐铁使包佶以江淮市肆交易钱交下粗恶、铅锡铜荡不敷斤两、恶钱渐多为由，奏请"委本道观察使明立赏罚，切加禁断"⑩。大和五年（831）二月，盐铁使以湖南管内衡、道诸州百姓"依模监司钱样，竞铸'造到'脆恶奸钱，转将贱价博易，与好钱相和行用"⑪，文宗遣本道观察使条流禁绝。值得注意的是，收缴镕铸依托官府权威，往往采取无偿收缴方式强制推行，在严重侵害商贾、百姓利益的同时，对社会商品经济发展产生一定负面影响。

值得注意的是，以行政措施强势干预经济的激进措施往往会产生一系

---

① （宋）王溥：《唐会要》卷八十九《泉货》，第1926页。
② （唐）杜佑：《通典》卷九《食货九·钱币下》，第200页。
③ （宋）王钦若等编纂：《册府元龟》卷五百一《邦计部·钱币第三》，第5684页。
④ （宋）王钦若等编纂：《册府元龟》卷五百一《邦计部·钱币第三》，第5684页。
⑤ （唐）杜佑：《通典》卷九《食货九·钱币下》，第200页。
⑥ （唐）李林甫撰：《唐六典》卷十三《御史台·监察御史》，第382页。
⑦ （宋）王钦若等编纂：《册府元龟》卷五百一《邦计部·钱币第三》，第5684页。
⑧ （宋）司马光：《资治通鉴》卷二百一十二"玄宗开元八年七月"，第6739页。
⑨ （宋）王溥：《五代会要》卷二十七《泉货》，第435页。
⑩ （宋）王溥：《唐会要》卷八十九《泉货》，第1931页。
⑪ （宋）王溥：《唐会要》卷八十九《泉货》，第1937页。

列连锁反应，甚至可能对特定时期之政局架构与社会发展产生冲击。开元八年萧隐之收缴江淮恶钱，捕责甚峻，"上青钱皆输官，小恶者沉江湖"，百姓财币耗损，怨嗟盈路，此次巡查最终以民怨沸腾、御史贬官、宰辅罢相为代价尴尬收场。

（二）官市铅镴

唐代恶钱名目繁杂，其中以掺杂锡、镴、铅者最为常见。"铅，青金也。锡，一名鈏。在银铅之间，即今白镴也。"① 慧琳《一切经音义》对铅、锡、镴的差异有详尽解释：

> 铅、锡与白镴，三物各别，其实不一。锡色青黑，镴色最白，铅色黄白，所用不等，故《说文》云：铅，青金也。锡，银铅之间。足明别异也。②

锡在自然界分布较少，价格不菲，故不存在大量掺锡铸币的可能，实践中制造"白钱"的重要原料是铅锡合金——镴。文献中的此类劣币，有锡钱、镴钱、锡镴钱、锡铅钱、白钱、白铜钱等多种称谓。掺杂铅锡铸造劣币的做法由来已久，西汉武帝时，即有"郡国铸钱，民多奸铸"的记载。颜师古曰："谓巧铸之，杂铅锡。"③ 此处所谓铅锡，当以铅镴为是。《泉志》记隋五铢钱"用镴和铸，故钱色白"。④ 可见，严格控制铅镴开采、流通，是禁绝恶钱的必然选择。开皇五年（585）敕："出锡镴之处，并不得私有采取。"⑤ 唐仪凤中，濒江百姓多以私铸为业，故有锡镴持有限额："载铜、锡、镴过百斤者没官。"⑥ 关于铜、铅、镴等铸钱物资开采政策，开元初年，尚继承隋"禁民私采"传统。据开元七年（719）《杂令》，"诸州界内出铜矿处官未置场者，百姓不得私采。金、银、铅、镴、

---

① （汉）史游：《急就篇》卷三，（唐）颜师古注，第160页。
② （唐）释慧琳：《一切经音义》卷第十八《十轮经第三卷》"铅锡"，徐时仪校注：《一切经音义三种校本合刊》，上海古籍出版社2008年版，第816页。
③ （汉）班固：《汉书》卷二十四下《食货下》，第1169页。
④ （宋）洪遵：《泉志》卷二《正用品中》"白钱"，第15页。
⑤ （唐）魏徵等：《隋书》卷二十四《食货志》，第692页。
⑥ （宋）欧阳修、宋祁：《新唐书》卷五十四《食货四》，第1384页。

铁等亦如之"。① 但是，《唐六典》所记开元时期铜、镴管理措施却与《杂令》迥异。据《唐六典》，"凡州界内出铜、铁处，官未采者，听百姓私采。若铸得铜及白镴，官为市取；如欲折充课役，亦听之"。② 由此，官府在掌控矿藏优先开采权的同时，允许民间开采铜镴，官府以征税、收购等方式进行管理。那么，应如何认识《杂令》与《唐六典》的重大差异？发布于开元十七年（729）八月辛巳的《禁铸造铜器诏》提供了重要线索："所有采铜锡铅，官为市取，勿抑其价，务利于人。"③ 可见，开元年间，锡镴开采交易政策经历了"禁止私采"到"官府市取"的重大变革。又据天宝十三载（754）敕，"铅铜锡并不许私家买卖货易"④，此亦为官府推行铅锡市取政策的重要佐证。安史乱后，官府收购铅、铜的既定政策仍得以长期沿用。据元和二年（807）二月《条贯江淮铜铅敕》，"比者铅锡无禁，鼓铸有妨，其江淮诸州府收市铅铜等，先已令诸道知院官勾当"。⑤

（三）悬样勘验

悬样勘验是指官府在坊市宣示样钱，作为市易通货之标准。样钱又称呈样钱，以给钱监作样钱或母钱之用。⑥ 交易管理机关通过比对、称量、鉴定等方式，达到限制恶钱流通之目的。东魏武定六年（548），敕定五铢钱重如其文，百钱计重一斤四两二十铢。诸市门悬称以定轻重，"若入市之钱，重不五铢，或虽重五铢而多杂铅镴，并不听用"。⑦ 由此开坊市置钱勘验之先河，从而确立记重与材质并重的通货审查制度。隋开皇元年

---

① 天一阁博物馆、中国社会科学院历史研究所天圣令整理课题组：《天一阁藏明钞本天圣令校证附唐令复原研究》，第369页。
② （唐）李林甫等：《唐六典》卷三十"上州中州下州官吏士曹、司士参军"条注，第749页。
③ （唐）杜佑：《通典》卷九《食货九·钱币下》，第201页。刘玉峰指出："允许公私兼营的矿业政策是以政府优先经营矿业为前提的，即所谓官未采者，方听百姓私采。如此，量多质优的富矿必多为政府经营，或者经私人开采而发现的富矿也会被政府收归官营，通常的情况恐怕是私人只能经营零星矿或者贫矿。此其一。其二，私营矿业所铸得的铜、白镴等与铸币业相关的矿产，要由政府一手买断，买卖形式必是和市、和买，自然不会是公平交易，这是铸币业由政府垄断经营，不准私人染指的产物。此规定应以开元十七年八月玄宗所颁《申严铜禁制》为依据。"（刘玉峰：《唐代矿业政策初论》，《齐鲁学刊》2001年第2期）
④ （宋）王溥：《唐会要》卷五十九《尚书省诸司下·刑部员外郎》，第1216页。
⑤ （宋）王溥：《唐会要》卷八十九《泉货》，第1932页。
⑥ 张泽咸：《唐代工商业》，中国社会科学出版社1995年版，第46页。
⑦ （北齐）魏收：《魏书》卷一百一十《食货志》，第2866页。

(581)九月,行五铢钱,重如其文,千钱重四斤二两。《资治通鉴》曰:"悉禁古钱及私钱,置样于官,不如样者,没官销毁之。"① 为打击民间私铸,开皇三年(583)四月,诏诸关比照样钱勘察关外五铢,不合者捶碎镕铸:"诏四面诸关,各付百钱为样。从关外来,勘样相似,然后得过。样不同者,即坏以为铜,入官。"② 因民间私铸多杂以锡镴,文帝又诏"京师及诸州邸肆之上,皆令立榜,置样为准。不中样者,不入于市"。③

隋朝于关隘、坊市设置样钱的举措在一定程度上遏制了私铸劣钱的流布,并对唐代"开元通宝"流通制度产生直接影响。《唐律疏议》规定:"时用之钱,厚薄大小,并依官样。"④ 所谓"官样",即武德四年(621)确立"径八分,重二铢四絫,十文重一两,一千文重六斤四两"⑤的通货标准。武后长安年间,复令"悬样于市,令百姓依样用钱"。⑥

作为官钱镕铸、流通范例,官钱标准在唐代得到反复重申。高宗武后时期,兴兵内外,役费并起。永淳以后,给用益窘。同时,因铸币成本甚巨,添铸官钱投入明显不足。神龙年间,甚至出现朝廷命官加入盗铸行列的事例,太府卿纪处讷私铸钱,"奏京中许用恶钱,大长奸伪"。⑦ 伴随唐代社会经济发展,市场通货与商品比例严重失衡,以致私铸蜂起、恶钱盈市。因此,官府被迫在流通领域反复重申"官样"。武后长安年间,复令"悬样于市,令百姓依样用钱"。开元六年(718)竟一岁三敕,实属罕见。正月辛酉敕:"敛人间恶钱镕之,更铸如式钱。"⑧ 同年二月,以时用钱真伪相杂,诏"申明旧章,悬设诸样,欲其人安俗阜,禁止令行"。⑨ 闰七月《销毁恶钱诏》曰:"有先铸不如法,总重毁炼。并已纳太府者,

---

① (宋)司马光:《资治通鉴》卷一百七十五"高祖开皇元年九月",第5444页。
② (唐)魏徵等:《隋书》卷二十四《食货志》,第691页。
③ (唐)魏徵等:《隋书》卷二十四《食货志》,第692页。
④ (唐)长孙无忌等:《唐律疏议》卷二十六《杂律》"私铸钱",第480页。
⑤ (宋)王溥:《唐会要》卷八十九《泉货》,第1925页。
⑥ (唐)杜佑:《通典》卷九《食货九·钱币下》,第200页。
⑦ (宋)王钦若等编纂:《册府元龟》卷六百二十五《卿监部·贪冒》,第7234页。
⑧ (宋)司马光:《资治通鉴》卷二百一十二"玄宗开元六年正月辛酉",第6731—6732页。
⑨ (唐)杜佑:《通典》卷九《食货九·钱币下》,第200页。

并令拣择，不合样送所由重铸。"① 开元二十年（732）再次强调："千钱以重六斤四两为率，每钱重二铢四絫……铜一斤为钱八十。"② 此外，唐代地方铸币，依例亦须进呈样钱。天宝九载（750）十月，安禄山于管内上谷郡起五炉铸钱，"进钱样一千贯"。③ 乾元二年（759）九月戊辰，行重轮乾元钱。官钱新样初立，令于绛州诸炉，肃宗敕"各仰州县，明示钱样。切须捉搦，勿使违越"。④

唐代"样钱"条规对五代、两宋钱法产生深远影响。天福三年（938）十一月癸亥，许三京、邺都、诸道州府铸天福元宝，"委盐铁司铸样，颁下诸道。令每一钱重二铢四絫，十钱重一两"。⑤ 显然，"天福元宝"之规格、记重、铸造皆取法唐代典制。北宋大观元年（1107）五月十九日规定："其令监司相度，以官钱为样，垂之市肆，告谕民户。"⑥

唐代钱货法律渊源表现为律、令、格、敕并存之样态，其中又以诏敕占据绝对优势，甚至可权且称为"律敕"格局。⑦ 官府运用严惩盗铸、博换市易、规范流通、巡检勘验等措施抑制恶钱铸行、流布，构筑了因时制宜、张弛有度的货币法制体系，为唐代社会稳定与经济发展提供了较为坚实的法律保障。至中唐以后，钱荒日显，钱重物轻。国家因财用匮乏，遂在税赋、币制、榷禁等领域推出诸多改革措施。与之相适应，申严铜禁、惩治销钱、控制外流等逐渐成为钱法领域热议焦点⑧，恶钱治理规则在货币法制体系的位置日渐边缘。

唐代恶钱滥行难治，存在深刻的历史与现实因素。自秦汉始，官府垄断货币铸行权限，商品经济应有的铸币自发调节机制从根本上缺失。受到"惜铜爱工"、减重逐利观念驱使，历代官铸劣钱事例不绝如缕。官方劣

---

① （宋）王钦若等编纂：《册府元龟》卷五百一《邦计部·钱币第三》，第5684页。
② （宋）欧阳修、宋祁：《新唐书》卷五十四《食货四》，第1385页。
③ （唐）姚汝能：《安禄山事迹》卷上，曾贻芬点校，中华书局2006年版，第81页。
④ （宋）王钦若等编纂：《册府元龟》卷五百一《邦计部·钱币第三》，第5687页。
⑤ （宋）王钦若等编纂：《册府元龟》卷五百一《邦计部·货币第三》，第5694页。
⑥ （宋）佚名：《宋朝大诏令集》卷一百八十四《政事三十七·告谕民户投纳不依样钱御笔手诏》，《续修四库全书》第456册，上海古籍出版社2002年版，第590页。
⑦ 陈玺：《唐代钱法史料疏正》，霍存福主编：《法律文化论丛》第五辑，知识产权出版社2016年版，第57页。
⑧ 参阅石俊志：《中国铜钱法制史纲要》，中国金融出版社2015年版，第195页。

钱直接促使民间盗铸成风，诸色劣币得以混杂并行，难于剔除。终唐之世，恶钱痼疾始终无法在既有制度框架内得到有效解决。归根结底，封建国家理财机制的固有缺陷，乃是刺激唐代恶钱泛滥难治的根本原因。

第四节 虚币

一、唐前虚币

中国古代铸币有"重如其文"之说，意指货币的铭文、重量、币值三位一体。《玉海》载，汉五铢、唐开元钱"轻重得中"。[①] 隋初五铢，"重如其文，每钱一千，重四斤二两"。[②] 在记重钱时代，货币改制基本遵循两条路径：其一，铸行轻薄恶钱；其二，行用大钱虚币。虚币与恶钱往往交替互见，成为历代王朝干预经济、聚敛财富、抵御危机之重要举措。与此同时，虚币也时常存在减重发行、品式杂陈之弊。

一般认为，中国古代铸造虚币的历史可溯至周景王二十一年（前524）"更铸大钱"，明人邱濬认为"此后世论钱货子母相权之说所自出也"。[③] 但单穆公却认为，古者"量资币、权轻重"[④]以应灾戾的做法由来已久。此当指《管子》所记禹、汤铸币赈灾事，然其旨在于救济饥困，而非阜通财货。自景王更铸大钱，历代铸造大钱事例不绝如缕。武帝元鼎二年（前115），以郡国铸钱，民多奸铸，公卿请令京师铸钟官赤仄："一当五，赋官用非赤仄不得行。"[⑤] 王莽数次更易币值，其中多为虚币。三国魏晋之际，各国为增殖财用，多有铸行大钱之例。如蜀汉因军用不足，乃从西曹掾刘巴之议，铸"直百五铢"。1978 年，四川威远黄荆沟发掘出窖藏的蜀汉直百五铢 435 枚。按照背文不同，共分六种类型，最大直径

---

① （宋）王应麟：《玉海》卷一百八十《食货·钱币》，第 3310 页。
② （唐）魏徵等：《隋书》卷二十四《食货志》，第 691 页。
③ （明）丘濬：《钱法纂要》，商务印书馆 1939 年版（丛书集成初编），第 2 页。
④ 徐元诰撰：《国语集解·周语下第三》，王树民、沈长云点校，中华书局 2002 年版，第 105 页。
⑤ （汉）班固撰：《汉书》卷二十四下《食货下》，第 1169 页。

表 4-3 唐前虚币

朝代	钱泉名称		规格/直径	重量	发行/流通时间	资料来源
周	大钱		周景王铸大泉而有二品，后数变易，不复识本制。		周景王二十一年（前524）	《国语·周语下》
西汉	皮币	白鹿皮币（1:40万）	皮方尺，值四十万。王侯、宗室朝觐、聘享使用		元狩四年（前119）	《汉书》卷24下
	白金三品	龟币（1:300）	椭之，其文龟，值三百			
		马币（1:500）	以重养小，方之，其文马，值五百			
		龙币（1:3000）	圜之，其文龙，名"白撰"，值三千	八两		
	赤仄五铢（1:300）			五铢	元鼎二年至元鼎四年（前115—前113）	《汉书》卷24下
	四品并行	大钱五十（1:50）	一寸二分	十二铢	居摄二年（7），与五铢钱四品并行	
		契刀五百（1:500）	形如刀，长二寸			
		一刀直五千（1:5000）	以黄金错其文			
新	钱货六品	小钱直一（1:1）	六分	一铢	始建国二年（10），实行"宝货制"，作金、银、龟、贝、钱、布之品，凡宝货三物，六名，二十八品，皆与"宝货"换算	《汉书》卷24下
		幺钱一十（1:10）	七分	三铢		
		幼钱二十（1:20）	八分	五铢		
		中钱三十（1:30）	九分	七铢		
		壮钱四十（1:40）	一寸	九铢		
		大钱五十（1:50）	二寸二分	十二铢		
	龟宝四品	元龟（1:2160）	长尺二寸，直二千一百六十，为大贝十朋			
		公龟（1:500）	九寸，直五百，为壮贝十朋			
		侯龟（1:300）	七寸以上，直三百，为幺贝十朋			
		子龟（1:100）	五寸以上，直百，为小贝十朋			

续表

朝代	钱泉名称	规格/直径	重量	发行/流通时间	资料来源
新	贝货五品	大贝（1:216）	四寸八分以上,二枚为一朋,直二百一十六			《汉书》卷24下
		壮贝（1:50）	三寸六分以上,二枚为一朋,直五十			
		幺贝（1:30）	二寸四分以上,二枚为一朋,直三十			
		小贝（1:10）	寸二分以上,二枚为一朋,直十			
		贝（1:3）	不盈寸二分,漏度不得为朋,率枚直钱三			
	布货十品	小布一百（1:100）	长寸五分	十五铢		
		幺布二百（1:200）	长寸六分	十六铢		
		幼布三百（1:300）	长寸七分	十七铢		
		序布四百（1:400）	长寸八分	十八铢		
		差布五百（1:500）	长寸九分	十九铢		
		中布六百（1:600）	长二寸	二十铢		
		壮布七百（1:700）	长二寸一分	二十一铢		
		弟布八百（1:800）	长二寸二分	二十二铢		
		次布九百（1:900）	长二寸三分	二十三铢		
		大布黄千（1:1000）	二寸四分	一两		
	货布	货布（货布与货泉兑换比为1:25）货泉径一寸,重五铢	长二寸五分,广一寸,首长八分有奇,广八分,其圜好径二分半,足枝长八分,间广二分	二十五铢	天凤元年(14)	

续表

朝代	钱泉名称	规格/直径	重量	发行/流通时间	资料来源
蜀汉	直百五铢 (1:100)	九分	五铢	建安十九年(214)	《泉志》卷2
		七分	三铢八絫		
			五铢四絫（铁钱）		
		七分	四铢（直百）		
		今所收大小轻重不一，不尽如旧谱所言也			《钱通》卷5
孙吴	大泉五百 (1:500)	寸二分（旧谱）	十二铢（旧谱）	赤乌元年至九年 (238—246)	《泉志》卷2
		寸一分	四铢六絫		
	大泉当千 (1:1000)	寸四分（旧谱）	十六铢（旧谱）		
		大者十五分 小者寸三分	大者十二铢六絫 小者七铢二絫		
		元帝过江,用孙氏旧钱,轻重杂行,大者谓之比轮,中者谓之四文			《晋书》卷26
宋	当两五铢 (1:2)		八铢（旧谱）	元嘉二十四年(447)六月至二十五年(448)五月	《泉志》卷2
梁	两柱五铢 (1:10)①	九分（约）	四铢（约）	梁元帝初,一当十	《北史》卷90
	四柱五铢 (1:20/1:10)			敬帝太平二年(535)四月乙卯铸四柱钱,一准二十。壬辰,改四柱钱,一准十	《梁书》卷6

---

① 朱活认为"四柱五铢"钱径2.3厘米，重2.3克。（参阅朱活：《古泉》，《文物》1982年第3期）陈浩认为"二柱五铢"可能即梁元帝所铸"当十钱"，钱径2.2厘米，重2.1克。"四柱五铢"规格与朱活观点相同。（参阅陈浩：《萧梁泉探》，《浙江金融》1987年S1期）牛群生认为，"二柱五铢"即元帝"当十钱"，直径23毫米，重2.1克。（牛群生：《南朝萧梁五铢钱》，《西安钱币学会成立十周年纪念文集》2004年，第67页）按照1尺折算24.7厘米，"二柱五铢"折合0.93寸；1铢折合0.5729克，"二柱五铢"折合3.67铢。

· 124 ·

续表

朝代	钱泉名称	规格/直径	重 量	发行/流通时间	资料来源
陈	大货六铢（1:10）	一寸	六铢	静帝太建十一年（579）七月辛卯至太建十四年（582），后当一	《陈书》卷5《泉志》卷2
北周	布泉（1:5）	一寸（旧谱）		武帝保定元年（561）七月至建德五年（576）正月	《周书》卷5《泉志》卷2
	五行大布（1:50）	一寸（旧谱）小者径六分		武帝建德三年（574）六月至四年（575）秋七月	《周书》卷7《泉志》卷2
	永通万国（1:500）	寸三分（旧谱）	十二铢（旧谱）	静帝大象元年（579）十一月	《泉志》卷2
		寸二分半	八铢		
		七分（张台）			《隋书》卷24
		寸五分（李孝美）	十八铢		
		与五行大布及五铢凡三品并用			

注：所列一般为大钱与五铢兑换比，其中例外有二。（1）新莽时废除五铢，始建国元年规定"宝货"为基本货币，天凤元年规定"货泉"为基本货币。（2）北周"五行大布"与布泉兑换比为1:10，换算为五铢则1:50；"永通万国"与"五行大布"兑换比为1:10，换算为五铢则为1:500。

2.4—2.9厘米，平均重量9.8—3.2克不等。① 孙吴政权曾铸大钱——"大泉五百"、"大泉当千"。"钱既太贵，但有空名，人间患之。"② 赤乌九年（246）停铸大钱，由官府作价收回，"铸为器物，官勿复出也"。③ 南北朝之际，宋、梁、陈、北周皆有铸造大钱事例。刘宋文帝元嘉二十四年（447）六月，"以货贵，制大钱，一当两"。④ 萧梁敬帝太平二年（557）四月己卯，"铸四柱钱，一当二十"。⑤ 北周曾铸造"布泉"、"五

---

① 莫洪贵：《四川威远出土大量"直百五铢"钱》，《文物》1981年第12期。
② （唐）房玄龄等：《晋书》卷二十六《食货志》，第795页。
③ （晋）陈寿撰：《三国志》卷四十七《吴书二·吴主权》注引《江表传》，第1146页。
④ （梁）沈约：《宋书》卷五《文帝纪》，中华书局1974年版，第95页。
⑤ （唐）李延寿：《南史》卷八《梁本纪下》，中华书局1975年版，第250页。

行大布"、"永通万国"等大钱。

先唐虚币大钱的铸行，多以弥补财政亏空为目的，由此引发的币制改革均告失败。中国古代金属铸币时期，往往为恶钱滥行与虚币敛财两大痼疾所困扰，而上述问题在不同历史时期的地位与表征又有所差异。

二、唐代虚币

（一）铸行事迹

唐代铸行虚币事迹凡三，分别是"乾封泉宝"、"乾元重宝"和"连州大钱"。

其一，"乾封泉宝"。据《旧唐书·高宗纪下》，乾封元年（666）"五月庚寅，改铸乾封泉宝钱"。① 值得注意的是，官方宣称的铸造"乾封泉宝"的目的在于抑制恶钱。《唐会要》对此次铸钱动机、钱币规格有如下记载："乾封元年五月二十三日，盗铸转多，遂改铸新文，曰'乾封泉宝'，钱径寸，重二铢六分。"② "乾封泉宝"是中国"泉宝钱"之始，是唐代铸行大钱之初次尝试。

其二，"乾元重宝"。乾元元年（758）七月"丙戌，初铸新钱，文曰'乾元重宝'"。③ 关于"乾元重宝"规格，《新志》有"径一寸，每缗重十斤"④的记载。乾元二年（759）九月戊辰，复铸乾元重轮钱，即《行重轮钱敕》所言"绛州诸炉，加样起铸，更增新郭，不变旧文"。⑤《新志》言重轮乾元钱"径一寸二分，其文亦曰'乾元重宝'，背之外郭为重轮，每缗重十二斤"。⑥

其三，白铜大钱。建中四年（783）六月，判度支、侍郎赵赞以常赋不足用，"乃请采连州白铜铸大钱，以一当十，权其轻重"。⑦ 关于连州白

---

① （后晋）刘昫等：《旧唐书》卷五《高宗纪下》，第 90 页。
② （宋）王溥：《唐会要》卷八十九《泉货》，第 1927 页。
③ （后晋）刘昫等：《旧唐书》卷十《肃宗纪》，第 252—253 页。
④ （宋）欧阳修、宋祁：《新唐书》卷五十四《食货四》，第 1386 页。
⑤ （宋）王钦若等编纂：《册府元龟》卷五百一《邦计部·钱币第三》，第 5687 页。
⑥ （宋）欧阳修、宋祁：《新唐书》卷五十四《食货四》，第 1387 页。
⑦ （宋）王溥：《唐会要》卷八十九《泉货》，第 1931 页。

铜大钱具体规格,史籍阙载。① 安史之乱时,史思明曾铸行伪币二款——"得一元宝"与"顺天元宝",亦属于大钱范畴。据《新唐书·食货志》,"史思明据东都,亦铸'得一元宝'钱……既而恶'得一'非长祚之兆,改其文曰'顺天元宝'"。② 洪遵《泉志》引张台曰:"得壹顺天钱,思明并销洛阳佛铜所铸。"③

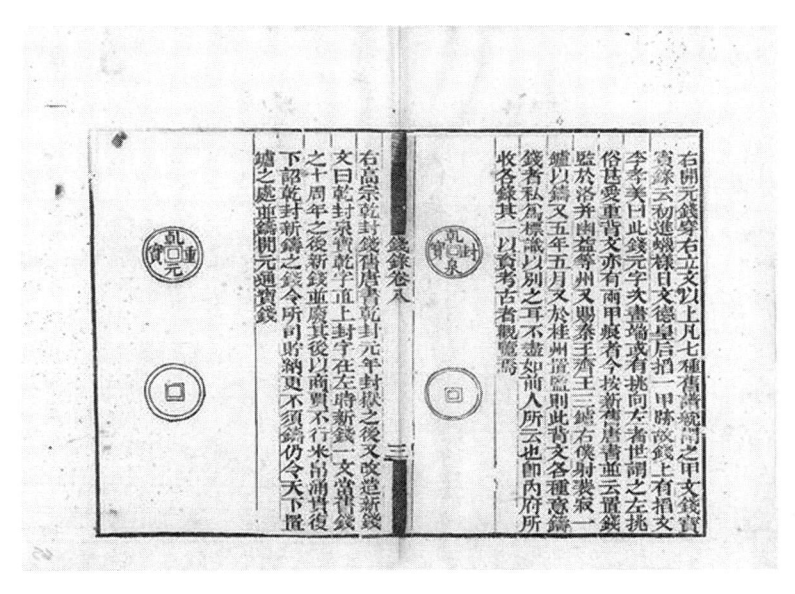

图 4-2

资料来源:(清)梁诗正、于敏中:《钦定钱录》,商务印书馆 1937 年版。

(二) 虚币比价

"唐代货币以铜为本位,铜货之中,则以'开元通宝'为主体。"④ 唐代三次铸行的虚币与"开元通宝"之间的兑换比值,诏敕中均有明确规

---

① 洪遵对白铜大钱规格有如下推测:"右开元大钱,径寸二分,重十二铢六参。余按此钱,铜质潭厚,字文明垣,质之史氏,无改铸大钱之文。以意推之,唐《食货志》云建中初,判度支赵赞采莲州白铜铸大钱,一当十,以权轻重。安知斯钱非当时所铸耶?"〔(宋)洪遵:《泉志》卷三《正用品下》"开元大钱",第 19 页〕
② (宋)欧阳修、宋祁:《新唐书》卷五十四《食货四》,第 1387 页。
③ (宋)洪遵:《泉志》卷四《伪品上》"得一钱"、"顺天钱",第 20—21 页。
④ 秦璋:《唐代货币之一考究》,《中国经济》1933 年第 1 卷第 2 期。

定。其中，乾封泉宝"仍与旧钱并行，新钱一文当旧钱之十"。① 乾元重宝与乾元重轮的比价相对复杂。乾元元年（758）秋七月，"初铸当十大钱，文曰'乾元重宝'"。② 乾元二年（759）九月增铸重轮钱，"与开元通宝钱并行，以一当五十"。③ 至此，开元通宝、乾元重宝、乾元重轮三品并行，物价暴涨，行市动荡。乾元二年十一月庚午，宰臣第五琦以变法非良贬忠州长史。④ 肃宗曾于乾元三年（760）十二月召集文武百官九品以上于尚书省讨论新钱流通问题。上元元年（760），先后两次发布诏敕，实行新钱减价流通。六月乙丑，敕京畿"开元钱与乾元小钱皆当十，其重轮钱当三十，诸州更俟进止"。⑤ 此次减价先在京畿试点进行，在降低重轮钱兑换比的同时，提高了开元通宝交易比。七月癸丑，推广重轮钱减价行使政策，"天下重棱钱皆当三十，如畿内"。⑥ 自铸造乾元钱以来，盗铸蜂起，公私不便。代宗继位后，继续调整新钱比价，宝应元年（762）五月辛卯敕："乾元重宝钱以一当二，重轮钱以一当三。"⑦ 三日以后，彻底废除新、旧钱比价，"敕乾元大小钱皆一当一，民始安之"。⑧ 新钱逐步退出流通领域，"人间无复有乾元、重棱二钱者，盖并铸为器物矣"。⑨ 建中四年（783），德宗兴兵讨伐淮西李希烈，诸道行营出其境者，粮料皆仰给度支，"诸军月费钱一百三十余万贯"。⑩ 是年六月，赵赞以常赋不足用，请采连州白铜铸大钱，"以一当十，权其轻重"。⑪ 除此以外，叛臣史思明所铸"得一元宝"与"顺天元宝"皆为当百钱，《资治通鉴》载："史思明亦铸顺天、得一钱，一当开元钱百。"⑫

（三）行用情况

上述三次币制改革，皆以失败告终。乾封二年（667）正月丁丑，

---

① （后晋）刘昫等：《旧唐书》卷四十八《食货上》，第 2095 页。
② （宋）司马光：《资治通鉴》卷二百二十"肃宗乾元元年七月丙戌"，第 7059 页。
③ （宋）欧阳修、宋祁：《新唐书》卷五十四《食货四》，第 1387 页。
④ （宋）司马光：《资治通鉴》卷二百二十一"肃宗乾元二年十一月庚午"，第 7089 页。
⑤ （宋）司马光：《资治通鉴》卷二百二十一"肃宗上元元年六月"，第 7092 页。
⑥ （宋）司马光：《资治通鉴》卷二百二十一"肃宗上元元年六月"，第 7095 页。
⑦ （宋）欧阳修、宋祁：《新唐书》卷五十四《食货四》，第 1387 页。
⑧ （宋）司马光：《资治通鉴》卷二百二十二"代宗宝应元年五月"，第 7126 页。
⑨ （唐）杜佑：《通典》卷九《食货九·钱币下》，第 203—204 页。
⑩ （宋）王钦若等编纂：《册府元龟》卷四百八十四《邦计部·经费》，第 5488 页。
⑪ （宋）王溥：《唐会要》卷八十九《泉货》，第 1931 页。
⑫ （宋）司马光：《资治通鉴》卷二百二十一"上元元年六月"，第 7092—7093 页。

"罢乾封钱，复行开元通宝钱"①，乾封泉宝行用时间不足一年。罢乾封泉宝钱，进一步确立了开元通宝不容置疑的本币地位。"其开元通宝，宜依旧施行，为万代之法"②，此诏一定程度上保证了唐代始终以开元通宝为钱币的基本形式。③ 乾元时期铸行乾元重宝、乾元重轮二钱，其后减价行使。宝应元年（762）五月，乾元重宝、乾元重轮与开元通宝同价流通。新旧钱并行制度宣告终结。上述两次币制改革，均引起货币贬值、物价上涨、商贾不通、私铸加剧等严重问题，铜本位金属铸币体制之先天缺陷至此暴露无遗。④ 自乾元元年（758）七月铸行乾元重宝钱，此次新钱行用时间不足四年。至于史籍记载建中四年（783）欲行大钱事，其实施状况

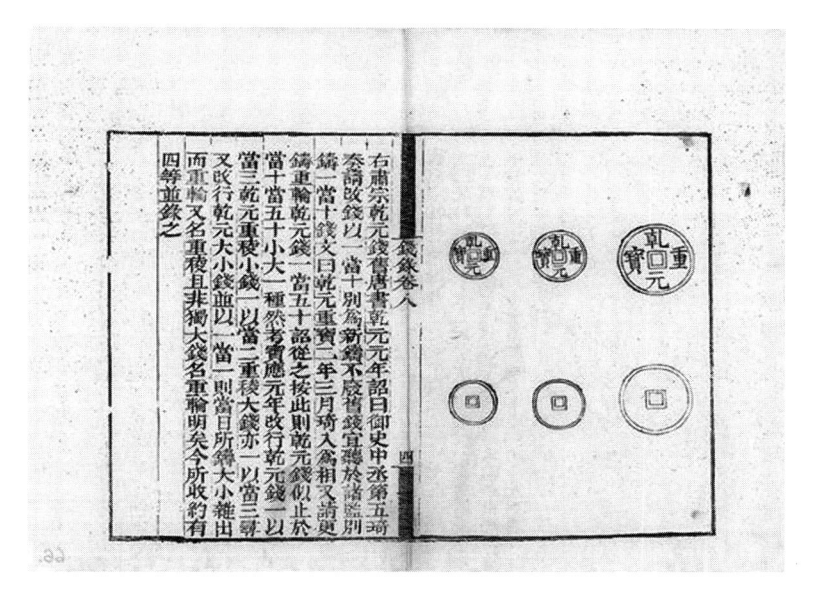

图 4-3

资料来源：（清）梁诗正、于敏中：《钦定钱录》，商务印书馆1937年版。

---

① （后晋）刘昫等：《旧唐书》卷五《高宗纪下》，第91页。
② （后晋）刘昫等：《旧唐书》卷四十八《食货上》，第2095页。
③ 叶世昌：《对唐代若干货币政策的思考》，《中国钱币》1992年第3期。
④ 杨心珉指出："在肃代之后，唐王朝对于使用货币制度调控经济的策略已持非常谨慎之态度，这一变化，对于此后钱重物轻局面的延续，恐怕也是有关联的。"（杨心珉：《唐代货币史若干问题研究》，博士学位论文，南京师范大学，2015年，第137页）

颇可怀疑。据《册府元龟》，"赞熟计之，自以为非便，皆寝不复请"。① 可见，赵赞后来主动撤回奏请，铸造大钱规划可能并未实际施行。促使朝廷铸行大钱的原因，往往在于采用匮乏，此于乾元、建中时尤为明显。铸行乾封泉宝的官方理由是驱逐恶钱，乾封二年（667）《用旧钱诏》云："比以伪滥斯起，所以采乾封之号，改铸新钱。"② 其实，军费开支、官府用度、水旱霜蝗等引发的财政匮乏，才是促成乾封泉宝铸行的根本原因。因"商贾不通，米帛增价，乃议却用旧钱"。③ 此外，为聚敛财富，史思明所铸"得一"、"顺天"当百钱，伴随唐室中兴，皆无所用焉。

表4-4 唐代虚币

钱泉名称	规格/直径	重量	发行/流通时间	资料来源
乾封泉宝（1∶10）	一寸	二铢六分	乾封元年（666）五月至乾封二年（667）正月	《通典》卷9
得一元宝（1∶100）	寸四分		上元元年（760）六月	《新唐书》卷54《清波杂志》卷7
	寸三分（旧谱）	十三铢（旧谱）十二铢六絫（洪遵）		《泉志》卷3
顺天元宝（1∶100）	寸五分（旧谱）	十五铢（旧谱）十三铢二絫（洪遵）	上元元年六月	《泉志》卷3《清波杂志》卷7
乾元重宝（1∶10）	径寸	每缗重十斤	乾元元年（758）七月	《新唐书》卷54
	径寸（旧谱）	五铢（旧谱）自寸二分至七分，相较一分，凡有六品（李孝美）		《泉志》卷3

---

① （宋）王钦若等编纂：《册府元龟》卷五百一《邦计部·钱币第三》，第5688页。
② （后晋）刘昫等：《旧唐书》卷四十八《食货上》，第2095页。
③ （后晋）刘昫等：《旧唐书》卷四十八《食货上》，第2095页。

续表

钱泉名称	规格/直径	重量	发行/流通时间	资料来源
重轮乾元 (1:50)	寸二分	每缗重十二斤	乾元二年(759)三月至上元元年六月	《新唐书》卷54 《资治通鉴》卷221
	二寸四分(旧谱)	重十二铢(旧谱)		
	此钱有两品,小者径寸,大者径寸五分(李孝美)	小者五铢,大者十四铢(李孝美)		《泉志》卷3
	新钱与乾元、开元通宝钱三品并行			《旧唐书》卷48
重轮乾元 (1:30) 开元通宝 (1:10) 乾元小钱 (1:10)	京中及畿县内依此处分,诸州待进止		上元元年六月乙丑	《旧唐书》卷48
	天下重棱钱皆当三十,如畿内		上元元年七月癸丑	《资治通鉴》卷221
重轮乾元 开元通宝 乾元小钱 (1:1)	集"开元"、"乾元重棱"钱,并宜准一文用,不须计以虚数		宝应元年(762)五月丙申	《唐会要》卷89
开元大钱 (白铜) (1:10)	寸二分(疑)	十二铢六絫(疑)		《泉志》卷3
	判度支、侍郎赵赞以常赋不足用,乃请采连州白铜铸大钱,以一当十,权其轻重			《唐会要》卷89 《新唐书》卷54

三、实钱与虚钱

肃宗乾元币值改革是催生虚钱、实钱的直接原因。据《旧志》,"缘人厌钱价不定,人间抬加价钱为虚钱"。[①] 上元元年(760)六月乙丑,敕定乾元重宝、乾元重轮减价行使,与开元通宝三品并行,虚钱由此产生。由于乾元重轮一当三十,乾元重宝、开元通宝皆一当十,民间盗铸蜂起,

---

[①] (后晋)刘昫等:《旧唐书》卷四十八《食货上》,第2100页。关于虚实钱与虚实估问题的研究成果,可参阅程剑波:《六十余年来大陆学者关于唐代虚、实钱与虚、实估问题的研究》(《青海师范大学学报》2014年第2期)的介绍。

· 131 ·

钱法益滥。因此,虚、实钱实质上是唐代中叶货币严重贬值在流通领域的直接反映,并由此催生虚实估制度。民间交易通行的虚实钱折算制度,在上元元年十二月二十九日《典贴虚实诏》中得到官方认同:

> 应典贴庄宅、店铺、田地、硙碾等,先为实钱典贴者,令还以"实钱"〔价〕赎。先以虚钱典贴者,令以虚钱赎。其余交关,并依前用"当十"钱。①

显然,诏敕规定的虚、实钱使用范围仅限于典贴不动产等大额支付领域,且可能主要针对乾元重棱钱而言。一般民间交易,仍使用开元通宝与乾元重宝,二者当时皆为当十钱。对此,《册府元龟》记为:"其余交关,并依前用给赏价钱。"②《新志》略为:"碾硙鬻受,得为实钱,虚钱交易皆用十当钱,由是钱有虚实之名。"③ 但是,此句语义、点断皆可商榷:硙碾仅是虚、实钱适用对象之一,还应包括庄宅、店铺、田地等;典贴是出典人将财产交付承典人适用收益,收取一定比例典价,并在约定期限内支付典价、赎回典物的行为。典卖因可回赎,故称"活卖"。杜子美《曲江》诗曰:"朝回日日典春衣,每日江头尽醉归。"④《国语·齐语》云:"市贱鬻贵。"韦昭注:"市,取也;鬻,卖也。"⑤ "鬻"泛指买卖,与"典卖"对应,此类买卖行为称作"绝卖"。《新志》过度略省,文意遽变,故本句似应断作"碾硙鬻受,得为实钱、虚钱,……"为宜。《典贴虚实诏》是对民间客观存在的虚、实钱交易的官方认可,"由是,钱有虚实之称"。⑥

宝应元年(762)五月丙申,"改乾元大小钱,并一当一"。⑦ 同时规定:"其私铸重棱大钱,不在行用之限。"⑧ 乾元重宝、乾元重棱钱逐渐退出流通领域。《通典》记载,废除乾元大钱后,"还用开元通宝钱。人间

---

① (宋)王溥:《唐会要》卷八十九《泉货》,第1928页。
② (宋)王钦若等编纂:《册府元龟》卷五百一《邦计部·钱币第三》,第5688页。
③ (宋)欧阳修、宋祁:《新唐书》卷五十四《食货四》,第1387页。
④ (唐)杜甫著,(清)仇兆鳌注:《杜诗详注》卷六《曲江二首》,中华书局1979年版,第447页。
⑤ 徐元诰撰:《国语集解》卷六《齐语》,第220页。
⑥ (宋)王溥:《唐会要》卷八十九《泉货》,第1928页。
⑦ (后晋)刘昫等:《旧唐书》卷十一《代宗纪》,第269页。
⑧ (后晋)刘昫等:《旧唐书》卷四十八《食货上》,第2101页。

第四章 钱法职能考

无复有乾元、重棱二钱者，盖并铸为器物矣。"① 但是，因大、小钱并行引发的虚、实钱制度，却在唐代社会生活中长期行用。其中，定赃、赋税、俸禄等财务领域，往往强调实钱折算。上元二年（761）正月二十八日，据刑部尚书卢正己奏，"自今已后，应定赃数宜约当时绢估，并准实钱"。② 大历五年（770）二月，放免今冬季夏税钱及青苗钱，"其所放钱及斛㪷，委户部以实钱支填"。③ 开成二年（837）十二月，武宁军节度使薛元赏奏请停绝泗口税场杂税，文宗诏许："委元赏当日榜示，其泗口税额，淮徐泗观察使今年前后两度奏状，内监共得钱一万八千五十五贯文，内十驿一万一千三百贯文。委户部每年以实钱逐近支付。"④ 元和十四年（819）十二月，判国子祭酒事郑余庆奏请在京见任文官一品以下、九品以上，及外使兼京正员官者，于月俸钱中每贯抽一十文以充国子监修造，"仍令户部每月据数并以实钱付国子监，其东都留司京官，亦准数率钱，便充东都国子监修理，制可"。⑤ 大和三年（829）四月，敕定安邑、解县两池榷课，"实钱一百万贯为定额"。⑥ 大和三年七月，诏沧、德二州州县官吏等每月俸禄"且以度支物充，仍半支省估匹段，半与实钱"。⑦

宪宗元和四年（809）二月，诸道盐铁转运使李巽奏江淮、河南、河内、兖、郓、岭南诸监院"元和三年㮴盐都收价钱七百二十七万八千一百六十贯，比量未改法已前，旧盐利总约时价四倍加抬，计成虚钱一千七百八十一万五千八百七贯"。⑧ 对于上述虚、实钱的构成及换算比例，《长庆元年正月南郊改元赦》提供了重要参考：

> 度支、盐铁、户部应纳茶税、兼籴盐价中、须纳见钱者，亦与时

---

① （唐）杜佑：《通典》卷九《食货九·钱币下》，第203—204页。李锦绣指出："虚实钱显然与一当十、三十的乾元钱没有关系。因此，只用正史食货志的一当十、三十的乾元钱来解释唐后期的全部虚实钱问题，是不可能的。"（参阅李锦绣：《唐后期的虚钱、实钱问题》，《北京大学学报》1989年第2期）
② （宋）王溥：《唐会要》卷四十《定赃估》，第851页。
③ （宋）宋敏求：《唐大诏令集》卷一百三十《蕃夷·平乱·平党项德音》，第710页。
④ （宋）王溥：《唐会要》卷八十四《杂税》，第1832—1833页。
⑤ （宋）王钦若等编纂：《册府元龟》卷六百四《学校部·奏议第三》，第6968页。
⑥ （后晋）刘昫等：《旧唐书》卷四十八《食货上》，第2110页。
⑦ （宋）王钦若等编纂：《册府元龟》卷五五七《邦计部·俸禄第三》，第5771页。
⑧ （宋）王钦若等编纂：《册府元龟》卷四百九十三《邦计部·山泽》，第5592—5593页。

估匹段及斛斗,如情愿纳见钱,亦任稳便,永为常式。①

可见,籴盐收入除现钱外,亦包括绢、谷等实物,收入实钱应为现钱与绢谷时估折价之和;时估四倍抬价,与现钱之和,即为虚钱数。经折算,元和三年(808)榷盐实钱中绢谷时估约351万贯,虚估(时估4倍抬价)约1404万贯,现钱则约为377万贯,榷盐所得绢谷时估与现钱比例约为1:1。元和七年(812)四月,盐铁转运使、刑部侍郎王播奏:"元和六年籴(榷)盐除峡内盐井外,计收盐价钱六百八十五万九千二百贯。比量未改法已前旧盐利,总约时价四倍加抬,计成虚钱一千七百一十二万七千一百贯,改法实估也。"② 元和六年(811)绢谷时估约为342万贯,按照"四倍加抬"折算,虚估(时估4倍抬价)约1368万贯,现钱则约为344万贯;榷盐所得绢谷与现钱比例约为1:1。元和六年四月,诸道盐铁转运使王播奏:"江淮河岭已南、兖郓等盐院,元和五年(810)都收卖盐价钱六百九十八万五千五百贯。校量未改法已前四倍抬估,虚钱一千七百四十六万三千七百贯。"③ 经折算,元和五年绢谷时估约为349万贯,虚估(按时估4倍抬价)约1396万贯,现钱则约为350万贯。钱、物实估比为1:1。元和七年,"计收盐钱六百七十八万四千四百贯,比未改法已前,旧盐利总约时价四倍加抬,计成虚钱一千二百一十七万九十贯"。经折算,元和七年绢谷时估约为180万贯,虚估(按时估4倍抬价)总价约720万贯,现钱则约为497万贯。钱、物时估比约3:1。总之,由虚、实钱衍生出的虚、实估制度在唐代中后期成为经济生活中长期存在的独特经济现象,并对榷禁、税赋制度产生深远影响。

第五节　私贮

"私贮",是关于古代私人持有货币过限的金融法律问题。资财积聚现象可谓自古有之,西汉元帝时贡禹曾言,自五铢钱起铸七十余年,"富

---

① (宋)宋敏求:《唐大诏令集》卷七十《典礼·南郊四·长庆元年正月南郊改元赦》,第392页。
② (宋)王钦若等编纂:《册府元龟》卷四百九十三《邦计部·山泽》,第5593页。
③ (后晋)刘昫等:《旧唐书》卷十四《宪宗纪上》,第435页。

人积钱满室，犹亡厌足"①。在漫长的历史时期，民间持有货币数量相当惊人，"藏镪巨万"、"赀财巨亿"等成为私室富藏之写照。《西京杂记》云，"茂陵富人袁广汉，藏镪巨万"②；东汉樊宏善营产业，"赀至巨万，而赈赡宗族，恩加乡闾"。③《魏书》记张僧皓"好营产业，孜孜不已，藏镪巨万"。④《隋书》有韦艺"大治产业，与北夷贸易，家资巨万"⑤的记载。除经营、继承等因素以外，官僚贵族合法获得之俸禄、赏赐等也是巨额资产的重要来源。东汉窦固"赏赐租禄，赀累巨亿"。⑥ 太和元年（227）四月，魏明帝舅氏"叙用各有差，赏赐累巨万"。⑦ 北周孝闵帝践阼，太师李弼"邑万户，前后赏赐累巨"。⑧ 天宝十三载（754）正月己亥，"安庆绪献俘于行在，帝引见于禁中，赏赐巨万"。⑨ 需要明确的是，本节讨论的"私贮"限定于私人合法持有货币领域，租赋、进奉、用度、官藏等所涉钱款不在讨论之列。

一、私贮之风尚

私贮藏镪，秘不示人。但征诸笔记、传奇、稗乘、杂著等，仍可窥见唐代市井民间私贮之盛。《开元天宝遗事》载，都中巨豪王元宝"以铜线穿钱甃于后园花径中，贵其泥雨不滑也"。⑩《剧谈录》记，京城光德坊豪士潘鹊䃘"迁贸数年，藏镪巨万，遂均陶、郑"。⑪《唐阙史》中有，秦川

---

① 关于唐代私贮的研究有彭信威：《中国货币史》，上海人民出版社1958年版；傅筑夫：《中国封建社会经济史》第四卷，人民出版社1986年版；千家驹、郭彦刚：《中国货币史纲要》，上海人民出版社1984年版；张靖人：《货币的储藏与唐宋钱荒》，《河南财政税务高等专科学校学报》2006年第1期。
（汉）班固撰：《汉书》卷七十二《贡禹传》，第3075页。
② （晋）葛洪辑：《西京杂记》卷三"袁广汉园亭之侈"，中华书局1985年版（古小说丛刊），第18页。
③ （宋）范晔撰：《后汉书》卷三十二《樊宏传》，第1119页。
④ （北齐）魏收：《魏书》卷七十六《张烈传》，第1687页。
⑤ （唐）魏徵等：《隋书》卷四十七《韦世康弟艺传》，第1269页。
⑥ （宋）范晔撰：《后汉书》卷二十三《窦融传》，第811页。
⑦ （晋）陈寿撰：《三国志》卷五《魏书·后妃传·文昭甄皇后传》，第162页。
⑧ （唐）令狐德棻：《周书》卷十五《李弼传》，中华书局1971年版，第241页。
⑨ （后晋）刘昫等：《旧唐书》卷九《玄宗纪下》，第227页。
⑩ （五代）王仁裕撰：《开元天宝遗事》卷下"富窟"，曾贻芬点校，中华书局2006年版，第37页。
⑪ （唐）康骈：《剧谈录》卷上"潘将军失珠"，萧逸校点，《唐五代笔记小说大观》，上海古籍出版社2000年版，第1464页。

富室某少年颇善经营,"岁获美利,藏镪巨万"。①《酉阳杂俎》说,永贞年东市百姓王布"知书,藏镪千万,商旅多宾之"。②《传奇》记载,贞元中,任翁"藏镪巨万"。③《金华子》说,进士陆翱及第累年,无人召,"一游东诸侯,获镪仅百万而已"。④又《玉堂闲话》:"唐营丘有豪民姓陈,藏镪巨万。染大风疾,众目之为陈癞子。"⑤《成都记》中唐末成都李氏,"夫妻孤老无子,藏镪十万"。⑥上述资料虽属巷议琐语,虚实参差,却可视作对民间私贮富足的生动描摹。

唐代史料中除俸禄、账簿、计赃等特定情况数据翔实外,民间私家持有货币数额无法详知,且受盈亏、收支、用度等因素影响,私贮数额时常处于变动之中。民间私贮,唐世犹言"藏镪",《白氏六帖事类集》释作"巨万累百"⑦,颜师古又曰:"钜,大也。大万,谓万万也。累者兼数,非止一也,言其赀财积累万万也"⑧,极言赀货之夥。白居易诗云客商"藏镪百千万,沉舟十二三"⑨,此于唐世,绝非个案。

除官僚富民以外,佛寺道观是积聚财富的又一重要场所。《尚书故实》记睿宗延和元年(712)圣善寺佛殿僧惠范"以罪没入其财,得一千三百万贯"⑩,可见沙门聚敛之盛。开元九年(721)四月壬寅,玄宗曾敕

---

① (唐)高彦休撰:《唐阙史》卷上"秦中子得先人书",阳羡生校点,《唐五代笔记小说大观》,第1342页。
② (唐)段成式撰:《酉阳杂俎》卷一《天咫》,方南生点校,中华书局1981年版,第10页。
③ (宋)李昉等:《太平广记》卷三十四"崔炜"引《传奇》,中华书局1961年版,第216页。
④ (五代)刘崇远撰:《金华子》卷上,阳羡生校点,《唐五代笔记小说大观》,第1751页。
⑤ (宋)李昉等:《太平广记》卷二百五十七《嘲诮五》"陈癞子"引《玉堂闲话》,第2006页。
⑥ (宋)不著撰人:《分门古今类事》卷四《异兆门中》"李什名巷"引《成都记》,《景印文渊阁四库全书》第1047册,第33页。
⑦ (唐)白居易:《白氏六帖事类集》卷二《钱六十一》,文物出版社1987年版(影印傅增湘藏宋刻本)。
⑧ (汉)班固撰:《汉书》二十四上《食货志》,第1126页。
⑨ (唐)白居易撰:《白居易集笺校》卷二十七《律诗·不如来饮酒七首》,朱金城笺校,第1900页。
⑩ (唐)李绰撰:《尚书故实》萧逸校点,《唐五代笔记小说大观》,第1159页。《旧唐书》:"有胡僧惠范,家富于财宝,善事权贵,公主与之私,奏为圣善寺主,加三品,封公,殖货流于江剑。"〔(后晋)刘昫等:《旧唐书》卷一百八十三《外戚·太平公主传》,第4739页。〕延和二年七月甲子,太平公主与仆射窦怀贞等谋逆。"事觉,皇帝率兵诛之。穷其党与,太子少保薛稷、左散骑常侍贾膺福、右羽林将军李慈李钦、中书舍人李猷、中书令崔湜、尚书左丞卢藏用、太史令傅孝忠、僧惠范等皆诛之。"〔(后晋)刘昫等:《旧唐书》卷七《睿宗纪》,第161—162页〕李绰《尚书故实》所记僧惠范赃贿,当即此事。

第四章 钱法职能考

有司清查、监管化度、福先等寺布施钱款：

> 内典幽微，惟宗一相。大乘妙理，宁启二门。闻化度寺及福先寺三阶僧创无尽藏，每年正月四日，天下士女施钱，名为护法。称济贫弱，多肆奸欺。事非真正，即宜禁断。其藏钱，付御史台、京兆、河南府勾会知数，明为文簿，待后处分。①

民间持有一定数量货币，本属社会经济生活之必然。然古代社会宏观金融调剂手段相对有限，官府铸币投入与市场需求间时常有巨大差距。除盗铸恶钱、销钱逐利、税赋征纳等因素以外，巨额私贮成为造成通货紧缩、钱重物轻的另一重要因素。

作为古代社会掌控财富的基本手段之一，民间私贮可谓积久成习。初唐之际，其风尚炽。长安三年（703）二月，有司表请税关市，凤阁舍人崔融《请不税关市疏》即有"悍壮之夫，居则藏镪"②之说。景云初年，监察御史韩琬上言："往家藏镪积粟相夸，今匿赀示羸以相尚。"③ 上述论断足以证明，私贮货币是初唐百姓理财之常态，亦为民间富足之彰显。晚至五代，作为相沿已久之理财传统，私贮之风仍盛行不衰。《蜀梼杌》记后蜀广政中太子太傅王处回家道殷实，"积镪比内藏三之二"。④《麈史》云郑建中五季时徙家安陆，"赀镪巨万，城中居人多舍客也"。⑤

二、钱荒与私贮

伴随唐代经济发展，流通领域对货币之增量需求不断提高。商品与通货比例失衡，出现民间乏钱之"钱荒"现象。唐代钱荒成因较为复杂，其中，官方铸币匮乏是造成通货短缺、钱重物轻以及民间私贮的根本原

---

① （宋）王钦若等编纂：《册府元龟》卷一百五十九《帝王部·革弊》，第1774页。
② （宋）李昉等：《文苑英华》卷六百九十七《请不税关市疏》，第3599页。
③ （宋）欧阳修、宋祁：《新唐书》卷一百十二《韩思彦子琬传》，第4166页。
④ （宋）张唐英撰：《蜀梼杌》卷下，冉旭校点，傅璇琮等主编：《五代史书汇编》丙编《十国史》，杭州出版社2004年版，第6095页。
⑤ （宋）王得臣：《麈史》卷下《鉴戒》，朱易安、傅璇琮等主编：《全宋笔记》第一编第10册，大象出版社2008年版，第72页。

· 137 ·

因。受开采数额、冶炼技术、铸币成本等客观因素制约，唐代官方通货投入数量持续不足。

> 天宝中，诸州凡置九十九炉铸钱。绛州三十炉，扬、润、宣、鄂、蔚各十炉，益、邓、郴各五炉，洋州三炉，定州一炉。约每炉役丁匠三十人，每年除六月七月停作，余十月作十番。每铸约用铜二万一千二百一十斤，白镴三千七百九斤，黑锡五百四十斤。约每贯钱用铜镴锡价约七百五十文，丁匠在外。每炉计铸钱三千三百贯，约一岁计铸钱三十二万七千余贯文。①

天宝年间，诸州置九十九炉铸钱，每炉计铸钱三千三百贯，年铸钱量约三十二万七千余贯。中晚唐之际，官府开发铜冶，添置钱炉，各地钱监铸钱数量有明显增长。以桂阳监为例，元和二年（807）"置桂阳监，铸平阳铜山为钱"。② 元和三年（808）五月盐铁使李巽请于郴州旧桂阳监置炉两所，"采铜铸钱，每日约二十贯，计一年铸成七千贯，有益于民。从之。"③ 此当为新增钱炉铸钱数额。《元和郡县志》记，"桂阳监在（郴州）城内，每年铸钱五万贯"④，此当为元和年间桂阳监年铸钱总数，约为天宝时期单炉铸钱数十五倍有余。又如饶州鄱阳郡永平监，元和年间"每岁铸钱七千贯"⑤，较天宝时期单炉铸钱数翻番。

高昂成本是制约官铸增长的根本原因。⑥ 开元二十二年（734）三月《议放私铸钱敕》明言："顷虽官铸，所入无几；约工计本，劳费又多。

---

① （唐）杜佑：《通典》卷九《食货九·钱币下》，第204页。
② （宋）王溥：《唐会要》卷八十七《转运盐铁总叙》，第1887页。
③ （宋）王溥：《唐会要》卷八十九《泉货》，第1932页。
④ （唐）李吉甫：《元和郡县图志》卷二十九《江南道五·郴州》，贺次君点校，中华书局1983年版，第707页。
⑤ （唐）李吉甫：《元和郡县图志》卷二十八《江南道四·饶州》，第671页。
⑥ 徐东升就铸钱成本（铸钱原料和人工费用）对铸钱量的影响进行了深入考察，认为："构成唐代铸钱成本主体的铸钱原料和人工费用呈现出升高的趋势，整个铸钱成本自然也会升高。虽然赢利不是铸钱的唯一目的，但当铸钱成本超过所得，铸钱越多赔本越多的时候，铸钱量自然受到影响。"同时，铸钱成本对于钱监设置也有直接影响，"唐代铸钱所在地附近必然产铜。这样做的目的是为了降低成本，显然，铸钱成本对钱监的分布起了决定性的作用。"（徐东升：《唐代铸钱散论》，《中国经济史研究》2007年第2期）

公私之间，给用不赡。"① 铸钱一千文，需材料成本七百五十文，另需"役丁匠三十"②，工费开支尚需另计。由此，官府铸币几无利可图。同时，受矿冶自然分布地理条件所限，中国铜冶钱监多置于秦岭、淮河以南，高昂运费成为抬升铸币成本的又一负面因素。中唐之际，甚至出现本倍于利的尴尬局面。建中元年（780）九月，户部侍郎韩洄奏："江淮钱监，岁共铸钱四万五千贯，输于京师。度工用转送之费，每贯计钱二千，是本倍利也。"③ 至文宗末年，全国铸币数锐减。据《新志》记载，大和八年（834）"天下岁铸钱不及十万缗"④，新铸钱数约为天宝时期三分之一。终唐一代，由于官府始终无法在降低铸币成本方面取得根本突破，故铸币量时常呈现乏力态势。

民间私贮是促成唐代钱荒的重要因素。唐代民间持有十万贯家资即属豪富。《幽闲鼓吹》记张延赏断狱，有"钱至十万，可通神矣"之叹。⑤ 相较之下，巨贾官僚掌控财富数额相当惊人。开元二十二年（734）三月，"没京兆商人任令方资财六十余万贯"⑥。按照前述开元末期年铸钱三十二万七千贯计算，任令方私人掌握现钱数量接近国家两年铸币总和。中唐以后，社会财富继续向权贵富豪阶层积聚，富豪私贮甚巨。大历初年，路嗣恭诛杀广州商户，"前后没其家财宝数百万贯，尽入私室，不以贡献"。⑦《玉泉子》记昭宗时定州巨富王酒胡"纳钱三十万贯，助修朱雀门"。⑧ 上述所记资财虽尽非现钱，但民间资财分布状态亦由此可见一斑。巨额现钱长期藏于民间，与官钱不足、铜钱外流、销钱铸器等不利因素相互作用，"钱荒"爆发已成必然之势。

德宗朝推行两税改革，百姓以钱纳税，市面通货加速积聚，长吏、节将更"有藏镪滞帛以贻子孙者"。⑨ 钱重物轻，使大量铸币滞于民间，久藏不出，造成轻重失衡，原本奇缺的通货更显匮乏，最终对唐代自然经济

---

① 《张九龄集》卷七《敕议放私铸钱》，熊飞点校，第499—500页。
② （宋）欧阳修、宋祁：《新唐书》卷五十四《食货四》，第1386页。
③ （宋）王钦若等编纂：《册府元龟》卷五百一《邦计部·钱币第三》，第5688页。
④ （宋）欧阳修、宋祁：《新唐书》卷五十四《食货四》，第1390页。
⑤ （唐）张固撰：《幽闲鼓吹》，恒鹤校点，《唐五代笔记小说大观》，第1454页。
⑥ （后晋）刘昫等：《旧唐书》卷八《玄宗纪上》，第200页。
⑦ （后晋）刘昫等：《旧唐书》卷一百二十二《路嗣恭传》，第3500页。
⑧ （唐）阙名撰：《玉泉子》，阳羡生校点，《唐五代笔记小说大观》，第1441页。
⑨ 《元稹集》卷三十四《表状·钱货议状》，冀勤点校，第396页。

主体构成严重冲击。关于两税改制对民间私贮的影响，元和十五年（820）李翱《疏改税法》有精辟论证：

> 臣以为自建中元年初定两税，至今四十年矣……推本弊，乃钱重而督之于百姓之所生也。钱者官司所铸，粟帛者农之所出，今乃使农人贱卖粟帛，易钱入官，是岂非颠倒而取其无者耶？由是豪家大商，皆多积钱以逐轻重，故农人日困，末业日增，一年水旱，百姓菜色，家无满岁之食，况有三年之蓄乎？百姓无三年之积，而望太平之兴，亦未可也。①

可见，唐代"钱荒"与私贮互为因果，相互为用：钱货日重，谷帛价贱，豪民囤积求利，民间私贮遂盛；藏镪不出，市易阻滞，钱荒因此渐成痼疾。钱愈少，民愈藏；民愈藏，钱更荒矣。因此，钱荒是刺激私贮的重要因素，私贮盛行使钱荒问题更加严峻，并直接促成唐代钱货立法之重要转向。

三、私贮之法禁

钱曰"泉布"，贵在流通。《周礼·外府》郑注："布，泉也。其藏曰泉，其行曰布。取名于水泉，其流行无不遍。"②《礼记·檀弓》郑注又曰："古者谓钱为泉布，所以通布货财。"③民间私贮积累至一定程度，势必对金融秩序、经济安全乃至政治架构产生深刻影响。唐代对于私贮问题的法律调整，主要集中于政策分析、鼓励流通和限制私贮三方面，旨在增加流通铜钱数量，加快铜钱流通速度。④

（一）政策分析

限制私贮的政策是抑商传统在社会财富分配领域的直接表现。"西汉兴改币之制，立告缗之条，所以权蓄贾而防大奸也。"⑤ 玄宗先天至开元时期，货币立法主要针对恶钱治理，并已开始关注私贮问题，因恶钱与私贮综合作用引发的物价波动问题已初现端倪。先天元年（712）九月二十七

---

① （唐）李翱：《李文公集》卷九《表疏七首》，上海商务印书馆1936年版（四部丛刊初编本）。
② （汉）郑玄注，（唐）贾公彦疏：《周礼注疏》卷六《秋官·外府》，第190页。
③ （汉）郑玄注，（唐）孔颖达疏：《礼记正义》卷八《檀弓上第三》，第258页。
④ 参阅千家驹、郭彦岗：《中国货币史纲要》，上海人民出版社1984年版，第53、55页。
⑤ （宋）王钦若等编纂：《册府元龟》卷五百一《邦计部·货币第三》，第5693页。

日，谏议大夫杨虚受针对恶钱滥行与藏镪不出问题，进呈《请禁恶钱疏》：

> 伏见市井用钱，不胜滥恶，有加铁锡，即非公铸，亏损正道，夷乱平人。城外此钱，并不任用。中京且犹若是，远郡夫何以堪。《易》曰："何以聚人？曰财。"故交易而退，各得其所。《诗》曰："京邑翼翼，四方是则。"国家优尚宽典，吏人慢法。铜锡乱杂，伪钱转多，政刑渐失于科条，明罚未加于守长。有殊禁，人为非矣。日中为市，聚天下之货，而钱无准的，物价腾踊，干没相乘，盈虚失度，又非各得其所矣。帝京三市，人杂五方，淫巧竞驰，侈伪成俗。至于商贾积滞，富豪藏镪；兼并之家，岁增储蓄；贫素之士，日有空虚。公钱未益于时须，禁法不当于代要，四方无所取则矣。夫作法于凉，其弊犹贪。容奸于非，弊将若之何？其恶钱，臣望官为博取，纳铸钱州，京城并以好钱为用。①

民间藏镪传统由来已久，杨虚受奏疏中对"私铸"与"私贮"迭相为患的判断并未引起当局足够重视。《册府元龟》曰："书奏，付中书门下详议，以为扰政，不行。"另一方面，杨虚受并未针对私贮问题提出解决对策。

唐代首次针对私贮问题的法律规制，可溯至开元十七年（729）八月辛巳《禁铸造铜器诏》：

> 古者作钱，以通有无之乡，以平小大之价，以全服用之物，以济单贫之资。钱之所利，人之所急，然丝布财谷，四民为本，若本贱末贵，则人弃贱而务贵。故有盗铸者冒严刑而不悔，藏镪者非倍息而不出。今天下泉货益少，币帛颇轻，欲使天下流通，焉可得也。且铜者馁不可食，寒不可衣，既不堪于器用，又不同于宝物，唯以铸钱，使其流布。宜令所在加铸，委按察使申明格文，禁断私卖铜锡。仍禁造铜器，所有采铜锡铅，官为市取，勿抑其价，务利于人。②

显然，开元中期，"私铸"与"私贮"仍是困扰唐代金融的两大痼疾。开

---

① （宋）王钦若等编纂：《册府元龟》卷五百一《邦计部·钱币第三》，第 5684 页。
② （唐）杜佑：《通典》卷九《食货九·钱币下》，第 200—201 页。

元十七年诏之核心内容在于强调源头治理，通过控制铜锡交易、遏制私造铜器等保障官方铸钱原料供给，增加官铸物资，从而防止民间私铸蔓延。而对于私贮问题，却未提出具体应对措施。其实，《禁铸造铜器诏》恰恰反映出对私贮问题本质属性的正确认识。

安史乱后，鉴于豪富藏镪有增无减，遏制私贮之政策分析仍在继续。贞元十年（794），陆贽《请两税以布帛为额不计钱数奏》对官府之通货控制职能及货币积聚之危害作出精辟论断：

> 乃物之贵贱，系于钱之多少；钱之多少，在于官之盈缩。官失其守，反求于人，人不得铸钱，而限令供税，是使贫者破产而假资于富有之室，富者蓄货，而窃行于轻重之权，下困齐人，上亏利柄。今之所病，谅在于斯。①

民间藏镪本身是社会财富增长和积聚的必然产物，若豪民富贾利用巨额现钱控制物价、渔利百姓，官府自当采取措施予以惩禁。但是，对于百姓持币过限之原因和影响，不可一概而论，更不应采取强制或胁迫措施。归根结底，官府应在充盈通货和平抑物价方面有所作为，通过振兴财政延揽民心，从而根本控制民间私贮问题的恶化。

（二）鼓励流通

"钱是通流之货，居之则物以腾踊。"② 民间私贮过多则对社会经济发展构成严重威胁，官府被迫对此予以规制。唐代私贮禁令的出台，与当时缺乏通货调剂路径直接相关。彭信威指出，"古时没有中央银行，人民的储蓄多用窖藏的方法保存，政府既不能增加通货的数量，又不能以利率政策来吸引窖藏中的货币，只好采取禁止藏钱的办法"③，以此加速铜钱流通。④ 唐代私贮之禁，始于元和三年（808）六月，宪宗发布《条贯钱货及禁采银敕》，督促商贾"蓄钱者，皆出以市货"⑤，借此促进资金融通。

---

① 《陆贽集》卷二十二《中书奏议六》，王素点校，第737—751页。
② （唐）李绛：《李相国论事集》卷四《论内库钱帛》，商务印书馆1939年版（丛书集成初编），第26页。
③ 彭信威：《中国货币史》，上海人民出版社1958年版，第236页。
④ 参阅千家驹、郭彦刚：《中国货币史纲要》，第56页。
⑤ （宋）欧阳修、宋祁：《新唐书》卷五十四《食货四》，第1389页。

此敕立限一年，强调此次出钱易货唯在自愿：

> 泉货之法，义在通流。若钱有所壅，货当益贱。故藏钱者得乘人之急，居货者必损己之资。今欲著钱令以出滞藏，加鼓铸以资流布，使商旅知禁，农桑获安，义切救时，情非欲利。若革之无渐，恐人或相惊。应天下商贾先蓄见钱者，委所在长吏，令收市货物，官中不得辄有程限，逼迫商人，任其货易，以求便利。计周岁之后，此法遍行，朕当别立新规，设蓄钱之禁。所以先有告示，许其方圆，意在他时行法不贷。①

唐代官方资金融通方式相对落后，亦是促使民间资本壅滞的重要因素。民间重视现钱交易，官府却长期禁止行用"便换"。元和六年（811）二月二十八日《赈恤百姓德音》仍强调"茶商等公私便换见钱，并须禁断"。② 元和七年（812）五月，兵部尚书、判户部事王绍，户部侍郎、判度支卢坦，盐铁使王播等奏：允许商人于"三司"兑现，同时，禁止诸司诸使巨额收贮现钱。宪宗从之。

> 伏以京都时用，多重见钱，官中支计，近日殊少。盖缘比来不许商人便换，因兹家有滞藏，所以物价转轻，钱多不出。臣等今商量，伏请许令商人于户部、度支、盐铁三司，任便换见钱，一切依旧禁约。伏以比来诸司诸使等，或有便商人钱，多留城中，逐时收贮，积藏私室，无复流通。伏请自今已后，严加禁约。③

---

① （宋）王溥：《唐会要》卷八十九《泉货》，第1932页。
② （宋）李昉等：《文苑英华》卷四百三十五《翰林制诏十六·德音二·赈恤百姓德音》，第2205页。
③ （宋）王溥：《唐会要》卷八十九《泉货》，第1934页。王孝通云，唐代永徽年间有"大唐宝钞"，会昌年间又有"大唐颁行宝钞"。（参阅王孝通：《中国商业史》，商务印书馆1936年版，第112页）此说来自清代《泉布统志》等钱谱所载，其谬彭信威早已抉示。（彭信威：《中国货币史》，上海人民出版社1958年版，第437页）李锦绣指出，"三司（度支、盐铁、户部）以钱物与商人便换，商人或于诸州换钱，纳于京师，减少了官府的钱物运输费用，也增强了钱物流通、利用率，因此，唐后期中央政府并不愿废除便换"。（李锦绣：《唐代财政领域的"加饶"现象》，《浙江社会科学》1999年第1期）

唐代"便换"、"飞钱"属商业汇票性质，是商品经济发展之必然产物，更是"在钱币短缺，而政府又想掌握一定数量的钱币以控制市场的情况下的产物"。①《因话录》："有士鬻产于外，得钱数百缗，惧川途之难赍也，祈所知纳于公藏，而持牒以归，世所谓便换者，置之衣囊。"②《新志》："时商贾至京师，委钱诸道进奏院及诸军、诸使，富家以轻装趋四方，合券乃取之，号'飞钱'。"③"便换"依托商业信用异地兑付，既可克服地理环境客观限制，降低资金流转成本，又可摆脱地方势力人为干预，规避金融政策风险。此为商品经济发展条件下资金融通便捷化之必然趋势，亦对缓解现钱滞留产生重要作用。元和时期采取的出钱易货和开禁便换等鼓励措施，一定程度上缓解了因私贮引发的资金短缺问题。但是，晚唐对于"便换"的态度时有反复。长庆元年（821）正月三日《南郊改元赦文》规定："其公私便换钱物，先已禁断，宜委京兆府及御史台切加觉察。"此显为唐代金融政策之倒退。

钱帛兼行是唐代弥补通货短缺的又一举措，却无法有效缓解现钱短缺问题。唐代秉承"布帛为本，钱刀是末"④理念，绢帛作为唐代通货之本，亦是大宗交易之主要支付手段。但由于粟帛在储存、运输、估价方面存在先天缺陷，伴随商品经济发展，铜钱逐步承担主要流通职能。自开元晚期，"钱货兼行"原则仍在历次诏令中得到反复重申。开元二十年（732）九月二十九日《令钱货兼用制》规定："绫罗绢布杂货等，交易皆合通用。如关市肆，必须见钱，深非道理。自今以后，与钱货兼用，违者准法罪之。"⑤开元二十二年（734）十月六日《命钱物兼用敕》又曰："自今以后，所有庄宅、以（口）马交易，并先用绢布、绫罗、丝绵等，其余市价至一千以上，亦令钱物兼用，违者科罪。"⑥安史乱后，钱帛兼行原则更为朝廷所重。贞元二十年（804）"命市井交易，以绫、罗、绢、布、杂货与钱兼用"。⑦元和六年（811）二月二十八日《赈恤百姓德音》放宽交易

---

① 张剑光：《对唐代便换的几点新认识》，《中国钱币》1992年第3期。
② （唐）赵璘：《因话录》卷六《羽部》，上海古籍出版社1979年版，第112页。
③ （宋）欧阳修、宋祁：《新唐书》卷五十四《食货四》，第1389页。
④ （宋）王溥：《唐会要》卷八十九《泉货》，第1930页。
⑤ （唐）杜佑：《通典》卷九《食货九·钱币下》，第201页。
⑥ （宋）王溥：《唐会要》卷八十九《泉货》，第1930页。
⑦ （宋）欧阳修、宋祁：《新唐书》卷五十四《食货四》，第1388页。

额度，要求"交易十贯钱已上，即须兼用匹段，委度支盐铁使及京兆尹即具作分数，条流闻奏"。① 大和四年（830）敕："凡交易百缗以上者，匹帛米粟居半。河南府、扬州、江陵府以都会之剧，约束如京师。"② 从官府不断发布的限制私贮和收市布帛的诏敕不难看出，铜钱交易在商品流通领域所占份额呈现不断扩大趋势，继续将绢帛作为主要流通手段已明显不合时宜。

（三）限制私贮

按照元和三年（808）六月敕精神，商人出钱易物，以一年为限。设立私贮禁令的下限，应在元和四年（809）。当时或因蓄钱渐出，通货紧缩局面暂时得到控制。直至元和十二年（817）正月，官府方才正式设立私贮禁令："富家藏钱过五千贯者死，王公重贬，没入于官，以五分之一赏告者。"③《唐会要》对此禁令有详尽记载：

> 近日布帛转轻，见钱渐少，皆缘所在壅塞，不得通流。宜令京城内自文武官寮，不问品秩高下，并公、郡、县主、中使等已下，至士庶商旅等，寺观坊市，所有私贮见钱，并不得过五千贯。如有过此，许从敕出后，限一月内任将别物收贮。如钱数较多，处置未了，其任便于限内于地界州县陈状，更请限。纵有此色，亦不得过两月。若一家内别有宅舍店铺等，所贮钱并须计同此数。其兄弟本来异居曾经分析者，不在此限。如限满后有误犯者，白身人等，宜付所司，痛杖一顿处死；其文武官及公主等，并委有司闻奏，当重科贬；戚属中使，亦具名衔闻奏。其剩贮钱不限多少，并勒纳官。数内五分取一分充赏钱数，其赏钱止于五千贯。此外察获，及有人论告，亦重科处，并量给告者。④

《禁私贮见钱敕》明确规定了私贮限额、出钱时限、私贮罚则、举告赏额等。但此敕发布的背景，与方镇积钱和军司干预直接关联。《唐会要》："京师里闾区肆所积，多方镇钱，如王锷、韩弘、李惟简，少者不

---

① （宋）李昉等：《文苑英华》卷四百三十五《翰林制诏十六·德音二·赈恤百姓德音》，第2205页。
② （宋）欧阳修、宋祁：《新唐书》卷五十四《食货四》，第1390页。
③ （宋）欧阳修、宋祁：《新唐书》卷五十四《食货四》，第1389页。
④ （宋）王溥：《唐会要》卷八十九《泉货》，第1935页。

下五十万贯。于是竞买第屋，以变其钱，多者竟里巷佣僦，以归其直。而高赀大贾者，多依倚左右军官钱为名，府县不得穷验。"①《唐会要》专门提及王锷、韩弘、李惟简三人，皆称雄于藩镇，因敛财而闻名。岭南节度使王锷借掌控榷利、外贸之便，"家财富于公藏"。② 元和初年，累纳进奉、厚赂中贵，元和五年（810），"锷自见居财多，且惧谤，纳钱二千万"③，足见其私贮之富。《唐国史补》又曰：

> 王锷累任大镇，财货山积，有旧客诫锷以积而能散之义。后数日，客复见锷，锷曰："前所见教，诚如公言，已大散矣！"客曰："请问其目。"锷曰："诸男各与万贯，女婿各与千贯矣！"④

宣武军节度使韩弘储钱巨万，《旧志》云其"有私钱百万贯、粟三百万斛、马七千匹，兵械称是，专务聚财积粟"。⑤ 韩愈撰《司徒兼待中中书令赠太尉许国公神道碑铭》对韩弘私贮现钱之巨有详尽记载：

> 师道之诛……献马三千匹，绢五十万匹，他锦纨绮縠又三万，金银器千；而汴之库厩，钱以贯数者尚余百万，绢亦合百余万匹，马七千，粮三百万斛，兵械多至不可数。⑥

李惟简乃成德节度使李宝臣第三子，因随德宗奔赴奉天，从幸山南，

---

① （宋）王溥：《唐会要》卷八十九《泉货》，第1935页。由于官府限制私贮，豪富方镇等遂用蓄钱购买田土宅邸，加剧社会兼并。宁可指出："当时在买卖房地产时，除了支付正常价格之外，往往还需要另外加上'掘地价款'；这样付款之后，买主如果挖出铜钱，就归自己所有，卖主不能再来争执。因此，有大量的铜钱退出了流通领域。"（宁可主编：《中国经济通史·隋唐五代经济卷》，经济日报出版社2000年版，第484页）
② （后晋）刘昫等：《旧唐书》卷一百五十一《王锷传》，第4060页。
③ （宋）欧阳修、宋祁：《新唐书》卷一百七十《王锷传》，第5170页。王锷所进家财数额，文献记载略异。《李相国论事集》："是时锷自顾年老，恐积财生谤，遂上表进家财二十万贯。"〔（唐）李绛：《李相国论事集》卷五《论王锷加平章事》，第33页〕《资治通鉴》作"进家财三十万缗，上复欲加锷平章事。"〔（宋）司马光：《资治通鉴》卷二百三十八"宪宗元和五年十一月"，第7681页〕今从《新唐书》。
④ （唐）李肇：《唐国史补》卷中，上海古籍出版社1979年版，第43页。
⑤ （后晋）刘昫等：《旧唐书》卷一百五十六《韩弘传》，第4136页。
⑥ 《韩昌黎文集校注》卷七《碑志九》，马其昶校注，第506—507页。

"得'元从功臣'之号。封武安郡王"。① 元和六年（811）五月，授检校户部尚书、凤翔尹、陇右节度使。元和十三年（818）五月乙酉卒于任上。李惟简于凤翔任职七载，"市耕牛佃具给农，岁增垦数十万亩"。② 据《凤翔陇州节度使李公墓志铭》：

> 公以为国家于夷狄当用长箅，边将当承上旨，谨条教，蓄财谷，完吏农力以俟；不宜规小利，起事盗恩；禁不得妄入其地。益市耕牛铸镈钐鉏斸，以给农之不能自具者；丁壮兴励，岁增田数十万亩。连八岁，五种俱熟，公私有余。贩者负入褒斜，船循渭而下，首尾相继不绝。③

李惟简经营凤翔多年，公私皆利，蓄藏丰足，其私贮当不在少数。《唐会要》言方镇积钱"少者不下五十万贯"，或惟简欤？

显然，藩镇聚敛是形成唐代钱荒的又一重要原因。元和十二年（817）《禁私贮见钱敕》难以有效实施，亦无法对藩镇、军司贮藏现钱进行有效调控。限制私贮政策在文宗朝得以继续推行。大和四年（830）十一月《纠告私贮蓄积现钱敕》在大幅提高私贮上限的基础上（七千贯）④，将民间持有货币数额划分为两档（一万贯至十万贯、十万贯至二十万贯），分别设定出钱期限（一年、两年）。举告赏格则基本援用元和十二年敕旧例：

> 应私贮见钱家，除合贮数外，一万贯至十万贯，限一周年内处置毕；十万贯至二十万贯以下者，限二周年内处置毕。如有不守期限，安然蓄积，过本限，即任人纠告，及所由觉察，其所犯家钱，并准元和十二年敕纳官。据数五分取一分，充赏纠告人赏钱，数止于五千贯。应犯钱法人色目决断科贬，并准元和十二年敕处分。其所由觉

---

① （后晋）刘昫等：《旧唐书》卷一百四十二《李宝臣子惟简传》，第3871页。
② （宋）欧阳修、宋祁：《新唐书》卷二百一十一《藩镇镇冀·李宝臣附惟简传》，第5951页。
③ 《韩昌黎文集校注》卷七《碑志九》，马其昶校注，第464—465页。
④ 《新志》曰："（大和）四年，诏积钱以七千缗为率，十万缗期以一年出之，二十万以二年。"〔（宋）欧阳修、宋祁：《新唐书》卷五十四《食货四》，第1390页〕

唐代钱法考

察，亦量赏一半。①

唐代私贮传统在五代时期仍具有相当影响，据同光二年（924）二月己巳《南郊赦文》："宜令所司，散下州府，常须检校，不得令富室分外贮见钱。"② 对于此处"分外贮见钱"之理解，或可参照大和四年七千贯之限。

富户藏钱，积习难除。元和十二年敕和大和四年敕是以法令形式限制私贮的典型代表，却均遭遇"法竟不行"③、"未几皆罢"④ 之尴尬境遇。同样，同光二年诏令的实施效果亦大可怀疑。归根结底，限制私贮法令与货币基本职能相悖。对此，马端临曾如此评价元和十二年私贮之禁：

> 今以钱重物轻之故，立蓄钱之限。然钱重物轻，正藏镪逐利者之所乐闻也。人弃我取，谁无是心。正不必设法禁以驱之，徒开告讦之门，而重为烦扰耳。⑤

元稹认为各地法令贯彻不力，也是积钱不出的原因之一。元和十五年（820）正月，元稹《钱货议状》奏曰："钱帛不兼于卖鬻，积钱不出于墙垣，欺滥遍行于市井，亦未闻鞭一夫，黜一吏，赏一告讦，坏一蓄藏。岂法不便于时耶？盖行之不至也。"⑥ 其实，所谓官吏执法懈怠乃皮相之谈，盖因藏钱者非富即贵，加之中晚唐藩镇强悍，富户因求自保，则挂名军籍，托名庇护，长吏实束手无策，故积弊难除。元和十二年限制私贮，"京师区肆所积，皆方镇钱……然富贾倚左右神策军官钱为名，府县不敢劾问"。⑦《新唐书·兵制》："夫所谓天子禁军者，南、北衙兵也。南衙，

---

① （宋）王溥：《唐会要》卷八十九《泉货》，第 1937 页。傅筑夫误将此敕系于"长庆四年"，显为"大和四年"之误（见傅筑夫《中国封建社会经济史》第四卷，人民出版社 1986 年版，第 492 页），当据《旧志》、《唐会要》、《册府元龟》等改。
② （宋）王钦若等编纂：《册府元龟》卷五百一《邦计部·货币第三》，第 5693 页。
③ （宋）王溥：《唐会要》卷八十九《泉货》，第 1935 页。
④ （宋）欧阳修、宋祁：《新唐书》卷五十四《食货四》，第 1390 页。
⑤ （元）马端临：《文献通考》卷八《钱币考一·历代钱币之制》，第 92 页。
⑥ 《元稹集》卷三十四《表状·钱货议状》，第 397 页。
⑦ （宋）欧阳修、宋祁：《新唐书》卷五十四《食货四》，第 1389—1390 页。

第四章 钱法职能考

诸卫兵是也；北衙者，禁军也。"① 诸军之中，左右神策军曾抵御安禄山反叛和吐蕃入寇，"外入赴难，国家遂以倚重"②，故而最为骄横。以后又因宦官担任左、右神策军护军中尉，其势更居诸军之上。③ 由此，受中晚唐王室衰微、藩镇割据、禁军干政、钱重物轻等因素综合影响，财富向特定阶层和区域的迅速集聚已成不可扭转之势，钱荒遂成为唐代甚至五代、两宋时期难以破解之死结，后世交子、会子、纸钞、白银等其他通货逐步取代铜钱，已成社会经济发展之必然。

第六节 欠陌

一、唐代欠陌溯源

"古来用钱未有足陌者。"④ "欠陌"是针对不足额支付之专有称谓。⑤ 钱币以百数为一百者谓之"足陌"，不足百数而作为一百者谓之"欠陌"，又曰"短钱"、"短陌"、"省陌"。欠陌之制至少可溯于晋，《抱朴子·微

---

① （宋）欧阳修、宋祁：《新唐书》卷五十《兵志》，第1330页。
② （元）马端临：《文献通考》卷一百五十五《兵考七·禁卫兵》，第1351页。
③ 陈玺：《军司审判权能对中晚唐司法的影响》，《社会科学辑刊》2009年第5期。
④ （清）赵翼：《陔余丛考》卷三十"短钱"，商务印书馆1957年版，第625页。
⑤ 关于"短陌"的主要研究成果有彭信威：《中国货币史》，上海人民出版社1958年版；汪圣铎：《"省陌"辨误》，《文史》第14辑，中华书局1982年版；傅筑夫：《中国封建社会经济史》第四卷，人民出版社1986年版；陈明光：《唐代"除陌"释论》，《中国史研究》1984年第4期；[日]宫泽知之：《唐宋时代的短陌和货币经济的特质》，《史林》71-2，1988年；孙文泱：《短陌性质初探》，《首都师范大学学报》1996年第3期；陈明光：《"短陌"与"省陌"管见》，《中国经济史研究》2007年第1期；毛金帅：《钱陌研究》，硕士研究生学位论文，云南大学，2012年；何平、林琳：《中国古代铜铸币流通领域"短陌"现象的起源及其性质研究》，《中国经济史研究》2013年第1期；王申：《土地视野下的宋代短陌》，《第十届北京大学史学论坛论文集》，2014年3月；裴铁军：《论金代的短陌》，《天津大学学报》2016年第2期；赖瑞和：《唐代除陌法和除陌钱新解》，《唐史论丛》（第23辑）2016年第2期；陈彦良：《梁代铁钱与"短陌"现象的形成》，《第四届上财经济史学论坛论文集》，第176—190页；吴承翰：《唐宋货币经济中的"短陌"问题——学说史的考察》；早期中国史研究会：《早期中国史研究》（Early and Medieval Chinese History）第9卷第1期，2017年6月，第169—216页。

旨》曰："取人长钱，还人短陌。"① 梁元帝《金楼子》记刘休祐在荆州，哀刻所在，多营财货，"以短钱一百赋民，田登就求白米一斛"，② 晋平刺王刘休祐敛财所用，当即欠陌钱也。"长钱"谓实数足百之钱，与短陌、短钱相对。足陌、省陌、短陌、欠陌等名物之中，"陌"借作"百"。《梦溪笔谈》曰：

> 今之数钱，百钱谓之"陌"者，借陌字用之。其实只是百字，如什与伍耳。③

"欠陌"是社会生活中形成且长期行用之交易惯例，铸行铁钱引发货币贬值（这里特指铁钱）、物价暴涨则是"欠陌"形成之直接原因。魏晋南北朝之际币制无常，谷帛兼用。"省陌"支付方式应运而生。据《隋书·食货志》：

> 至普通中，乃议尽罢铜钱，更铸铁钱。人以铁贱易得，并皆私铸。及大同已后，所在铁钱，遂如丘山，物价腾贵。交易者以车载钱，不复计数，而唯论贯。商旅奸诈，因之以求利。自破岭以东，八十为百，名曰东钱。江、郢巳上，七十为百，名曰西钱。京师以九十为百，名曰长钱。④

萧梁时各地钱陌差异实际上是各地通货数额在流通领域的直接反映。即使

---

① 王明：《抱朴子内篇校释》卷六《微旨》，中华书局 1985 年版（新编诸子集成），第 126 页。
② （梁）萧绎撰：《金楼子校笺》卷三《说蕃篇八》，徐逸民校笺，中华书局 2011 年版，第 722 页。《太平御览》引沈约《宋书》文字略异："晋平王休祐，贪淫好财色，在荆州列所营财货，以短钱一百赋民，田登，求白米一斛，皆令彻白，若折者悉简。"〔（宋）李昉等：《太平御览》卷一百五十一《皇亲部十七·诸王下》，第 737 页〕
③ （宋）沈括撰：《梦溪笔谈》卷四《辩证二》，朱易安、傅璇琮等主编：《全宋笔记》第二编第 3 册，大象出版社 2008 年版，第 31 页。
④ （唐）魏徵等：《隋书》卷二十四《食货志》，第 690 页。孔凡礼点校本《容斋三笔》曰："用钱为币，本皆足陌。梁武帝时，以铁钱之故，商贾浸以奸诈自破。岭以东，八十为百，名曰东钱，江郢以上，七十为百，名曰西钱，京师以九十为百，名曰长钱。"〔（宋）洪迈：《容斋三笔》卷四"省钱百陌"，孔凡礼点校，中华书局 2000 年版，第 469 页〕胡三省曰："破岭，在今镇江府丹阳县，秦始皇所凿，即破冈也。"〔（宋）司马光：《资治通鉴》卷一百五十九"武帝中大同元年七月"，第 4939 页〕故"以铁钱之故，商贾浸以奸诈自破"当据改。

"长钱"，亦非足陌。短陌交易惯例对市场经济产生严重负面影响，以致奸商渔利、谷贱伤农。① 中大同元年（546）七月丙寅，禁用短陌，诏行足陌：

> 顷闻外间多用九陌钱，陌减则物贵，陌足则物贱，非物有贵贱，是心有颠倒。至于远方，日更滋甚。岂直国有异政，乃至家有殊俗，徒乱王制，无益民财。自今可通用足陌钱。令书行后，百日为期，若犹有犯，男子谪运，女子质作，并同三年。②

二、唐代欠陌成因

"短陌"产生的根源在于铜钱自身价值与价格的矛盾③，是通货与商品比例悬殊的必然结果。唐代"欠陌"的出现，存在较为复杂的历史因素与现实因素。东晋、萧梁以来行用短陌的交易惯例在民间具有深远影响。中大同元年（546）诏并未改变当时严峻的"短陌"问题，《隋书·食货志》："诏下而人不从，钱陌益少。至于末年，遂以三十五为百云。"④短陌数额更低。其后币制杂乱，盗铸难禁。实际上，唐代民间支付长期沿袭短陌旧例。天宝九载（750）二月十四日敕有"除陌钱每贯二十文"⑤的规定即可为证。由于开皇至开天之际，官府主要精力集中于整饬盗铸、沙汰恶钱，欠陌支付尚未提上议事日程。

官方"除垫"税制是促成民间"欠陌"支付的直接原因。"除陌"在唐代具有多重含义，是一种"扣除百分之几"的计算法。⑥ 德宗贞元四年（788）李泌"以度支有两税钱，盐钱使有管榷钱，可以拟经费，中外给用，每贯垫二十，号'户部除陌钱'"⑦，此以千钱垫二十折扣法征纳费

---

① 陈明光：《"短陌"与"省陌"管见》，《中国经济史研究》2007年第1期。
② （唐）姚思廉：《梁书》卷三《武帝纪下》，中华书局1973年版，第90—91页。
③ 孙文泱：《短陌性质初探》，《首都师范大学学报》1996年第3期。
④ （唐）魏徵等：《隋书》卷二十四《食货志》，第690页。
⑤ （宋）王溥：《唐会要》卷六十六《太府寺》，第1364页。
⑥ 赖瑞和：《唐代除陌法和除陌钱新解》，《唐史论丛》（第23辑）2016年第2期。
⑦ （宋）欧阳修、宋祁：《新唐书》卷五十五《食货五》，第1401页。

· 151 ·

用。元和十一年（816）因讨吴元济、王承宗，经费屈竭，皇甫镈建议"内外用钱每缗垫二十外，复抽五十送度支以赡军"①，除垫数额升至七十文，以九百三十文作千钱行用。以"贯"或"百"为单位，官方按照一定比例折扣支付的计算方式，对唐代"欠陌"惯例的形成产生直接影响。此外，除垫规则还被应用于算学题目。《夏侯阳算经》："今有钱五千四百六十三贯四百五十文，准例每贯纳五十文充垫陌，问：合垫几何？"② 可见，除陌计钱在当时应为通例。③

与此同时，两税改革造成的通货骤减及钱重物轻问题，是加剧中晚唐欠陌支付局面的原因。建中元年（780）正月，宰相杨炎奏行两税法，"比来新旧征科色目，一切罢之；二税外辄率一钱者，以枉法论。"④ "两税法"按田亩纳米粟，按户等纳钱。推行之初，天下便之，"自是轻重之权，始归于朝廷"。⑤ 但百姓需出售绢帛杂物兑换税钱，商贾牟利，钱重物轻，而民弥贫。"人不能铸钱，而使之卖布帛谷米以输钱于官，是以物愈贱而钱愈贵也。"⑥ 中唐宰臣杜佑深谙经济之道，曾于税赋征纳角度批评两税征钱之弊："随其受田，税其所植。焉可征求货币，舍其所有而责其所无者哉！"⑦ 两税法推行十余年后，陆贽曾上《论两税之弊须有厘革》、《请两税以布帛为额不计钱数》两篇奏议，集中批评两税之弊端。其中涉及两税与货币关系者，值得关注：

> 物贱由乎钱少，少则重，重则加铸而散之使轻；物贵由乎钱多，多则轻，轻则作法而敛之使重。是乃物之贵贱，系于钱之多少；钱之多少，在于官之盈缩。官失其守，反求于人，人不得铸钱，而限令供

---

① （宋）欧阳修、宋祁：《新唐书》卷五十四《食货四》，第1389页。
② （唐）佚名：《夏侯阳算经》卷下《说诸分》，钱宝琮校点：《算经十书》，中华书局1963年版，第590页。
③ 吴承翰指出："两税、专卖征收品项集中于现钱的倾向，可能是一个将既有因素串连起来的关键。短陌作为一种特殊的用钱方式，既是商业交易的社会习惯，也是一种在国家制度塑造的环境下始蔓延开来的社会习惯。"〔早期中国史研究会：《早期中国史研究》（Early and Medieval Chinese History）第9卷第1期，2017年6月〕
④ （宋）司马光：《资治通鉴》卷二百二十六"德宗建中元年正月"，第7275页。
⑤ （后晋）刘昫等：《旧唐书》卷一百十八《杨炎传》，第3422页。
⑥ 《韩昌黎文集校注》卷八《状·钱重物轻状》，马其昶校注，第595—596页。
⑦ （唐）杜佑：《通典》卷十二《食货十二·轻重》，第295页。

税，是使贫者破产而假资于富有之室，富者蓄货，而窃行于轻重之权。下困齐人，上亏利柄。今之所病，谅在于斯。①

受纳钱应税、通货阻滞、富贾私贮、销钱铸器等因素影响，流通领域钱重物轻等问题日益凸显，引发官府高度警惕。元和七年（812）二月敕："钱重物轻，为弊颇甚。详求适变，将以便人。所贵缯货通行，里闾宽恤，宜令群臣各随所见利害状以闻。"② 元和十五年（820）八月，元稹呈《钱重物轻议》："臣伏见中书门下牒，奉进止，以钱重物轻，为病颇甚，宜令百寮各随所见，作利害状类会奏闻者"③，此奏当针对穆宗诏敕所议。唐代治理"欠陌"的时间节点，恰与钱重物轻问题基本吻合，可以认为，因赋税改革引发通货紧缩等是造成"欠陌"支付的重要因素。

三、唐代欠陌规则

宋人洪迈曾曰："唐之盛际，纯用足钱。天祐中，以兵乱窘乏，始令以八十五为百。"④ 此论与唐代短陌用钱的客观现实不符。唐代官定除陌标准，可溯至天宝九载（750）二月十四日敕："除陌钱每贯二十文。"⑤ 即官府支付，千钱扣除二十文行用，此为官方认可欠陌之始。安史乱后，欠陌支付成为严重的社会问题，官府对民间欠陌支付的政策发生逆转。贞元九年（793）三月二十六日《禁欠陌钱敕》是官府对"欠陌"问题的首次表态，此与唐代税制改革、军费激增、钱重物轻等因素直接关联：

陌内欠钱，法当禁断，虑因捉搦，或亦生奸，使人易从，切于不扰。自今已后，有因交关用欠陌钱者，宜但令本行头及居停主人、牙人等检察送官。如有容隐，兼许卖物领钱人纠告，其行头、主人、牙人，重加科罪。府县所由祗承人等，并不须干扰。若非因买卖，自将

---

① 《陆贽集》卷二十二《中书奏议六》，第744页。
② （后晋）刘昫等：《旧唐书》卷十五《宪宗纪下》，第441页。
③ 《元稹集外集》卷二《补遗二·钱重物轻议》，第651页。
④ （宋）洪迈：《容斋三笔》卷四"省钱百陌"，第469—470页。
⑤ （宋）王溥：《唐会要》卷六十六《太府寺》，第1364页。

钱于街衢行者，一切勿问。①

"行"是坊市内设立的管理机构，"市肆谓之行者，因官府科索而得此名，不以其物大小，但合充用者，皆置为行"。② 市场交易中欠陌支付之举告责任，主要由行头、居停主人、牙人等承担；买卖以外之典当、借贷等交易行为，允许欠陌支付，此敕后为元和四年（809）闰三月敕文引据准用。③ 元和时，民间垫陌之风日炽，至有以七十为百者。而使用铅锡钱、欠陌钱犯罪者多隶属于诸军、诸使，府县竟不能治。"京兆尹崔元略请犯者本军、本使莅决，帝不能用。诏送本军、本使，而京兆府遣人莅决。"④ 元和十四年（819）六月《禁铅锡钱敕》申明，凡以欠陌钱交易者，有司收禁决罚：

> 应属诸军诸使，更有犯时用钱每贯除二十文，足陌内欠钱及有铅锡钱者，宜令京兆府枷项收禁，牒报本军本使府司，差人就军及看决二十。如情状难容，复有违拒者，仍令府司闻奏。⑤

"欠陌"支付惯例由来已久，积弊难除，甚至蔓延至金银、盐米等相关领域。据《新志》，"穆宗即位，京师鬻金银十两亦垫一两，籴米盐百钱垫七八"。⑥ 长庆以后，官府被迫放弃足陌用钱幻想，允许欠陌交易，统一除垫标准。长庆元年（821）九月《定钱陌敕》一改旧时禁绝欠陌立场，确立九百二十文成贯标准，此为"欠陌"合法化之重要标志：

> 泉货之义，所贵流通。如闻比来用钱，所在除陌不一。与其禁人之必犯，未若从俗之所宜，交易往来，务令可守。其内外公私给用钱，从今以后，宜每贯一例除垫八十，以九百二十文成贯，不得更有

---

① （宋）王溥：《唐会要》卷八十九《泉货》，第1933页。
② （宋）灌圃耐得翁：《都城纪胜》"诸行"，古典文学出版社1956年版，第91页。
③ （宋）王溥：《唐会要》卷八十九《泉货》，第1933页。
④ （宋）欧阳修、宋祁：《新唐书》卷五十四《食货四》，第1390页。
⑤ （宋）王溥：《唐会要》卷八十九《泉货》，第1935页。
⑥ （宋）欧阳修、宋祁：《新唐书》卷五十四《食货四》，第1390页。

加除及陌内少欠。①

"从俗之所宜"云云，是中晚唐欠陌支付这一公私惯习之生动反映。② 长庆元年敕确定的"足陌"标准，在武宗会昌五年（845）正月三日《南郊赦文》中得到重申："宜却令依前行垫陌钱，每垫八十文。"③ 同时，为减轻欠陌交易对百姓的剥削，令公私交关，许五贯已上，一半折用匹帛。但是，此后实际交易中并未执行九十二文成百的标准，其后官府可能一度将足陌标准降至八十五钱。河南府等地以八十文为足陌进行交易已成惯例。据天祐二年（905）四月丙辰敕：

> 如闻坊市之中，多以八十为陌，更有除折，顿爽旧规。付河南府〔指挥〕，市肆交易，并以八十五文为陌，不得更有改移。④

需要指出的是，与萧梁时期存在东、西钱类似，唐代欠陌亦存在地域差异。据《珍席放谈》，"唐京师钱陌八十五，自河而南八十五，燕代皆以八十为陌"⑤，此当为天祐二年四月敕强调以八十五文为陌之故。

四、唐代欠陌影响

唐末交易实践形成"八十为陌"惯例，对五代、宋、金影响深远。五季丧乱，钱法阻滞，八十为陌惯例仍被反复强调。后唐同光二年（924）敕："度支奏请榜示府州县镇，军民商旅，凡有买卖，并须使八十陌钱。"⑥ 天成二年（927）七月十二日度支以三京、邺都并诸道州府市肆买卖时人户将短陌转换长钱行用事，奏请买卖使八十陌钱，此为官方文件

---

① （宋）王溥：《唐会要》卷八十九《泉货》，第1936页。
② 赖瑞和指出："事实上，民间比官府更早使用这种短钱来交易，现在官府将之合法化，且涵盖'公私'两大领域，更能满足大家的需要，可长期行用，舒解了钱荒的困境。"〔赖瑞和：《唐代除陌法和除陌钱新解》，《唐史论丛》（第23辑）2016年第2期。〕
③ （宋）李昉等：《文苑英华》卷四百二十九《敕书十·禋祀·敕书六》，第2173页。
④ （后晋）刘昫等：《旧唐书》卷二十下《哀帝纪》，第793页。
⑤ （宋）高晦叟：《珍席放谈》卷上，朱易安、傅璇琮等主编：《全宋笔记》第三编第1册，第180页。
⑥ （宋）薛居正等：《旧五代史》卷一百四十六《食货志》，第1949页。

首次使用"短陌"一词：

> 度支奏："三京、邺都并诸道州府，市肆买卖，所使见钱等，每有条章，每陌八十文。近访闻在京及诸道街坊市肆人户，不顾条章，皆将短陌转换长钱，但恣欺罔，殊无畏忌。若不条约，转启幸门。请更严降指挥，及榜示管界州府镇县军人、百姓、商旅等，凡有买卖，并须使八十陌钱。兼令巡司、厢界节级、所由点检觉察。如有无知之辈，依前故违，辄将短钱兴贩，便仰收捉，委逐州府枷项收禁勘责。所犯人，准条奏处断讫申奏。其钱尽底没纳入官。"奉敕："宜依度支所奏。"①

五代旧钱支纳，皆以八十为陌。后汉乾祐三年（950）十一月，三司使同平章事王章"始令入者八十，出者七十七，谓之省陌"。②《困学纪闻》："唐末以八十为陌。汉隐帝时王章又减三钱，始有省陌之名。"③ 旨在夺民之利，聚敛资财。

北宋初年，"省陌"钱数跌破八十，有七十二、七十四、七十五、七十七钱等。太平兴国二年（977）九月丁酉诏："所在悉用七十七为百，每千钱必及四斤半以上。禁江南新小钱，民先有藏蓄者，悉令送官，官据铜给其直。"④ 大中祥符三年（1010）八月，皇城司言察知京城用钱贸易不依宣命条约，"每百不盈七十四五，有虽称省陌由贯，除钱三十"。⑤ 欧阳修《归田录》载："用钱之法，自五代以来，以七十七为百，谓之'省陌'。今市井交易，又克其五，谓之'依除'。"⑥ 此在王章"省陌"基础上又克减五文，钱陌跌至七十二文。至于民间用钱，因购置对象不同，钱陌更为紊乱：

---

① （宋）王溥：《五代会要》卷二十七《泉货》，第 435 页。
② （宋）司马光：《资治通鉴》卷二百八十九"隐帝乾祐三年十一月"，第 6429 页。
③ （宋）王应麟：《困学纪闻》卷十三《考史》，（清）翁元圻等注，叶保群等校点，上海世纪出版有限公司、上海古籍出版社 2008 年版（全校本），第 1566 页。
④ （宋）李焘：《续资治通鉴长编》卷十八"太宗天平兴国二年九月丁酉"，上海师范大学古籍整理研究所、华东师范大学古籍研究所点校，第 412 页。
⑤ （清）徐松：《宋会要辑稿·食货三七》，刘琳等校点，上海世纪出版股份有限公司 2014 年版，第 6807 页。
⑥ （宋）欧阳修：《归田录》卷二，李伟国点校，中华书局 1981 年版，第 36 页。

> 都市钱陌，官用七十七，街市通用七十五，鱼、肉、菜七十二陌，金银七十四，珠珍、雇婢妮、买虫蚁六十八，文字五十六陌，行市各有长短使用。①

短陌问题至南宋更为严峻。淳熙五年（1178）二月十二日，京西漕司主管官张廷筠言京西盗贩解盐事，"易盐皆中国之钱，闻唐、邓间，钱陌以一二十数当百，盐之至境，有数倍之利"。② 私盐易钱严重扰乱市场秩序，孝宗诏本路帅、漕臣集议杜绝贸易解盐，条具闻奏。

金国长期行用欠陌惯例，钱陌经历六十、七十、八十文等不同阶段。③ 民间八十为陌，谓之短钱。官用足陌，谓之长钱。南宋绍兴三十年（1160），右正言王淮言两淮间私相贸易之弊："对境例用短钱，南客以一缗过淮，则为数缗之用"④，金国行用欠陌之盛亦由此可证。大定二十年（1180）二月，"大名男子斡鲁补者上言，谓官私所用钱皆当以八十为陌，遂为定制"。⑤

晚唐五代欠陌惯例至明、清犹存。道光中沈寿《瑟榭丛谈》记载，各地钱陌不一：

> 今京师用钱以五百为一千，名曰京钱；宣郡以三百三十三为一千，名曰宣钱；通州以东至山海关，以一百六十六为一千，名曰东钱。不知起于何时，相传前明兵饷不足，以故减短之数因地而异。⑥

顾炎武云："今京师钱以三十为陌，亦宜禁止"⑦，由此可知顺治至康熙初年京城钱陌之低。经由历史考察可知，受恶钱与钱荒因素叠加干扰，历代

---

① （宋）孟元老：《东京梦华录笺注》卷三"都市钱陌"，伊永文笺注，中华书局2006年版，第333页。
② （清）徐松：《宋会要辑稿·食货二八》，第6608页。
③ 参阅裴铁军：《论金代的短陌》，《天津大学学报》2016年第2期。
④ （宋）李心传：《建炎以来系年要录》卷一百八十六"绍兴三十年九月壬午"，中华书局1956年版，第3117页。
⑤ （元）脱脱等：《金史》卷四十八《食货志》，第1072页。
⑥ （清）沈寿：《瑟榭丛谈》卷上，新文丰出版公司1989年版（丛书集成续编），第12页。
⑦ （清）顾炎武：《日知录校注》卷十三"短陌"，陈垣校注，安徽大学出版社2007年版，第658页。

王朝铸币多难以保持长期坚挺，官钱市场信用之损耗与日俱增。欠陌惯例形成与适用的过程，是铸币自身价值与市场价格逐步分离的过程，也是中国古代铸币的信用货币性质日益彰显的重要标志。各地钱陌差异，正是不同地域流通手段与商品数量之间比例的直接参照。

  钱陌规则是商品经济条件下通货自身调节的客观行为。唐代是古代欠陌发展的重要历史阶段，唐代立法者因势利导、措俗成法，天宝九载（750）敕首次以法令形式确认短陌惯例的合法地位，其后贞元、元和时期虽有禁令，尚不能阻止民间省陌交易。长庆以后，官定钱陌，国家依据市场客观情况调整钱陌数额。天祐之际，确立八十成陌规则，五代、宋、金皆以此为钱陌法则之基本参照，此可谓措法成俗之典范。

第五章 钱法理论考

早在先秦时代，墨子、管仲等先贤即已关注货币问题。"秦汉以后，随着货币经济的发展，有关货币的情况和问题复杂起来，引起了人们对于货币问题的关注，促进了货币思想的发展。"[1] 唐代货币理论的重大发展主要集中于安史之乱以后，是当时理财家针对财政匮乏、国用不足的应时举措。因此，唐代在货币思想方面的理论贡献主要集中于唐王朝由盛转衰的历史阶段。[2] 唐代发生的历次重大钱法变革，因涉及国计民生，在当时必然属于舆论热点，并在各类文献中集中体现。其中，围绕钱荒问题而展开的对民间放铸、钱重物轻、钱货兼行三个问题的理论思考与交锋尤为引人注目。

第一节 纵民私铸

管子、贾谊是国家垄断货币铸造与发行权的极力倡导者，秦汉以来的律法亦一贯禁止民间私铸货币。然而，自汉文帝始，民间私铸问题成为货币理论领域聚讼纷纭的重大理论命题。在特定历史时期，甚至数次出现过允许民间自由铸币的大胆尝试。本节以唐代开元年间围绕民间自由铸币开禁的讨论为中心，深入分析唐代货币发行、投放、流通等领域法律思想，以期全面认知唐五代时期货币理论的发展水平。

---

[1] ［日］桑田幸三：《中国经济思想史论》，沈佩林等译，北京大学出版社1991年版，第91页。
[2] 参阅赵靖主编：《中国经济思想通史》第二卷，北京大学出版社1995年版，第308页。

唐代钱法考

唐自立国之初，即申严盗铸之禁。武德中规定："敢有盗铸者身死，家口配没。"① 《唐律疏议》亦于《杂律》"私铸钱"条中明示禁条，禁绝私铸。可以认为，唐代秉承了历代严禁盗铸的立法传统。这里讨论的放铸与私铸、盗铸是相互关联而又存在本质差异的相关命题。秦汉律所谓"盗铸"指民间违反国家禁令擅自铸币的行为。《唐律》虽将"盗铸"改为"私铸钱"，但唐代典籍中仍保留"盗铸"之谓，其意与"私铸"同。如《通典》记长安中"盗铸蜂起，滥恶益众。江淮之南，盗铸尤甚"。② 开元时刘秩《货泉议》有"盗铸者破重钱以为轻钱"③ 的记载。

与唐前期强调的严禁私铸政策迥异，开元末期，以宰臣张九龄为代表的士大夫提出允许民间自由铸币的大胆尝试。开元二十二年（734）三月壬午，玄宗"欲令不禁私铸钱，遣公卿百寮详议可否"。④ 《新志》曰："古者以布帛菽粟不可尺寸抄勺而均，乃为钱以通贸易。官铸所入无几而工费多，宜纵民铸。"⑤ 这段记载言明张九龄力主放铸的主要原因在于官铸耗铜费工和通货严重短缺两个方面。唐代铸钱成本主要由原料、工费、运输三项构成。开天之际，每铸官钱一贯，约需铜、镴、锡原料成本七百五十文，此中尚且不含丁匠费用。⑥ 受铜矿自然分布地点制约，唐代官冶、钱监多置于南方，高昂的运输流转费用促使铸钱成本急剧攀升，最终造成官方铸币行业巨额亏损。张曲江阐释自由铸币思想说：

> 布帛不可以尺寸为交易，菽粟不可以抄勺贸有无。故古之为钱，将以通货币，盖人所作，非天实生。顷者耕织为资，乃稍贱而伤本；磨铸之物，却以少而致贵。顷虽官铸，所入无几；约工计本，劳费又多。公私之间，给用不赡。永言其弊，岂无变通？往者汉文之时，已有放铸之令；虽见非于贾谊，亦无废于贤君。况古往今来，时异事变，反经之义，安有定耶？终然固拘，必无足用。且欲不禁私铸，

---

① （宋）李昉等：《太平御览》卷八百三十六《资产部十六·钱下》，第3732页。
② （唐）杜佑：《通典》卷九《食货九·钱币下》，第200页。
③ （宋）李昉等：《文苑英华》卷七百六十九《货食·货泉议》，第4045页。
④ （后晋）刘昫等：《旧唐书》卷八《玄宗纪上》，第200—201页。
⑤ （宋）欧阳修、宋祁：《新唐书》卷五十四《食货四》，第1385页。
⑥ （唐）杜佑：《通典》卷九《食货九·钱币下》，第204页。

第五章 钱法理论考

其理如何？①

张九龄认为，铸行货币的根本目的在于流通，现行官铸体制亏损严重，而汉文帝放铸故事可以作为唐代推行民间铸钱的有力论据，此说反映出张九龄财政思想之经验主义色彩。对于此项涉及彻底颠覆国家货币政策的重大举措，玄宗责成百僚集议可否。

在开元二十二年的讨论中，裴耀卿、李林甫、萧炅、刘秩、崔沔均对放铸持反对意见，张九龄的放铸主张曲高和寡，最终未能施行。但此次论战却为我们全面认知唐代货币理论提供了重要参考。欲探究唐代放铸理论之利害得失，应充分注意从历史经验与社会现实两个维度系统考察唐代有关放铸问题的代表性学说。

一、唐前放铸故事

中国历代坚持由官府垄断货币铸行的金融策略，严禁民间铸币。因此，并未形成由市场自动调节通货与商品比例的金融机制，货币的铸造、投入乃至退出主要由官府掌控。安史之乱以前，恶钱充斥是阻碍金融领域良性发展的重要因素，恶钱名目繁多，信用不足，引发物价暴涨，货币贬值。纵观历代金融法制发展经验，自秦行半两钱以降，中国历史上一直饱受恶钱困扰。为应对金融危机与通货不足，历代曾有多次开禁民间铸币的大胆尝试，并取得了一定成效。这些实践与理论，成为促使开元末年讨论放铸的重要基础。

颜师古曰，放铸者，"恣其私铸"也②，即许可民间自由铸造货币。除了西汉早期有过短暂的放民铸钱以外，两汉时期货币的铸造一向都是由官府控制。③但在高帝、文帝时期，曾两次许可民间放铸。石俊志认为，中国首次开放百姓铸造铜钱发生于楚汉战争时期（前206—前202），汉王刘邦令民铸钱。④王献唐则将刘邦初令民铸钱的时间确定为汉高帝二年

---

① （唐）张九龄：《张九龄集》卷七"敕议放私铸钱"，第499—500页。
② （汉）班固撰：《汉书》二十四下《食货志》，第1153页。
③ 徐承泰：《两汉货币的私铸》，《江汉考古》2000年第2期。
④ 石俊志：《中国货币法制史概论》，中国金融出版社2012年版，第38页。

· 161 ·

（前205）："今再以铸钱及饥馑情形比证，知殆二年二月间事矣。"① 据《史记·平准书》：

> 汉兴，接秦之弊，丈夫从军旅，老弱转粮饷，作业剧而财匮，自天子不能具钧驷，而将相或乘牛车，齐民无藏盖。于是为秦钱重难用，更令民铸钱，一黄金一斤。②

据《汉书·食货志》，"汉兴，以为秦钱重难用，更令民铸荚钱"。③ 此次所铸小钱，史称"榆荚钱"，重三铢。④ 钱文同为"半两"，实际重量却仅为秦钱重量1/4，此"半两"非彼"半两"。通过重铸榆荚小钱，大幅增加通货数量，为取得战争胜利提供了重要经济保障。与此同时，官府将黄金单位由过去的"镒"改为"斤"。显然，秦"半两"厚重难用只是托辞，通过镕铸小钱攫取财富才是放民私铸的真实目的。此次放铸并无任何法定限制，最终引发严重社会动荡，"不轨逐利之民畜积余赢以稽市物，痛腾跃，米至石万钱，马至匹百金"。据《唐六典》注，惠帝三年（前192），相国奏遣御史监三辅不法事，"铸伪钱者"居其一，吕后二年（前186）《钱律》亦有"盗铸钱及佐者，弃市"⑤ 的规定。可见，放铸政策至晚已于惠帝初年终止。

汉初放铸引发市面通货剧增，物价暴涨，铸币愈发轻薄，信用持续下降。文帝前元五年（前175）再次采取放铸措施。据《汉书·文帝纪》："夏四月，除盗铸钱令（应劭曰：听放民铸也）。更造四铢钱。"⑥ 与高帝时期放铸相比，此次放铸具有四个特点。其一，货币增重。榆荚钱法重三铢，实际铸币又远轻于此。此次放铸，规制严格，钱文"半两"，法重四

---

① 王献唐：《中国古代货币通考》，青岛出版社2005年版，第210页。
② （汉）司马迁：《史记》卷三十《平准书》，第1417页。
③ （汉）班固撰：《汉书》二十四下《食货志》，第1152页。
④ 日本学者郡司勇夫指出："最早的私铸钱是秦以后、汉代的吕后制作八株半两钱之前的混乱时期（约六年时间）出现的所谓'榆荚钱'。由正史的记载可知，这种钱是因为秦的十二株半两过重而准许民间铸造的荚钱。我所说的私铸钱是指非官铸品，但是，民间铸钱得到政府准许，这和后世的私铸钱具有本质上的差异。"［日］郡司勇夫：《中国私铸钱之我见》，良驹译，《中国钱币》1994年第3期。
⑤ 张家山二四七号汉墓竹简整理小组：《张家山汉墓竹简》（释文修订本），第35页。
⑥ （汉）班固撰：《汉书》卷四《文帝纪》，第121页。

铢，遂在一定程度上减少通货数量、平抑了物价。其二，钱权称量。文帝放铸确立了"法钱"制度，此为后世"样钱"之滥觞。民间所铸货币在流通时须经过法定钱权称量，符合规制者方可进入流通领域。其三，增发官钱。凡合规之铸币，无论源自官府、地方还是民间，均可流通。因此，此次放铸极大激发了诸侯国铸币热情。是时，"吴王即山铸钱，而幸臣邓通亦赐铜山，得自铸钱。吴王、邓通钱甚盛矣"。① 其四，刑罚制裁。对于掺杂铅铁铸币者，处以墨刑。"法使天下公得顾租铸铜锡为钱，敢杂以铅铁为它巧者，其罪黥"。② 景帝中元六年（前144）十二月，"定铸钱伪黄金弃市律"。③ 至此，持续三十余年的民间放铸政策宣告结束，铸币政策回归至官府垄断形态。汉代两次放铸故事，成为后世放铸理论形成与发展的直接参照。

三国至隋三百余年间，币制不一，铸钱粗恶，且官铸劣钱与民间铸币之间难于区分，剪轮、𬘓环等钱泛滥难治。刘宋孝武帝铸"孝建四铢"，形式薄小，轮廓不成，盗铸者杂以铅锡，钱益滥恶。孝建三年（456）十二月，始兴郡公沈庆之援孝文放铸故事，倡听民铸钱之议：

> 昔秦币过重，高祖是患，普令民铸，改造榆荚，而货轻物重，又复乘时。太宗放铸，贾谊致讥，诚以采山术存，铜多利重，耕战之器，曩时所用，四民竞造，为害或多。而孝文弗纳，民铸遂行，故能朽贯盈府，天下殷富。况今耕战不用，采铸废久，镕冶所资，多因成器，功艰利薄，绝吴、邓之资，农民不习，无释耒之患。方今中兴开运，圣化惟新，虽复偃甲销戈，而仓库未实，公私所乏，唯钱而已。愚谓宜听民铸钱，郡县开置钱署，乐铸之家，皆居署内，平其准式，去其杂伪，官敛轮郭，藏之以为永宝。去春所禁新品，一时施用，今

---

① （东汉）荀悦、（东晋）袁宏撰：《两汉纪》卷七《孝文皇帝纪上》，张烈点校，中华书局2002年版，第101页。《汉书·邓通传》："上使善相人者相通，曰：'当贫饿死。'上曰：'能富通者在我，何说贫？'于是赐通蜀严道铜山，得自铸钱。邓氏钱布天下，其富如此。"〔（汉）班固撰：《汉书》卷九十三《佞幸·邓通传》，第3723页〕

② （汉）班固撰：《汉书》卷二十四下《食货志》，第1153页。周艳常认为，汉文帝在考虑当时的国情及自身实际的情况下，"无奈"地制定了这一货币制度，虽然有较大的消极影响，但对其主流积极作用我们应该给予充分的肯定，其为汉武帝统一的五铢钱制度奠定了基础。（周艳常：《汉文帝坚持"使民放铸"的难言之隐》，《吉林省教育学院学报》2015年第5期）

③ （汉）班固撰：《汉书》卷五《景帝纪》，第148页。

铸悉依此格。万税三千，严检盗铸，并禁剪凿。数年之间，公私丰赡，铜尽事息，奸伪自止。且禁铸则铜转成器，开铸则器化为财，翦华利用，于事为益。①

北朝亦有放铸故事可循。北魏太和十九年（495），始铸"太和五铢"。"民有欲铸钱者，听就官炉，铜必精练，无得殽杂。"②《魏书·食货志》记载，东魏孝静帝武定六年（548），实行货币称量准入制度，在遵循不禁私铸的前提之下，强调货币重量、成色合规：

> 文襄王以钱文五铢，名须称实，宜称钱一文重五铢者，听入市用。计百钱重一斤四两二十铢，自余皆准此为数。其京邑二市、天下州镇郡县之市，各置二称，悬于市门，私民所用之称，皆准市称以定轻重。凡有私铸，悉不禁断。但重五铢，然后听用。若入市之钱，重不五铢，或虽重五铢而多杂铅镴，并不听用。③

二、放铸、禁铸之争

彭信威指出，汉代关于造币权的争论，实质就是儒家和法家思想的冲突。汉初的放任政策，表明儒家理论占优势④，所谓"王者外不鄣海泽，以便民用，内不禁刀币，以通民施"。汉初实施的两次放铸，为汉初经济恢复乃至造就文景盛世发挥了异常重要的作用。

然而，针对文帝纵民铸钱之举，贾山、贾谊明确反对。《汉书·贾山传》载："其后文帝除铸钱令，山复上书谏，以为变先帝法，非是。"关于禁止放铸，贾山并未形成系统理论，只是从君主赏罚权术角度对民间放铸提出质疑：

> 钱者，亡用器也，而可以易富贵。富贵者，人主之操柄也，令民

---

① （南朝·梁）沈约：《宋书》卷七十五《颜竣传》，第1961页。
② （宋）司马光：《资治通鉴》卷一百四十八"武帝天监十六年正月"，第4630页。
③ （北齐）魏收：《魏书》卷一百一十《食货志》，第2866页。
④ 彭信威：《中国货币史》，第115页。

为之，是与人主共操柄，不可长也。①

相比之下，贾谊的货币理论更为全面系统，从"铜禁"、"官铸"两个角度彻底否定放铸政策。他认为，"朝廷当务之急应当是整顿货币流通领域中的混乱秩序，把铸造、收藏、支出等管理货币的大权高度集中于中央政府，牢牢掌握在皇帝手中"。②《新书·铜布》称：

> 铜布于下，为天下灾，何以言之？铜布于下，则民铸钱者，大抵必杂以铅铁焉，黥罪日繁，此一祸也。铜布于下，伪钱无止，钱用不信，民愈相疑，此二祸也。铜布于下，采铜者弃其田畴，家铸者损其农事，谷不为则邻于饥，此三祸也。故不禁铸钱，则钱常乱。黥罪日积，是陷阱也。且农事不为，有疑为灾，故民铸钱不可不禁。上禁铸钱，必以死罪。铸钱者禁，则钱必还重；钱重则盗铸钱者起，则死罪又复积矣，铜使之然也。故铜布于下，其祸博矣。③

论述了铜材自由开采、流通的三宗危害：民间铸造恶钱，增加犯罪；铜钱伪劣，信用不行；采矿冶铜，废弃稼穑。贾谊指出，国家集中管控铜材有诸多益处，谓之"七福"：一曰减少犯罪；二曰树立信用；三曰劝课农桑；四曰掌握敛散；五曰维护集权；六曰增殖财富；七曰克敌怀远：全面涉及国家政治、经济、军事、外交等诸多领域。"铜布"理论使贾谊成为历代铜禁思想之鼻祖。

不宁唯是，在系统提出"铜禁"理论的同时，贾谊又对文帝纵民铸钱提出严厉批评：

> 乃者窃闻吏复铸钱者，民人抵罪，多者一县百数，少者十数。家属、知识及吏之所疑，系囚、榜笞及奔走者，类甚不少。仆未之得

---

① （汉）班固撰：《汉书》卷五十一《贾山传》，第 2337 页。
② 沈端民：《贾谊（长沙）用禁私铸和"散财币"以招"七福"的思想》，《长沙大学学报》2010 年第 6 期。
③ （汉）贾谊：《新书》卷三"铜布"，阎振益、钟夏校注，中华书局 2000 年版（新编诸子集成），第 110—111 页。

验，然其刑必然。抵祸罪者，固乃始耳。此无息时，事甚不少，于上大不便。愿陛下幸勿忽！

　　法使天下公得顾租铸钱，敢杂以铅铁为它巧者，其罪黥。然铸钱之情，非殽铅铁及以杂铜也，不可得赢；而殽之甚微，又易为，无异盐羹之易，而其利甚厚。张法虽公铸铜锡，而铸者情必奸伪也。名曰顾租公铸，法也，而实皆黥罪也。有法若此，上将何赖焉？夫事有召祸而法有起奸，今令细民操造币之势，各隐亲其家而公铸作，因欲禁其大利微奸，虽黥罪日报，其势不止，民理然也。夫白着以请之，则吏随而擿之，为民设阱，孰积于是？上弗蚤图之，民势且尽矣！曩禁铸钱，死罪积下；今公铸钱，黥罪积下。虽少异乎，未甚也。民方陷溺，上且弗救乎？

　　且世民用钱，县异而郡不同；或用轻钱，百加若干，轻小异行；或用重钱，平称不受。法钱不立，将使天下操权族，而吏急而壹之乎，则吏烦苛而民弗任，且力不能而势不可施；纵而弗苛乎，则郡县异而肆不同，小大异同，钱文大乱。夫苟非其术，则何向而可哉？

　　夫农事不为，而采铜日烦，释其耒耨，冶镕炉炭。奸钱日繁，正钱日亡。善人怵而为奸邪，愿民陷而之刑僇。黥罪繁积，吏民且日斗矣。少益于今，将甚不祥，奈何而忽？国知患此，吏必议曰："禁之。"不得其术，其伤必大，何以圉之？令禁铸钱，钱必还重，四钱之粟，必还二钱耳。重则盗铸钱如云而起，则弃市之罪又不足以禁矣。奸不胜而法禁数溃，难言已，大事也。久乱而弗蚤振，恐不称陛下之明。凡治不得，应天地星辰有动，非小故也。或累王德，陛下不可以急，方今始伏，望可善图也。[①]

他认为，由于国家对民间铸币设有严格规制，而民间铸币意在谋利，盗铸犯罪数势必大幅攀升。其次，各地郡县、封国通货流通标准不一，纵民自铸，可能加剧币值混乱。再次，百姓采冶自铸，废弃农桑，最终导致"奸钱日繁，正钱日亡"，出现劣币驱逐良币的危险局面。

伴随汉景帝时恢复"铸钱伪黄金弃市律"，民间放铸全盘叫停。贾谊的"铜布"与"铸钱"理论，成为后世反对纵民私铸的有力论据。在基

---

① （汉）贾谊：《新书》卷四"铸钱"，第166—168页。

本理论建构层面，后世学者基本未能超出贾谊论断之窠臼。前述孝建三年（456）沈庆之倡议再行放铸，即遭丹阳尹颜竣等激烈驳斥，其立论与贾氏何其相似：

> 泉货利用，近古所同，轻重之议，定于汉世，魏、晋以降，未之能改。诚以物货既均，改之伪生故也。世代渐久，弊运顿至，因革之道，宜有其术。今云开署放铸，诚所欣同。但虑采山事绝，器用日耗，铜既转少，器亦弥贵。设器直一千，则铸之减半，为之无利，虽令不行。又云："去春所禁，一时施用。"是欲使天下丰财。若细物必行，而不从公铸，利已既深，情伪无极，私铸剪凿，尽不可禁。五铢半两之属，不盈一年，必至于尽。财货未赡，大钱已竭，数岁之间，悉为尘土，岂可令取弊之道，基于皇代。今百姓之货，虽为转少，而市井之民，未有嗟怨，此新禁初行，品式未一，须臾自止，不足以垂圣虑。唯府藏空匮，实为重忧。今纵行细钱，官无益赋之理。百姓虽赡，无解官乏。唯简费去华，设在节俭，求赡之道，莫此为贵。然钱有定限，而消失无方，剪铸虽息，终致穷尽者，亡应官开取铜之署，绝器用之涂，定其品式，日月渐铸，岁久之后，不为世益耳。①

三、开元放铸之争

开元二十二年（734）的放铸之争，源于宰臣张九龄奏请。据《资治通鉴》，"张九龄请不禁铸钱，三月，庚辰，敕百官议之"。② 张九龄放铸之议，遭遇百僚强烈抵制，黄门侍郎平章事裴耀卿、黄门侍郎李林甫、河南少尹萧炅、秘书监崔沔、左监门录事参军刘秩等均上疏奏，极言放铸之弊。览其梗概，其要有三。

（一）与夺之术

在金属铸币条件下，货币作为特殊商品，按照市场经济规律，原本具

---

① （南朝·梁）沈约：《宋书》卷七十五《颜竣传》，第 1962—1963 页。
② （宋）司马光：《资治通鉴》卷二百十四"玄宗开元二十二年三月庚辰"，第 6806 页。

备自发调节功能。故而部分国家允许私人铸造货币,货币的发行量与购买力基本由市场决定。但是,与君主集权的"大一统"思想相一致,由中央政府垄断铸币权的观念可谓根深蒂固。春秋时管仲相齐之际,已将货币发行视为君主治国之重器:

> 三币握之则非有补于暖也,食之则非有补于饱也。先王以守财物,以御人事,而平天下也。①

贾谊系统提出铜材垄断与国家治理的二元关系:"铜不布下,毕归于上,上挟铜积以御轻重,钱轻则以术敛之,钱重则以术散之,则钱必治矣。"②君主掌控货币敛散的权力,对于国家政治、经济具有重要意义。官府应依据货币与商品比例,参照市场价格确定货币投放数量。如遇通货膨胀、货币贬值,则将部分货币暂时贮藏,提高货币交换价值;如遇通货紧缩、物价暴跌,则向流通领域增投货币,借此平抑物价。由此,君主成为掌控货币敛散的唯一合法主体。而国家投入货币,势必受到国家财力、铸币成本、商品价格等诸多因素影响。由市场客观调整到君主主观操控的观念转变,促使历代基本对放铸持否定态度。传统敛散观念对唐人产生深刻影响,以致君主专享货币铸行的权力,这成为抵制放民自铸的绝杀之技。裴耀卿等认为:"钱者通货,有国之权,是以历代禁之,以绝奸滥。"③刘秩详述周、秦以来历代经验,强调国家垄断货币发行权是决定国家理乱兴衰之根本所在:

> 夫钱之兴,其来尚矣,将以平轻重而权本末,齐桓得其术而国以霸,周景失其道而人用弊。考诸载籍,国之兴衰,实系于是。陛下思变古以济今,欲反经以合道,而不即改作,询之刍荛,臣虽蠢愚,敢不荐其闻见。古者以珠玉为上币,黄金为中币,刀布为下币。……是以命之曰衡。衡者,使物一高一下,不得有常。故与之在君,夺之在君,贫之在君,富之在君。是以人戴君如日月,亲君如父母,用此术

---

① 黎凤翔撰:《管子校注》卷二十二《国蓄第七十三》,梁运华整理,中华书局2004年版(新编诸子集成),第1279页。
② (汉)贾谊:《新书》卷三《铜布》,第111页。
③ (后晋)刘昫等:《旧唐书》卷四十八《食货上》,第2097页。

也，是为人主之权。今之钱，即古之下币也。陛下若舍之任人，则上无以御下，下无以事上，其不可一也。①

（二）逐利犯禁

文帝在放民自铸的同时设定了流通货币规制和严厉的惩罚措施，这些措施对于恢复国家经济发挥了重要作用。然而，百姓铸币旨在谋利，以掺杂铅铁方式铸造奸钱在所难免，虽施加重刑未能奏效。依据法钱标准规定的称量准入制度，不仅手续繁琐，而且存在难于定性鉴别的严重缺陷。百姓自铸货币，在重量与成色之间往往存在重大出入，市面恶钱可能呈现暴增趋势。如长安年间，明令百姓依样用钱的同时，规定"钱非穿穴及铁锡铜液，皆得用之，熟铜、排斗、沙涩之钱皆售"。②此类奸钱，民间盗铸者当不在少数。而私铸钱又在《唐律》明令禁止之列，在逐利本性与律条禁令之间形成难以逾越的体制鸿沟。基于上述历史与现实的考虑，多数官员对于放铸均持反对立场。裴耀卿、李林甫等指出，"今若一启此门，但恐小人弃农逐利，而滥恶更甚，于事不便"。③崔沔《禁私铸议》指出：

> 然则虽许私铸，不容奸钱；钱不容奸，则铸者无利；铸者无利，则私铸自息。斯则除之与不除，为法正等。能谨于法而节其用，则令行而诈不起，事变而奸不生，斯所以称贤君也。

值得注意的是，唐人在反对放铸的同时，也对货币理论有所建构。如崔氏即提出禁断恶钱、税铜折役、计估度庸三项救弊良策，以期整饬国家金融政策，遏制奸钱泛滥：

---

① （后晋）刘昫等：《旧唐书》卷四十八《食货上》，第 2097 页。彭信威指出：刘秩有一点意见是前人没有说过的，就是货币价值和人口增减的关系，他说，"夫钱重者，犹人滋加于前，而炉不加于旧"。这就是说，如果货币数量不变，而人口不断增加，币值就会增加。他这话说明了为什么唐初百年间的私铸没有引起大规模的物价上涨：因为在一百年之内，户口增加一倍以上。贞观时户不满三百万，到开元二十年，则增至七百八十六万一千二百三十六户。人口多生产自然也发达，所以需要更多的通货数量。（彭信威：《中国货币史》，第 234 页）
② （宋）欧阳修、宋祁：《新唐书》卷五十四《食货四》，第 1384 页。
③ （唐）杜佑：《通典》卷九《食货九·钱币下》，第 201 页。

> 今若听其私铸，严断恶钱，官必得人，人皆知禁诫，则汉政可侔，犹恐未若皇唐之旧也。今若税铜折役，则官冶可成，计估度庸，则私钱无利。易而可久，简而难诬，谨守旧章，无越制度。且钱之为物，贵以通货，利不在多，何待私铸然后足用也？①

崔氏三策中提及的"禁断恶钱"，是武德以来朝廷长期坚守的基本策略。"税铜折役"则与开元时期"铜法"改革直接关联。至开元晚期，官府改变开元七年（719）《杂令》中"诸州界内出铜矿处官未置场者，百姓不得私采"的规定，正式确立"天下诸州出铜铁之所，听人私采，官收其税"制度，此与崔氏奏请完全吻合，同时也标志着作为钱法重要组成部分之"铜法"，至此取得重大理论突破。"计估度庸"的核心则在于坚守肆力农桑、绢帛本位的传统观念，以此抑制钱重物轻、奸贾牟利。

（三）贻害农本

先圣设教，稼穑为先。《毛诗》郑笺："古者先王之政以农为本。"②自铸获利丰厚，势必在职业选择中产生直接诱导，社会劳动力被大量吸纳至采矿、冶炼、铸造、运输等相关行业，农业生产必将受到严重干扰。一言以蔽之，"若许私铸，则下皆弃农而竞利矣"。③崔沔认为，"若许私铸，人必竞为，各徇所求，小如有利，渐忘本业，大计斯贫"。刘秩指出，受经济利益驱使，开放私铸使大量劳动者投身于铸钱，可能引发社会动荡和贫富悬殊：

> 夫许莱人铸钱，莱无利则人不铸，有利则人去南亩者众；去南亩者众，则草不垦；草不垦，又邻于寒馁，其不可四也。夫人富溢则不可以赏劝，贫馁则不可以威禁，故法令不行，民之不治，皆由贫富之不齐也。若许其铸钱，则贫者必不能为。臣恐贫者弥贫而服役于富室，富室乘之而益恣。昔汉文之时，吴濞，诸侯也，富埒天子；邓通，大夫也，财侔王者。此皆铸钱所致也。必欲许其私铸，是与人利权而舍其柄，其不可五也。④

---

① （宋）王溥：《唐会要》卷八十九《泉货》，第1929页。
② （汉）毛亨传，（汉）郑玄笺，（唐）孔颖达疏：《毛诗正义》卷十三《小雅·钟鼓》，第947页。
③ （宋）欧阳修、宋祁：《新唐书》卷五十四《食货四》，第1385页。
④ （宋）王溥：《唐会要》卷八十九《泉货》，第1929页。

刘秩在列举放铸弊病的同时，再次将舆论焦点聚合于唐代货币理论之核心命题——铜禁，但究其根本，尚未突破贾生旧章：

> 夫铸钱用不赡者，在乎铜贵；铜贵之由，在于采用者众矣。夫铜以为兵则不如铁，以为器则不如锡，禁之无害，陛下何不禁于人？禁于人，则铜无所用；铜无所用，则铜益贱；铜贱则钱之用给矣。夫铜不布下，则盗铸者无因而铸；无因而铸，则公钱不破，公钱不破，则人不犯死刑，钱又日增，未复利矣。是一举而四善兼也，伏惟陛下熟察之。①

开元时期放铸领域理论争执并未就此终结。《新志》："信安郡王祎复言国用不足，请纵私铸。议者皆畏祎帝弟之贵，莫敢与抗。独仓部郎中韦伯阳以为不可，祎议亦格。"②信安郡王祎奏请放铸之议，其事当在开元二十二年（734）以后，因韦伯阳谏阻，事终不行。

四、天福开禁私铸

张九龄纵民私铸的倡议，在二百年后曾经灵光一现。后晋天福三年（938），官府再次开禁民间铸钱。据《旧五代史》，天福三年十一月癸亥，"诏许天下私铸钱，以'天福元宝'为文"。③《公私铸钱条章诏》详尽记载了放铸原因、铸币规格、禁断奸钱、铜冶采炼、禁铸铜器等问题：

> 国家所资，泉货为重，销镕则甚，添铸无闻。爰降条章，俾臻富

---

① （宋）王溥：《唐会要》卷八十九《泉货》，第1930页。
② （宋）欧阳修、宋祁：《新唐书》卷五十四《食货四》，第1385—1386页。信安郡王祎为吴王恪孙，玄宗再从兄。据《唐会要》，景云元年十月，"以故吴王恪孙祎为嗣江王"。〔（宋）王溥：《唐会要》卷四十六《封建》，第957页〕开元十二年夏四月癸卯，"嗣江王祎降为信安郡王"。〔（后晋）刘昫等：《旧唐书》卷八《玄宗纪上》，第186页〕天宝二年（743年）祎"迁太子少师，制出，病甍，年八十余"。〔（后晋）刘昫等：《旧唐书》卷七十六《太宗诸子·吴王恪传》，第2652页〕玄宗垂拱元年（685）生于东都，天宝二年玄宗五十八岁。开元十二年四月《嗣江王祎封郡王制》云："再从兄将作大匠嗣江王祎，为信安郡王。"〔（宋）宋敏求：《唐大诏令集》卷三十八《封郡王·嗣江王祎封郡王制》，第171页〕由此，《新志》所言有误。
③ （宋）薛居正等：《旧五代史》卷七十七《晋书第三·高祖纪三》，第1022页。

庶。宜令三京、邺都诸道州府，无问公私，应有铜者，并许铸钱。仍以天福元宝为文，左环读之。委盐铁司铸样颁下诸道，令每一钱重二铢四絫，十钱重一两。或虑诸人接便，将铅铁铸造，杂乱铜钱，仍令三京、邺都诸道州府，依旧禁断。尚虑逐处铜数不多，宜令诸道应有久废铜冶处，许百姓取便开炼，永远为主，官中不取课利。其有生熟铜，仍许所在中卖入官，或任自铸钱行用。其余许铸钱外，不得接便别铸铜器。如有违犯者，并准三年三月敕条处分。①

促使后晋政权开禁私铸的主要原因在于市面通货紧缩，而销铸牟利与官铸不足，则是造成通货紧缩的直接原因。这些问题与开元时期相比，其实并无本质差异。此次放铸参考汉文帝放铸故事，规定"天福元宝"钱文形制与记重标准，并禁止违规恶钱流通和销钱铸器。尤其值得注意的是，为保障铸钱物资供给，后晋积极鼓励百姓采炼铜矿，确认铜冶产权且免征赋税。与唐代"铜法"相比，此为重大理论突破。

不幸的是，此次设定的铸钱标准难以推行。同年十二月戊寅《任公私铸钱敕》即对十一月癸亥《公私铸钱条章诏》予以修订，核心在于调整铸钱标准："宜令天下无问公私，应有铜欲铸钱者，一任取便酌量轻重铸造。"②《五代会要》则对此诏有详细记载：

先许铸钱，仍每一钱重二铢四絫，十钱重一两。切虑逐处缺铜，难依先定铢两，宜令天下无问公私，应有铜处，有铸钱者，一任取便酌量轻重铸造。因兹不得入铅并铁，及缺漏不堪久远流行。仍委盐铁使明行晓示，余准元敕指挥。仍付所司。③

铜材匮乏是促使官府废除"天福元宝"铸造标准的根本原因，也说明开禁铜冶、整饬销铸的实际效果不让人满意。

就时代背景而言，此次放铸与汉文帝放铸存在根本不同。自"开元通宝"铸行，中国货币由"记重钱"时代跨入"通（元）宝钱"时代，

---

① （宋）王溥：《五代会要》卷二十七《泉货》，第436页。
② （宋）薛居正等：《旧五代史》卷七十七《晋书第三·高祖纪三》，第1023页。
③ （宋）王溥：《五代会要》卷二十七《泉货》，第436页。

货币本身价值与交换价值进一步分离,汉代推行的钱权规则无法适用,北朝以来实行的"悬样勘验"制度在实践中也无法适应交易的实际需求。更为重要的是,减重掺假后,轻薄恶钱的实际购买力与信用度却不会由于钱文标示和计量标准的变化而变化。"酌量轻重铸造"意味着放弃"二铢四絫"、"十钱一两"的法钱标准,同时规定禁止掺和铅铁等,这些禁止性规定也实属具文而已。由于在理论与实践方面均无充分准备,天福年间放铸尝试注定夭折。天福四年(939)七月丙辰《禁铸私钱敕》规定:

> 先令天下州府公私铸钱,近闻以铅锡相参,缺薄小弱,有违条制,不可久行。今后只官铸钱,私铸钱下禁依旧法。①

经过天福三年两次调整,钱法大坏,恶钱滥行。《资治通鉴》记:"先令天下公私铸钱,今私钱多用铅锡,小弱缺薄,宜皆禁之,专令官

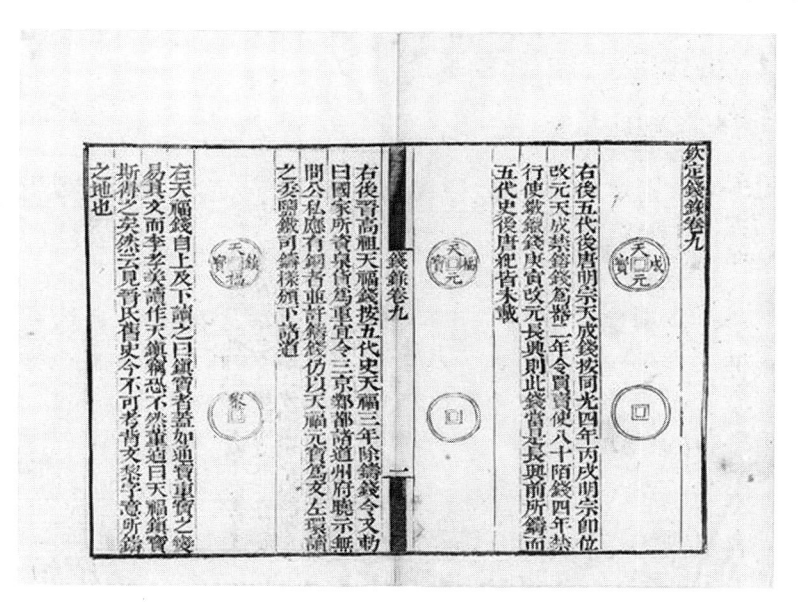

图 5-1

资料来源:(清)梁诗正、于敏中:《钦定钱录》,商务印书馆1937年版。

---

① (宋)王溥:《五代会要》卷二十七《泉货》,第436页。

司自铸。"① 此次持续不足半年的放铸尝试宣告寿终正寝。究其根本原因，民间放铸已无法有效缓解钱荒问题，反而会进一步刺激恶钱的泛滥，放铸理论与实践已与唐末五代社会经济发展的现实不相匹配。

第二节　钱重物轻

轻重理论是货币理论的传统命题之一，对当时货币政策、通货信用、商品价格等均具有重大影响。关于唐代钱重货轻问题，岑仲勉②、韩国磐③、胡如雷④、金宝祥⑤、薛平拴⑥、赵和平⑦、张靖人⑧等已有诸多真知灼见。本节主要从钱法理论角度，依据唐代诏敕、策论、奏疏等基本史料，概括传统轻重理论在唐代金融领域的适用与发展。

一、唐代轻重理论之源流

古代货币轻重理论源出管仲，后世因革损益之。管子认为，"人君铸钱立币，民庶之通施也"。君主掌控的货币铸造、流通和敛散权力，是调整国计民生之中枢所在。他说：

> 故善者委施于民之所不足，操事于民之所有余。夫民有余则轻之，故人君敛之以轻。民不足则重之，故人君散之以重。敛积之以轻，散行之以重，故君必有什倍之利，而财之櫎可得而平也。⑨

---

① （宋）司马光：《资治通鉴》卷二百八十二"高祖天福四年七月丙辰"，第9204页。
② 岑仲勉：《隋唐史》，第404—405页。
③ 韩国磐：《隋唐五代史纲》，第317页。
④ 胡如雷：《中国封建社会形态研究》，第214页。
⑤ 金宝祥：《安史乱后唐代封建经济的特色》，《甘肃师大学报》1981年第2期。
⑥ 薛平拴：《中晚唐"钱重物轻"试探》，《陕西师范大学学报》1995年第3期。
⑦ 赵和平：《中晚唐钱重物轻问题和估法》，《北京师院学报》1984年第4期。
⑧ 张靖人：《试论中晚唐钱重物轻的原因》，《四川民族学院学报》2011年第1期。
⑨ 黎凤翔撰：《管子校注》卷二十二《国蓄第七十三》，第1269页。

"轻重敛散"说是自然经济条件下较为理想的货币理论,其核心在于国家应完全掌握整个社会经济的控制权。① 汉儒贾谊又将敛散之术聚焦于铜:"上挟铜积以御轻重,钱轻则以术敛之,钱重则以术散之,则钱必治矣。"② 即国家通过控制铜材掌控货币铸行权,按照物价波动走势及时调整市面货币数量,建立适时投入或退出机制。由此,物价成为货币自身价值的直接参考,"铜禁"法令由此获得古代"钱法"之核心地位。

魏晋南北朝之际,轻重理论得到进一步发展,刘宋何尚之剖析货币与商品之间的比例关系,强调货币的价值尺度职能:"夫泉贝之兴,以估货为本,事存交易,岂假数多。数少则币重,数多则物重,多少虽异,济用不殊。"③

传统"轻重敛散"理论一直在唐代士大夫阶层中有重要影响,开元二十二年(734)三月,左监门录事参军刘秩曾曰:

> 夫物贱则伤农,钱轻则伤贾。故善为国者,观物之贵贱,钱之轻重。夫物重则钱轻,钱轻由乎物多,多则作法收之使少,少则钱重,重则作法布之使轻。轻重之本,必由乎是,奈何而假于人?④

轻重理论的精髓在于"平衡",货币贬值或物价低迷都会对社会经济产生致命影响。欲于商品与货币间求得平衡,必须非常注意物价状况,随时调控市场通货数量,而且货币敛散权力必须由官府垄断。刘秩上述观点基本是对贾谊思想的重述。

刘秩进而指出,开元时期钱重的原因在于货币投入不足,而百货繁滋,食品与货币之间失去平衡。同时官钱厚重足值,"盗铸者破重钱以为轻钱。钱轻禁宽则行,钱重禁严则止,止则弃矣,此钱之所以少也。"但是,刘秩认为"钱轻由乎物多"的观点仅是依据比例关系的主观臆断,与唐代货币经济实际状况相去甚远。实质上,唐人早已注意到商品与货币失衡问题:"今田畴不加辟,而菽粟之估日轻;桑麻不加植,而布帛之价日贱。"可见,所谓"物多"的观点难以成立。"钱重物轻"在

---

① 汪圣铎:《中国钱币史话》,第62页。
② (汉)贾谊:《新书》卷三《铜布》,第110页。
③ (南朝·梁)沈约:《宋书》卷六十六《何尚之传》,第1735页。
④ (宋)李昉等:《文苑英华》卷七百六十九《货食》,第4044页。

中唐以后的集中爆发，有其深刻的社会原因。其实，通货数量的多少恰恰是商品价格升降的原因，此于德宗时陆贽《请两税以布帛为额不计钱数奏》中有明确交代。由此观之，刘秩物多引发钱轻的论断显然属于本末倒置：

> 物贱由乎钱少，少则重，重则加铸而散之使轻；物贵由乎钱多，多则轻，轻则作法而敛之使重。是乃物之贵贱，系于钱之多少；钱之多少，在于官之盈缩。①

可见，轻重理论自管子发轫，经贾生、何尚之、刘秩、陆贽诸儒结合特定历史环境厘定阐发，其主旨集中于集权与禁铜、物价与敛散两对主要法律关系。君主集中控制货币铸行，其中尤以控制铜材为核心；由物价变动观测市场经济运行状况，若出现异常上涨或下跌，则以减少或增加货币数量加以平抑。上述理论直接支配着唐前期官钱发行、投放、流通等环节中若干重大经济决策与应用。

二、唐代钱重物轻之困局

唐前期金融问题主要集中于恶钱治理，以及因恶钱滥行所引发的物价上涨问题。这一阶段，"钱重物轻"问题尚未成为舆论热点。乾封元年（666）五月行乾封泉宝，"谷帛踊贵，商贾不行"。② 仪凤四年（679），"时米粟渐贵，议者以为铸钱渐多，所以钱贱而物贵"。③ 天宝十一载（752），"李林甫请出绢布三百万匹平估收钱，物价踊贵"。④ 唐代长期实行钱帛并行的复本位制度，金属货币与实物货币都是同等法偿币，但事实上则以铜钱为主币。傅筑夫认为，从根本而言，"钱重物轻"是唐代复本位货币制度运行以及铜钱的自然优势造就的，"客观经济规律决定了两种货币不可能处于同等地位，不可能作同等使用，于是钱重物轻的问题便跟

---

① 《陆贽集》卷二十二《中书奏议六》，第744页。
② （宋）司马光：《资治通鉴》卷二百一"高宗乾封二年正月癸未"，第6351页。
③ （后晋）刘昫等：《旧唐书》卷四十八《食货上》，第2096页。
④ （宋）欧阳修、宋祁：《新唐书》卷五十四《食货四》，第1386页。

着发生"。①

与此同时,安史乱后,唐代金融领域的焦点逐渐发生变化,"钱重物轻"的出现又与两税法的实行有着密切联系。建中初年颁行两税法,恰好是出现钱重物轻现象的历史起点。② 据《唐会要》,"自建中初定两税时,货重钱轻,是后货轻钱重"。③ 至贞元初,钱重物轻问题已在京师局部显现。《新唐书·韩滉传》记贞元二年(786),尚书右丞元琇判度支,"以京师钱重货轻,发江东盐监院钱四十万缗入关"。④ 因两税以现钱缴纳,农户须将农产品变卖后,折抵现钱完税。受市场供求、物价波动、高利盘剥等因素综合影响,税制改革促使货币自身价值发生深刻变动,以至于"钱重货轻"成为困扰中晚唐经济安全的重要问题,并由此催生了独具特色的唐代轻重理论。⑤ 关于税制改革对金融秩序的干扰,贞元十年(794)陆贽即已敏锐抉示:

> 今之两税,独异旧章。违任土之通方,效算缗之末法,不稽事理,不揆人功,但估资产为差,便以钱谷定税,临时折征杂物,每岁色目颇殊,唯计求得之利宜,靡论供办之难易。所征非所业,所业非所征。遂或增价以买其所无,减价以卖其所有。一增一减,耗损已多。且百姓所营,唯在耕织,人力之作为有限,物价之贵贱无恒,而乃定税计钱,折钱纳物,是将有限之产,以奉无恒之输。纳物贱则供税之所出渐多,多则人力不给;纳物贵则收税之所入渐少,少则国用不充。公私二途,常不兼济。以此为法,未之前闻。⑥

作为中晚唐重要的金融现象,时人对于"钱重物轻"问题的关注时常见诸奏疏、策问、诗文。如权德舆《策进士问五道》:"粟帛寖轻,而

---

① 傅筑夫:《中国封建社会经济史》第四卷,第 485 页。
② 薛平拴:《中晚唐"钱重物轻"试探》,《陕西师范大学学报》1995 年第 3 期。
③ (宋)王溥:《唐会要》卷八十三《租税上》,第 1822 页。
④ (宋)欧阳修、宋祁:《新唐书》卷一百二十六《韩休附韩滉传》,第 4436 页。
⑤ 刘玉峰等认为:"通货紧缩形势的不断加剧,两税纳税户实际负担的成倍增加,很大程度上是由两税法的征税方式造成的。"(刘玉峰、钊阳:《试论唐代两税法的制度缺陷和执行弊端》,《唐史论丛》2013 年第 2 期)
⑥ (唐)陆贽:《陆贽集》卷二十二《中书奏议六》,第 737—738 页。

缗钱益重。"① 白居易《礼部试策五道》:"布帛之贱者,由锥刀之壅也。苟粟麦足用,泉货流通,则布帛之价轻重平矣。"② 白居易《赠友五首》又曰:"胡为秋夏税,岁岁输铜钱。钱力日已重,农力日已殚。贱粜粟与麦,贱贸丝与绵。"③ 作为经济领域重大现实问题,有司臣僚曾提出一系列应对举措,对于破解唐代钱重物轻困局具有重要启示。

三、钱重物轻困局之破解

(一)税制厘革

德宗朝推行的两税改革,是加剧"钱重物轻"现象的核心因素。因此,适时削减税额是解决"钱重物轻"问题的重要路径。贞元十年(794),陆贽《论两税之弊须有厘革奏》主张缩减用度开支,减省赋税总额,并废除百姓额外税赋:

> 望令所司与宰臣参量,据每年支用色目中,有不急者,无益者,罢废之;有过制者,广费者,减节之。遂以罢减之资,回给要切之用。其百姓税钱,顷因军兴每贯加征二百者,下诏停之,用复其言,俾人知信。下之化上,不令而行,诸道权宜加征,亦当自请蠲放。如是,则困穷之中,十缓其二三矣。④

与此同时,改革税赋征纳方式是解决"钱重物轻"问题的根本途径。陆贽《请两税以布帛为额不计钱数奏》进而指出,应以建中元年(780)绢布数额为标准,参酌贞元十年物价,确定赋税总额,依据各地所出,仍令以绢帛纳税:

> 臣谓宜令所司勘会诸州府初纳两税年绢、布定估,比类当今时价,加贱减贵,酌取其中,总计合税之钱,折为布帛之数,仍依庸、调旧制,各随乡土所宜。某州某年定出税布若干端,某州某年定出税绢若

---

① (宋)李昉等:《文苑英华》卷四百七十五《策问二十二道》,第2425页。
② 《白居易集笺校》卷四十七《试策问制诰》,朱金城笺校,第2862页。
③ 《白居易集笺校》卷二《讽谕二》,朱金城笺校,第98页。
④ 《陆贽集》卷二十二《中书奏议六·均节赋税恤百姓六条》,第728页。

· 178 ·

千匹,其有绝、绵、杂货,亦随所出定名,勿更计钱,以为税数。①

陆宣公厘革税赋的系列主张对白居易产生深刻影响,白氏在元和元年(806)策对中指出,"赋敛失当"是造成钱重物轻的直接原因,更是造成农桑凋敝、民生困顿的罪恶根源。因此,元和元年,白氏提出劝农桑、议赋税、复租庸、罢缗钱、用谷帛的综合举措,并认为改变税赋征纳方式是挽救时弊的根本途径:

>   当今游惰者逸而利,农桑者劳而伤。所以伤者,由天下钱刀重而谷帛轻也。所以轻者,由赋敛失其本也。夫赋敛之本者,量桑地以出租,计夫家以出庸,租庸者,谷帛而已。今则谷帛之外又责之以钱。钱者,桑地不生;铜,私家不敢铸。业于农者何从得之?至乃吏胥追征,官限迫蹙……今若量夫家之桑地,计谷帛为租庸。以石斗登降为差,以匹夫多少为等。但书估价,并免税钱。则任土之利载兴,易货之弊自革。②

但是,中唐以后,均田制与租庸调制均难以有效施行,完全恢复唐初旧制恐亦未可行。伴随物轻问题的日益严峻,宪宗、穆宗、文宗曾数次下诏,令百寮有司研讨救弊之策。元和七年(812)二月,《令百寮陈钱物重轻利害诏》曰:"钱重物轻,为弊颇甚。详求适变,将以便人。所贵缗货通行,里闾宽恤,宜令群臣各随所见利害状以闻。"③面对两税改革引发的轻重失当问题,韩愈认为,以各地土产应税纳赋是解决问题的根本所在:

>   夫五谷布帛,农人之所能出也,工人之所能为也。人不能铸钱,而使之卖布帛谷米以输钱于官,是以物愈贱而钱愈贵也。今使出布之乡,租赋悉以布;出绵丝百货之乡,租赋悉以绵丝百货;去京百里,悉出草;三百里以粟;五百里之内,及河渭可漕入,愿以草粟租赋,悉以听之:则人益农,钱益轻,谷米布帛益重。④

---

① 《陆贽集》卷二十二《中书奏议六》,第738—739页。
② 《白居易集笺校》卷六十三《策林二》,朱金城笺校,第3469页。
③ (后晋)刘昫等:《旧唐书》卷十五《宪宗纪下》,第441页。
④ 《韩昌黎文集校注》卷八《状·钱重物轻状》,第595页。

元和十五年（820），李翱《疏改税法》指出，自推行两税四十年以来，粟帛日贱，钱益加重，虽屡有诏敕而难改，究其根本，"乃钱重而督之于百姓之所生也"。主张彻底改革税赋征纳方式，内外皆以布帛应税，明定布帛标准，与人休息，藏富于民：

> 今若诏天下，不问远近，一切令不督见钱，皆纳布帛，凡官司出纳，以布帛为准，幅广不得过一尺九寸，长不过四十尺，比两税之初，犹为重加一尺，然百姓自重得轻，必乐而易输，不敢复望如建中之初矣。行之三五年，臣必知农人渐有蓄积，虽遇一年水旱，未有菜色，父母夫妇，能相保矣。若税法如旧，不速更改，虽神农后稷复生，教人耕织，勤不失时，亦不能跻于充足矣。故臣曰：改税法，不督钱而纳布帛，则百姓足。①

可见，税赋征纳方式改革是引发钱重物轻的根本原因，欲改变生民困顿、财用塞蹙之困局，则必须重新考虑税赋制度。元和十五年（820）闰正月，穆宗《令百寮各陈减税策诏》曰："货轻钱重，征税暗加，宜令百寮，各陈意见，以革其弊。"② 八月辛未，"兵部尚书杨於陵总百僚钱货轻重之议，取天下两税、榷酒、盐利等，悉以布帛任土所产物充税，并不征见钱，则物渐重，钱渐轻，农人见免贱卖匹段。请中书门下、御史台诸司官长重议施行。从之。"③ 嗣后，中书门下依据杨於陵等集议，进呈《议钱货轻重状》，建议系统改革税收制度：

> "伏准今年闰正月十七日敕，令百僚议钱货轻重者。今据群官、户部尚书杨於陵等，伏请天下两税、榷盐、酒利等，悉以布帛丝绵任土所产物充税，并不征见钱，则物渐重，钱渐轻，农人见免贱卖匹帛者。伏以群臣所议，事皆至当，深利公私，请商量付度支，据诸州府应征两税，供上都及留州、留使旧额，起元和十年已后，并改配端匹斤两之物为税额。如大历已前租庸课调，不计钱，令其折纳，使人知

---

① （唐）李翱：《李文公集》卷九《表疏七首》。
② 陈尚君辑校：《全唐文补编》，中华书局2008年版，第779页。
③ （后晋）刘昫等：《旧唐书》卷十六《穆宗纪》，第480页。

定制，供办有常，仍约元和十五年征纳布帛等估价。其旧纳虚估物，与依虚估物回计，如旧纳实估物并见钱，即于端匹斤两上量加估价回计。变法在长其物价，价长则永利公私。初虽微有加饶，法行即当就实，比旧给用，固利而不害，仍作条件处置，编入旨符。其盐利、酒利，本以榷率计钱，有殊两税之名，不可除去钱额，但旧额中有令纳见钱者，亦请令折纳时估匹段。官既不专以钱为税，人得以所产用输，则钱货必均其轻重，陇亩自广于蚕织，便时惠下，庶得其宜。其土乏丝麻，或地连边塞，风俗既异，赋入不同，请商量委所司裁酌，随便宜处置。"敕旨："宜依。"①

长庆元年（821）九月，户部尚书杨於陵提出系统治理钱重物轻问题的路线图，建议从税收征收入手，进而通过增加物资投放和铸钱数量，限制铜钱外流和民间私贮，彻底扭转日益严峻的轻重失当问题。"今宜使天下输税课者皆用谷、帛，广铸钱而禁滞积及出塞者，则钱日滋矣。"② 杨於陵等人的建议得到朝廷认可，绵延四十余年的两税制度亦因此发生重大调整，"宰相善其议，由是两税、上供、留州，皆易以布帛、丝纩，租、庸、课、调不计钱而纳布帛，唯盐酒本以榷率计钱，与两税异，不可去钱"。③

（二）敛散之法

敛散之法是实践传统轻重理论的基本手段，主要包括商品调整与货币调整两方面。前者主要通过籴粜方式调节市场商品数量，应对物价异常涨跌；后者主要通过铸币发行调节通货数量，防止货币"轻重"失衡，最终保障商品与货币之间保持适当比例。管子"敛散学说"的要旨在于：适时推行平准政策，藏富于民，保证民间粮食、货币储备充盈。

> 凡轻重之大利，以重射轻，以贱泄平。万物之满虚，随财准平而不变。衡绝则重见。人君知其然，故守之以准平。使万室之都必有万钟之藏，藏镪千万。使千室之都必有千钟之藏，藏镪百万。④

---

① （宋）王溥：《唐会要》卷八十四《租税下》，第1825—1826页。
② （宋）司马光：《资治通鉴》卷二百四十二"穆宗长庆元年九月"，第7799页。
③ （宋）欧阳修、宋祁：《新唐书》卷五十二《食货二》，第1361页。
④ 黎凤翔撰：《管子校注》卷二十二《国蓄第七十三》，第1269页。

唐代钱法考

唐人历来重视传统"敛散"之术的实际应用,"轻重敛散"作为策问题目在科举考试真题中屡次出现。如《文苑英华》卷四百九十九"工商货币"条提出:府无盈储,黎庶弥贫,实由货重物轻所致。"若有单子推权之宜,贾生敛散之术,其具陈之。"① "泉货"条说"轻重良由于出令,敛散实在于得时。"② 礼部试第五道"仓廪之实"条又曰:"以时敛散,以均贵贱,其于羡利,不亦多乎?"③ 诸如此类,不胜枚举。贞元十六年(800)二月,白居易基于对物资储备与货币价值关系的深刻认识,在《礼部试策》中系统阐述了"轻重敛散"理论。白氏主张,国家应因势利导,重视籴粜制度的严格执行,同时充分保障货币流通顺畅;在商品与货币之间,应以商品数量为主导,货币数量与之相适应,则轻重之度可成。他分析说:

> 岁丰则贵籴以利农,岁歉则贱粜以恤下。若水旱作沴,则资为九年之蓄。若兵革或动,则馈为三军之粮。可以均天时之丰俭,权生物之盈缩,修而行之,实百代不易之道也。虞灾救弊,利物宁邦,莫斯甚焉。然则布帛之贱者,由锥刀之壅也。苟粟麦足用,泉货通流,则布帛之价轻重平矣。④

元和元年(806),白居易策论中进一步陈"敛散之法",主张以籴粜平物价,国家应尤其重视该制在丰稔之岁的有效推行。农、共、商"三者和钧,非钱不可",君主应通过货币有效调整四民百业:

> 夫钱刀重则谷帛轻,谷帛轻则农桑困。故散钱以敛之,则下无弃谷遗帛矣。谷帛贵则财物贱,财物贱则工商劳。故散谷以收之,则下无废财弃物矣。敛散得其节,轻重便于时,则百货之价自平,四人之利咸遂。虽有圣智,未有易此而能理者也。方今关辅之间,仍岁大稔,此诚国家散钱敛谷防险备凶之时也。时不可失,伏惟陛下惜之。⑤

---

① (宋)李昉等:《文苑英华》卷四百九十九《策一十三·平农商》,第2556页。
② (宋)李昉等:《文苑英华》卷四百九十九《策一十三·平农商》,第2556页。
③ (宋)李昉等:《文苑英华》卷四百九十九《策一十三·平农商》,第2559页。
④ 《白居易集笺校》卷四十七《试策问制诰》,朱金城笺校,第2861—2862页。
⑤ 《白居易集笺校》卷六十三《策林二》,朱金城笺校,第3471—3472页。

第五章　钱法理论考

"敛散有节，必通其变。"① 中唐以后，敛散理论除体现在籴粜平准理论中外，更直接反映于货币调整领域。安史兵行，财用窘迫，自肃宗朝始，有司臣僚呈请开采铜冶、添炉增铸的奏疏，真实反映了理财之臣治理钱重物轻问题的谋略擘划。大历四年（769）正月丁酉，"关内道铸钱等使、户部侍郎第五琦上言，请于绛州汾阳、铜源两监，增置五炉铸钱，许之"。② 建中元年（780）九月，户部侍郎韩洄以商州红崖冶出铜益多，又有洛源监久废不理，"请增工凿山以取铜，兴洛源钱监，十炉铸之，岁计出钱七万二千贯……其江淮七监，请皆停罢"。③ 建中四年（783）六月，判度支、侍郎赵赞以常赋不足用，"乃请采连州白铜铸大钱，以一当十，权其轻重"。④ 其后赵赞熟计，"自以为非便，皆寝不复请"。⑤ 贞元九年（793）正月，诸道盐铁使张滂"请自今已后，应有铜山，任百姓开采，一依时价，官为收市"。⑥ 元和三年（808）五月，盐铁使李巽上言。元和六年（811）三月，河东节度使王锷"请于当管蔚州界加置炉铸铜钱"。⑦ 开成元年（836）六月，淄青节度使奏"新罗、渤海将到熟铜，请不禁断"。⑧ 上述奏议之中，尤以元和三年五月盐铁使李巽《请于郴州铸钱奏》与元和七年（812）中书侍郎平章事李吉甫所奏《请置飞狐钱坊奏》最为详尽，对于查明时人增铸理论具有重要参考价值：

　　《请于郴州铸钱奏》："得湖南院申，郴州平阳、高亭两县界，有平阳冶及马迹、曲木等古铜坑，约二百八十余井，差官检覆，实有铜锡。今请于郴州旧桂阳监置炉两所，采铜铸钱，每日约二十贯，计一年铸成七千贯，有益于民。"从之。⑨

　　《请置飞狐钱坊奏》："臣访闻飞狐县三河冶铜山约数十里，铜矿至多，去飞狐钱坊二十五里，两处同用拒马河水，以水斛销铜，北方

---

① （宋）王溥：《唐会要》卷八十九《泉货》，第1934页。
② （后晋）刘昫等：《旧唐书》卷四十八《食货上》，第2101页。
③ （宋）王钦若等编纂：《册府元龟》卷五百一《邦计部·钱币第三》，第5688页。
④ （宋）王溥：《唐会要》卷八十九《泉货》，第1931页。
⑤ （宋）王钦若等编纂：《册府元龟》卷五百一《邦计部·钱币第三》，第5688页。
⑥ （宋）王钦若等编纂：《册府元龟》卷五百一《邦计部·钱币第三》，第5689页。
⑦ （宋）李昉等：《太平御览》卷八百三十六《资产部十六·钱下》，第3732页。
⑧ （宋）王钦若等编纂：《册府元龟》卷九百九十九《外臣部·互市》，第11562页。
⑨ （宋）王溥：《唐会要》卷八十九《泉货》，第1932页。

· 183 ·

诸处，铸钱人工绝省，所以平日三河冶置四十炉铸钱，旧迹并存，事堪覆实。今但得钱本，令本道应接人夫，三年以来，其事即立，救河东困竭之弊，成易、定援接之形。制置一成，久长获利。"诏从之。①

此外，唐代开始将区域平衡问题纳入货币敛散理论，对货币流通的认识逐步加深。贞元中期，各地因乏现钱，往往禁止现钱出境，虽然部分缓解钱荒问题，却导致课利有阙、商贾不通。贞元十四年（798）十二月，盐铁使李若初奏请"指挥见钱，任其往来，勿使禁止。从之"。②

（三）严行法禁

通货不足是唐代"钱重物轻"问题的主要表征，而申严铜禁法令，限制民间销铸，则是改变钱荒问题的重要手段。因此，严行铜禁成为时人积极倡导的经济策略之一。

白居易是传统"轻重"理论与"铜禁"政策的积极捍卫者。白氏认为："今国家行挟铜之律，执铸器之禁，使器无用铜。铜无利也，则钱不复销矣。此实当今权节重轻之要也。"③元和七年（812），韩愈《钱重物轻状》也提出"铜禁"主张，涉及铸器、铸像、蓄铜等诸多方面："禁人无得以铜为器皿；禁铸铜为浮屠佛像钟磬者；蓄铜过若干斤者，铸钱以为他物者，皆罪死不赦。"④元和十五年（820）八月，中书门下《州郡收铜铸钱奏》集中反映了中晚唐时期应对"钱重物轻"问题的官方态度：

> 中书门下奏："伏准群官所议铸钱，或请收市人间铜物，令州郡铸钱。当开元以前，盐铁使未置，亦令州郡勾当铸造。今若两税纳匹段，或虑兼要通用见钱。欲令诸道公私铜器，各纳所在节度、团练、防御、经略使，便据元敕给与价直并折两税。仍令本处军人镕铸。其铸本请以留州、留使年支未用物充，所铸钱便充军府州县公用。当处军人，自有粮赐，亦校省本，所资众力，并收众铜，天下并功，速济时用。待一年后，铸器物尽则停。其州府有出铜铅可以开炉铸处，具

---

① （唐）李吉甫撰：《元和郡县图志》卷十八《河东道五·蔚州》，第407页。
② （宋）王溥：《唐会要》卷八十九《泉货》，第1932页。
③ 《白居易集笺校》卷六十三《策林二》，朱金城笺校，第3472页。
④ 《韩昌黎文集校注》卷八《状·钱重物轻状》，第595页。

申有司，便令同诸监冶例，每年与本充铸。其收市铜器期限、并禁铸造买卖铜物等，待议定，便令有司条流闻奏。其上都铸钱及收铜器，各请各处分。将欲颁行，尚资周虑，请令中书门下两省、尚书省、御史台并诸司长官商量，重议闻奏。"从之。①

"铜禁"是唐代钱法的核心问题，也是破解钱重物轻困局的关键因素。直至晚唐，"铜禁"的有效实施仍是君臣研讨的重要话题。开成三年（838）六月癸丑，文宗与宰臣杨嗣复、李珏讨论"钱重物轻"问题，杨嗣复、李珏主张以禁铜为当务之急。宰相李珏则将问题聚焦于法禁施行：

先有止令，州府禁铜为器，当今以铜为器，而不知禁。所病者制敕一下，曾不经年，而州县因循，所以制令相次，而视之为常。今自淮而南，至于江岭，鼓铸铜器，列而为次。州县不禁。市井之人，逐锱刀之利，以缗范为他器，鬻之售利，不啻数倍。是则禁铜之令，必在严切，斯其要也。②

严格贯彻朝廷铜禁法令，应是破解"钱重物轻"困境的重要举措。古往今来，徒法不能以自行，相关对策研究与理论建构已经较完善，钱法的系统落实问题却未得到充分重视。元和十五年（820），元稹先后两次上疏，集中论述钱法适用之弊。据《钱货议状》：

臣不敢远征古证，窃见元和已来，初有公私器用禁铜之令，次有交易钱帛兼行之法，近有积钱不得过数之限，每更守尹，则必有用钱不得加除之榜。然而铜器备列于公私，钱帛不兼于卖鬻，积钱不出于墙垣，欺滥遍行于市井，亦未闻鞭一夫，黜一吏，赏一告讦，坏一蓄藏。岂法不便于时耶？盖行之不至也。陛下诚能采古今救弊之方，施赏罚必行之令，则圣祖神宗之法制何限，前贤后智之议论何穷？岂待

---

① （宋）王溥：《唐会要》卷八十九《泉货》，第1936页。
② （宋）李昉等：《太平御览》卷八百一十三《珍宝部十二·铜》，第3612页。

唐代钱法考

愚臣盗窃古人之见，自称革弊之术哉！谨录奏闻，伏听敕旨。①

同年八月，元稹又呈《钱重物轻议》，重点强调各项钱法措施的具体落实，反对臣僚漫无边际扩大讨论范围，免使相应对策失之空泛：

> 右，臣伏见中书门下牒，奉进止：以钱重物轻，为病颇甚，宜令百寮各随所见，作利害状类会奏闻者。臣备位有司，谬总邦计，权物变弊，职分所当，固合经心，自思上达，岂宜待问，方始启谋。臣伏以作法于人，必求适中，苟非济众，是作不臧。所以夙夜置怀，重难其术。伏奉制旨，旁采庶寮。臣实有司，敢不知愧。既不早思所见，上沃圣聪；今乃备数庶官，肩随奏议，无乃失有司奉职之体，负尸位素餐之责。况道谋孔多，是用不集，盈庭之言，自古所知。至于业广即山，税征谷帛。发公府之朽贯，禁私室之滞藏。使泉流必通，物定恒价，群议所共，指事皆然。但在陛下行之，有司遵守利害之说，自足可征。若使将广引古今，诞饰词辩，有齐画饼，无益国经，恐重空文，不敢轻议。谨议。②

唐人针对"钱重物轻"的理性思考可谓异常深刻，元稹《钱货议状》中集中概括了官僚阶层破解"钱重物轻"问题的主要思路："至于古今言钱币之轻重者熟矣，或更大钱，或放私铸，或龟或贝，或皮或刀；或禁埋藏，或禁销毁；或禁器用，或禁滞积；皆可以救一时之弊也。"③ 其中，改铸大钱，已有"乾封泉宝"与"乾元重宝"失败的前车之鉴，故不可行；放铸之议于开元末年又遭否决，终唐之世，其事告寝；复行龟贝皮刀，亦有汉武、新莽之殷鉴可循；至于销钱、铸器与私贮三条，则与唐代金融秩序现实情况基本吻合。而改革税制、籴粜增铸抑或严行法禁，则是针对时弊提出的理性对策。上述理论对于缓解"钱重物轻"问题具有重要启示，并在一定程度上保障了中晚唐经济安全与社会发展。

---

① 《元稹集》卷三十四《表状·钱货议状》，第397页。
② 《元稹集外集》卷二《补遗二·钱重物轻议》，冀勤点校，中华书局1982年版，第651页。
③ 《元稹集》卷三十四《表状·钱货议状》，冀勤点校，第397页。

第五章　钱法理论考

第三节　钱货兼行

一、钱帛兼行之传统

中国古代金、钱、布、帛等曾长期并行于流通领域,共同承担媒介职责。以布帛作为货币交易的记载,似可溯至周初太公贸易通货事迹。① 据《艺文类聚》引《汉书》,"太公以布为货,广二尺二寸为幅,长四丈为匹"。② 姬周史事久远难考,此或有汉人托古附会之嫌,但先民以布帛交易之惯例长行不衰却为不争事实。《礼记·王制》曰:"布帛精粗不中数,幅广狭不中量,不鬻于市。"③ 秦时初步形成金、钱、布多元货币体系,《金布律》对布的规格作出明确规定:"布袤八尺,幅广二尺五寸。布恶,其广袤不如式者,不行。"④ 今本《汉书·食货志》所记布帛规格与秦制有异:"布帛广二尺二寸为幅,长四丈为匹。"⑤ 然而,汉代布帛已不再以标准形制进入流通领域承担通货职能⑥,其货币功能出现衰退迹象。

汉末魏晋南北朝之际,是秦"半两钱"问世以来货币发展之"末法"时代。东汉末年,董卓乱政,更铸小钱。货轻而物贵,铜钱信用每况愈下,谷帛至此重回流通领域,赏赐、资产、俸禄、赙葬、税赋、计赃等,时常"钱"、"帛"并称。三国时,曹魏曾一度废除五铢,代以谷帛交易。

---

① 前辈学者加藤繁(《唐宋时代金银之研究——以金银之货币机能为中心》,中华书局2006年版)、李埏(《略论唐代的"钱帛兼行"》,《历史研究》1964年第1期)、史卫(《从货币职能看唐代"钱帛兼行"》,《唐都学刊》2006年第3期)等曾对唐代钱帛兼行问题进行深入研究,其中李文对钱帛兼行的历史渊源、唐代铜钱流通问题、唐代用绢帛原因等问题进行深入研究,迄今仍是该领域的扛鼎之作。本文主要从货币法制学说史角度,疏解唐代钱货兼行现象。
② (唐)欧阳询:《艺文类聚》卷八十五《布帛部》"布"引《汉书》,汪绍楹校,上海古籍出版社1982年版,第1462页。
③ (汉)郑玄注,(唐)孔颖达疏:《礼记正义》卷十三《王制》,第483页。
④ 睡虎地秦墓竹简整理小组:《睡虎地秦墓竹简》,第36页。
⑤ (汉)班固撰:《汉书》卷二十四下《食货下》,第1149页。
⑥ 参阅石俊志:《中国铜钱法制史纲要》,中国金融出版社2015年版,第32页。

《晋书·食货志》载,黄初二年(221),魏文帝罢五铢钱,"使百姓以谷帛为市"。①

南、北诸朝添铸绝少,且多大钱,绢帛铜钱,市井并行。流通领域排斥铜钱的现象异常严重,铸币流布呈现整体衰退态势。南朝承继魏晋传统,历朝多不用钱,僻陋乡民率以谷帛交易。刘宋时,"汉川悉以绢为货"。② 南齐官私交易甚至形成"钱帛相半,为制永久"③ 的习惯。梁、陈二朝,钱货不通,谷帛、盐米、金银纷纷进入流通领域,承担媒介职责。

表5-1 史料所记布帛规格

布帛规格	资料来源
布袤八尺,幅广二尺五寸。布恶,其广袤不如式者,不行。	《睡虎地秦墓竹简·金布律》
太公以布为货,广二尺二寸为幅,长四丈为匹。④	《艺文类聚》卷八十五《布帛部》引《汉书》
布帛广二尺二寸为幅,长四丈为匹⑤	《汉书》卷二十四下《食货志》
今官布幅广二尺二寸,旁削一寸。	《仪礼》卷十三《乡射礼》郑氏注
民间所织绢、布,皆幅广二尺二寸,长四十尺为一匹,六十尺为一端。	《魏书》卷一百一十《食货六》
开元八年二月制:(租调)阔一尺八寸,长四丈,同文共轨,其事久行。立样之时,亦载此数。	《唐会要》卷八十三《租税上》
开元二十二年五月敕条注:准令,布帛皆幅尺八寸,长四丈为匹,布五丈为端。	《通典》卷六《食货六·赋税下》
锦、罗、纱、縠、绫、绸、绝、绢、布皆广尺有八寸,四丈为匹。布五丈为端,绵六两为屯,丝五两为绚,麻三斤为㮈。	《新唐书》卷四十八《百官三》
自周显德中,受公私织造,并须幅广二尺五分,民所输绢匹重十二两,疏薄短狭、涂粉入药者禁之;河北诸州军重十两,各长四十二尺。宋因其旧。	《宋史》卷一百七十五《食货上三》

---

① (唐)房玄龄等:《晋书》卷二十六《食货志》,第794页。
② (南朝·梁)沈约:《宋书》卷八十一《刘秀之传》,第2074页。
③ (南朝·梁)萧子显:《南齐书》卷四十《武十七王·竟陵文宣王子良传》,第696页。
④ 《太平御览》:"《汉书》曰:太公以布为货,广二尺二寸为幅,长四丈为匹。"〔(宋)李昉等:《太平御览》卷八百二十《布帛部七·布》,中华书局1960年版,第3648页〕《册府元龟》:"周武王时,太公以布为货,广二尺二寸为幅,长四丈为匹。(原注:后封齐,以其地负海舄卤,少五谷,乃劝以女工之业。其后俗渐多织,作冰纨绮绣纯丽之物。)"〔(宋)王钦若等编纂:《册府元龟》卷五百四《邦计部·丝帛》,第5736页〕
⑤ 郑樵曰:"布帛广二尺二寸为幅,长四丈为匹,以为贸易之制。"〔(宋)郑樵:《通志》卷六十二《食货略第二·钱币》,(清)永瑢、纪昀等:《景印四库全书》第374册,第274页〕

"梁初，唯京师及三吴、荆、郢、江、湘、梁、益用钱。其余州郡，则杂以谷帛交易。交、广之域，则全以金银为货。……（陈）岭南诸州，多以盐米布交易，俱不用钱云。"① 十六国也存在铸币不行问题，后赵石勒令公私行钱，人情不乐，铜钱阻滞，可见民间谷帛交易风俗之深。史载：

> 乃出公绢市钱，限中绢匹一千二百，下绢八百。然百姓私买中绢四千，下绢二千。巧利者贱买私钱，贵卖于官，坐死者十余人，而钱终不行。②

相比之下，北朝铸币相对较晚，且各地交易习惯千差万别，"后魏初至太和，钱货无所用也。"③ 北齐时，"冀州之北，钱皆不行，交贸者皆绢布"。④ 自北魏初年，民间皆不用钱。洛阳及诸州镇所用钱各不同，商贾不通。尚书令王澄曾对当时绢帛交易的弊端有如下论断：

> 专以单丝之缣，疏缕之布，狭幅促度，不中常式，裂匹为尺，以济有无。至今徒成杼轴之劳，不免饥寒之苦，良由分裁布帛，壅塞钱货。实非救恤冻馁，子育黎元。……布帛不可尺寸而裂，五谷则有负担之难，钱之为用，贯繦相属，不假斗斛之器，不劳秤尺之平，济世之宜，谓为深允。⑤

两相比较，铜钱确有谷帛无可比拟之先天优势。但由于"河北诸州旧少钱货，犹以他物交易，钱略不入市也"，可见，除货币贬值、丧失信用以外，铸币严重匮乏也是促使用谷帛而排斥铸币的原因所在。魏晋南北朝谷帛通行的根本原因在于铸币制度紊乱、信用丧失，这亦是社会经济停滞徘徊的生动注脚。泊至杨隋定鼎，重铸五铢，钱货始一，"所在流布，

---

① （唐）魏徵等：《隋书》卷二十四《食货志》，第 689—690 页。
② （北魏）崔鸿撰，（清）汤球辑补：《十六国春秋辑补》卷十三《后赵录三》，王鲁一、王立华点校，齐鲁书社 2000 年版（二十五别史），第 101—102 页。
③ （唐）杜佑：《通典》卷九《食货九·钱币下》，第 191 页。
④ （唐）魏徵等：《隋书》卷二十四《食货志》，第 690 页。
⑤ （北齐）魏收：《魏书》卷一百一十《食货志》，第 2864—2865 页。

百姓便之"①，钱帛兼行现象始有所缓解。

"钱货兼行"是唐代货币理论的重要组成部分。"钱"指铜钱，"货"主要指布帛，谷物、杂货等则需折价后充纳、流通。商品经济发展至一定程度，货币（此处指铜钱）会从普通商品中分离出来，固定充当一般等价物，而绢帛、杂物等退出流通与支付领域。但是，受重农观念影响以及钱荒因素制约，唐代长期奉行"绢帛为本、钱货兼行"政策。

二、谷帛通行之弊端

先民之初，长期存在"以物易物"的交易传统。其后，盐、牲畜、生产工具、食物等部分商品先后充当一般等价物。战国秦汉之际，铸币原本已经取代绢帛谷物成为主要流通手段，后因经济凋敝，货币贬值，社会经济大幅倒退，谷物、绢帛再次承担媒介商品交换的职能。

从自身优势而言，绢帛谷物可由民间持续生产，完全体现重农观念；在自然经济占据统治地位的历史阶段，谷帛又是基本的生产、生活物资，故而深受官私青睐。然而，作为一般等价物，谷物、绢帛的劣势也是显而易见的。商品交易实践中存在计价、支付、仓储、运输等具体环节，在绢帛作为一般等价物的情况下，势必造成割裂布帛、散计谷物的问题。谷帛为货，致损甚多，"劳毁于商贩之手，耗弃于割截之用"。② 布帛零割碎裂，其自身价值完全丧失，同时也丧失了再次流通的价值。谷物抄勺贸易，在品质鉴定、分类收纳、运输流转等环节，亦存在难以逾越之障碍。因此，在商品流转缓慢、社会生活相对简单的时段或区域，以谷帛相易尚可勉强推行。但随着商品经济发展，势必要求价值稳定、便于计量、分合便捷、经久耐用的商品充当一般等价物。在中国古代具备上述优势者，则非铜钱莫属。

谷帛通行的弊端主要表现在难于计量、质量不恒与侵害农桑三个方面。首先，权衡有碍、分合不便是谷帛的首要劣势。西汉元帝时，已有臣僚指出："交易待钱，布帛不可尺寸分裂。"③ 可见，汉人已对布帛难于计

---

① （唐）魏徵等：《隋书》卷二十四《食货志》，第 692 页。
② （明）丘濬：《大学衍义补》卷二十六《治国平天下之要·制国用·铜楮之币上》，（清）永瑢、纪昀等：《景印四库全书》第 712 册，第 356 页。
③ （汉）班固撰：《汉书》卷二十四下《食货下》，第 1176 页。

量的弊端有充分认识。谷帛在称量方面的先天缺陷，使其充当一般等价物的实际效用大为减损。其次，质量不恒是制约谷帛通行的又一劣势。与民间轻薄劣钱相似，以湿谷薄绢牟利的问题早在曹魏年间即现端倪。钟繇曾言："巧伪之人，竞湿谷以要利，制薄绢以充资。"① 据《晋书·食货志》，"至（魏）明帝世，钱废谷用既久，人间巧伪渐多，竞湿谷以要利，作薄绢以为市，虽处以严刑而不能禁也"。② 再次，受重农思想影响，谷帛通行侵害农桑，是谷帛通行的最大障碍。此由孔琳之与索辅的论断即可详明。东晋时桓玄欲废钱用谷帛。孔琳之驳曰："谷帛为宝，本充衣食，今分以为货，则致损甚多，又劳毁于商贩之手，耗弃于割截之用，此之为弊，著自于囊。"③ 索辅又曰："裂匹以为段数，缣布既坏，市易又难，徒坏女工。不任衣用，弊之甚也。"④ 粟帛转贱，农桑益废。唐人杜佑通过对比金银、谷帛、铜钱优劣短长，对谷物、绢帛通行之先天不足作出全面论述：

  凡万物不可以无其数，既有数，乃须设一物而主之。其金银则滞于为器为饰，谷帛又苦于荷担断裂，唯钱可贸易流注，不住如泉。若谷帛为市，非独提挈断裂之弊，且难乎铢两分寸之用。⑤

三、唐代之钱帛兼行

（一）钱帛兼行之基础

  隋唐时期试图重新确立铜钱的基本通货地位，但东汉魏晋以来铸币衰退和钱货并用的传统，对铜钱广泛流通构成严重威胁。李埏认为："铜钱的流通是在当时交换比较发达的区域。由隋而唐，铜钱流通的区域是大为扩张了，但在唐代前期，仍只局限于中原。"⑥

  唐承隋末丧乱，历经高祖、太宗、高宗、武后、中宗、睿宗历朝经

---

① （唐）杜佑：《通典》卷八《食货八·钱币上》，第180页。
② （唐）房玄龄等：《晋书》卷二十六《食货志》，第794—795页。
③ （唐）李延寿：《南史》卷二十七《孔琳之传》，第731—732页。
④ （唐）房玄龄等：《晋书》卷八十六《张轨传》，第2226页。
⑤ （唐）杜佑：《通典》卷八《食货八·钱币上》，第167页。
⑥ 李埏：《略论唐代的"钱帛兼行"》，《历史研究》1964年第1期。

营，至玄宗天宝中期，社会经济方逐步恢复至隋大业年间水平。其后历经浩劫，财用日窘。汉魏晋以来钱帛兼行的传统与唐代经济水平提升的现实共同作用，促使绢帛、谷物、杂货等长期滞留于流通领域，钱帛兼行甚至成为基本流通政策。更为重要的是，受均田制与租庸调制影响，唐代赋税长期实行实物征纳制度，谷物、布帛、杂货等因此直接作为流通与支付手段，在资产核算、支付等领域，形成钱帛并用、贯匹连称之传统。在金融领域，逐步形成"平行本位制"的货币制度。①

据景龙二年（708）四月十四日《别库贮钱市物敕》，中宗令少府季别先出钱二千贯，支应别敕索物之需，消费支付时，现钱、绢帛并用。"库内无者，即令市进。皆须对主付值，不得且令供物，于后还钱，其钱兼以绢布丝绵充数。"② 开天之际，号称殷实，仍有乏钱之虞。《资治通鉴》记天宝中官府聚江、淮、河南钱帛于清河，谓之天下北库，"有布三百余万匹，帛八十余万匹，钱三十余万缗，粮三十余万斛"。③ 元和十年（815）三月辛亥，"盗焚河阴转运院，凡烧钱帛二十万贯匹"。④ 元和十四年（819）二月乙卯，"出内府钱、帛，贯、匹共一万，付度支给军用"。⑤ 咸通八年（867）九月丁酉，延资库使曹确奏："户部每年合送当使三月、九月两限绢二十一万四千一百匹，钱五万贯。"⑥ 白居易《卖炭翁》曰："半匹红纱一丈绫，系向牛头充炭直"⑦，则是对宫市使强行以绢帛支付炭价之描述。⑧ 值得注意的是，"开元通宝"在唐代的流布亦存在鲜明的区

---

① 辛瑞等指出："平行本位制存在着明显的缺陷，主要表现为：由于市场中存在着可以同时作为本位币的两种货币，这两种货币之间会存在比价波动的现象，而这种比价波动会导致持币者使用综合条件居劣势的货币，贮藏综合条件占优势的货币。如此一来，货币流通秩序将会出现程度不等的紊乱，进而影响市场交易环节乃至生产环节，其结果轻则造成短期内市场交易混乱，重则抑制生产规模。"（辛瑞、杨红丽：《丝绸之路的"绢帛"输出对唐代货币流通的影响》，《新疆财经大学学报》2015年第3期）
② （宋）王溥：《唐会要》卷六十六《少府监》，第1366页。
③ （宋）司马光：《资治通鉴》二百一十七"肃宗至德元载三月"，第6957页。
④ （后晋）刘昫等：《旧唐书》卷十五《宪宗纪下》，第452页。
⑤ （宋）王钦若等编纂：《册府元龟》卷四百八十四《邦计部·经费》，第5491页。
⑥ （宋）王溥：《唐会要》卷五十九《尚书省诸司下·延资库使》，第1201页。
⑦ 《白居易集笺校》卷四《讽谕四》，朱金城笺校，第227页。
⑧ 陈寅恪曾对唐"估法"有一解释："'省估'者，乃官方高抬之虚价，'实估'者，乃民间现行之实价，即韩愈顺宗实录所谓'本估'。唐代实际交易，往往使用丝织品。宫廷购物，依虚估或即依'省估'，取纱绫支付炭价，其为病民之虐政，不言可知矣"。（陈寅恪：《元白诗笺证稿》，《陈寅恪先生全集》，里仁书局1979年版，第926页）

域差异，岭南、巫黔等偏远地区长期保留以绢帛、金银、食盐、矿产等作为一般等价物交易的传统。据元稹《钱货议状》：

> 自岭已南，以金银为货币；自巴已外，以盐帛为交易；黔巫溪峡，大抵用水银、朱砂、缯帛、巾帽以相市。①

除仓贮、进奉、支纳、交易以外，唐代亦时常使用绢帛、杂货博换恶钱，这相当于不同类型货币之间的收兑行为。开元六年（718）官收恶钱，规定以好钱三百文兑换恶钱一千文（应计秤满六斤），"无好钱处，依时估折布绢杂物"。②天宝十一载（752）二月庚午，"命有司出粟帛及库钱数十万缗于两市易恶钱"。③《新志》复曰："宰相李林甫请出绢布三百万匹，平估收钱。"④

（二）铜钱、绢帛之冲突

由于绢帛、杂货存在难于计量、质量不恒等诸多弊端，在商品经济快速发展的盛唐之际，市场交易对于货币的需求与依赖日益明显，市井交易青睐现钱，排斥绢帛、杂货，已成不争事实。然而，由于高宗以来内外兴兵，耗用糜费，乏钱成为与恶钱伴生的金融痼疾，长期困扰唐代经济发展。从朝廷历次颁布的诏敕观之，市场对于现钱的需求与认可远远超越绢帛、谷物与杂货。剔除谷帛本身缺陷，商品经济高速发展，自是不容忽视的因素。⑤加藤繁氏曰："钱的行使日盛这件事的背面，就是布帛行使日衰。"⑥

---

① 《元稹集》卷三十四《表状·钱货议状》，第396页。陈美亚指出，元稹上述奏议说明，在岭南地区金银一直为货币，这一事实解释了为何宪宗允许岭南地区的银矿开采。（Tan Mei Ah, "Monetary Policy as Key to State Authority and Income in Tang China", *Journal of Chinese Studies* No. 64 – January 2017 pp. 41.）据《唐会要》，元和四年六月，敕"五岭已北所有银坑，依前任百姓开采，禁见钱出岭"。〔宋〕王溥：《唐会要》卷八十九《泉货》，第1933页

② 〔宋〕王钦若等编纂：《册府元龟》卷五百一《邦计部·钱币第三》，第5685页。

③ 〔宋〕司马光：《资治通鉴》卷二百一十六"玄宗天宝十一载二月庚午"，第6909页。

④ 〔宋〕欧阳修、宋祁：《新唐书》卷五十四《食货四》，第1386页。

⑤ 由于铜钱单位价值较低，发行数量有限，主要用作小额交易和支付，如果是大额贸易，长途贩运，携带和支付都很不方便。且唐代铜钱的发行数量也很有限，不能满足当时商品经济的需要，客观上要求有其他的货币形态做重要的补充。（参阅宋杰《中国货币发展史》，首都师范大学出版社1999年版，第153页）

⑥ ［日］加藤繁：《唐代绢帛之货币的用途》，傅安华译，陶希圣主编：《食货》第1卷第2期，上海新生命书局1934年，第20页。

"钱帛兼行"既是应对铜钱缺乏的无奈之举，也是魏晋以降传统货币经济理论的强势干预之明证。开元二十年（732）九月二十九日，官府首次发布"钱货兼行"敕令：

> 绫罗绢布杂货等，交易皆合通用。如关市肆，必须见钱，深非道理。自今以后，与钱货兼用，违者准法罪之。①

开元二十二年（734）十月六日《命钱物兼用敕》是唐代推行"钱帛兼行"政策的核心法令。基于传统农本思想，该敕明确规定了布帛的本位货币地位，如涉及庄宅、口马等大宗交易，应优先以绢帛支付对价，一般交易，数额达一贯以上者，亦应钱物兼行。

> 货物兼通，将以利用，而布帛为本，钱刀是末。贱本贵末，为弊则深，法教之间，宜有变革。自今以后，所有庄宅，口马交易，并先用绢布、绫罗、丝棉等，其余市价至一千以上，亦令钱物兼用，违者科罪。②

唐代与铜钱对应的"货物"之范围，大致包括绫罗、绢布、丝纬、粟米、杂货等。其中，绢布主要包括绢、纻、火麻、赀四类，依据产地与质量杂列九等。据《唐六典》，"凡绢、布出有方土，类有精粗。绢分为八等，布分为九等，所以迁有无、和利用也"。③"绢布"是各类纺织物之

---

① （唐）杜佑：《通典》卷九《食货九·钱币下》，第201页。
② （宋）王溥：《唐会要》卷八十九《泉货》，第1930页。
③ （唐）李林甫等：《唐六典》卷二十《太府寺》"太府卿"条，第541页。《唐六典》此条原注详述诸州绢布等次，亦为绢帛折价、流通之基准："宋、亳之绢，复州之纻，宣、润、沔之火麻，黄州之赀，并第一等。郑、汴、曹、怀之绢，常州之纻，舒、蕲、黄、岳、荆之火麻，庐、和、晋、泗之赀，并第二等。滑、卫、陈、魏、相、冀、德、海、泗、濮、徐、兖、贝、博之绢，杨、湖、沔之纻，徐、楚、庐、寿之火麻，绛、楚、滁之赀，并第三等。沧、瀛、齐、许、豫、仙、棣、郓、深、莫、洺、邢、恒、定、赵之绢，苏、越、杭、蕲、庐之纻，澧、朗、潭之火麻，泽、潞、沁之赀，并第四等。颍、淄、青、沂、密、寿、幽、易、申、光、安、唐、随、黄之绢，衢、饶、洪、婺之纻，京兆、太原、汾之赀，并第五等。益、彭、蜀、梓、汉、剑、遂、简、绵、襄、褒、邓之绢，鄂、江之纻，襄、洋、同、岐之赀，并第六等。资、眉、邛、雅、嘉、陵、阆、普、壁、集、龙、果、洋、渠之绢，台、括、抚、睦、歙、虔、吉、温之纻，唐、慈、坊、宁之赀，并第七等。通、巴、蓬、金、均、开、合、兴、利、泉、建、闽之绢，泉、建、闽、袁之纻，登、莱、邓之赀，并第八等。金、均、合之赀，并第九等。"

统称,《唐六典》记淮南道庸调:"杂有纻、赀、火麻等布,寿州以絁、布、绵、麻,安、光二州调以絁、绢,申州绵、绢。"① 其一,绢者,粗厚之丝所为之物也。《说文》:"绢,缯如麦䅌者。从糸,肙声。"② 其二,火麻者,大麻也。《急就篇》:"麻,谓大麻及胡麻也。"③ 其三,纻者,麻属。陆机疏云:"纻亦麻也……剥之以铁若竹,挟之表,厚皮自脱,但得其里韧如筋者,谓之徽纻,今南越纻布皆用此麻。"④ 其四,赀者,原意为财货。《说文》释曰:"小罚以财自赎也。"⑤ 唐代"赀"乃州郡贡赋之属,《元和郡县图志》泗州开元贡"麻,细赀布。"⑥ 莱州贡帛,绢,赀布⑦,沔州"开元贡:白纻布一端。元和贡:麻赀布一端"。⑧

至于"杂货(杂物)"一项,内容更为宽泛,大致包括铜钱、绢帛以外其他物资。《南史》记萧梁临川静惠王宏性爱聚财,"见钱三亿余万,余屋贮布绢丝绵漆蜜纻蜡朱沙黄屑杂货,但见满库,不知多少"⑨,《资治通鉴》记作"贮布绢丝绵漆蜜纻蜡等杂货"。⑩ 由此,所谓"杂货",至少应包括漆、蜜、蜡、朱沙、黄屑等物资。

唐代多以绫罗、绢布、杂货、金银、奴婢等并称,永泰二年(766)正月,梁州刺史张献诚进奉"丝绢杂货共十万匹"。⑪ 贞元十年(794),裴延龄奏于左藏库粪土之中"得银十三万两,其匹段、杂货百万有余"。⑫ 大和二年(828)五月庚子敕:"应诸道进奉内库,四节及降诞进奉金花银器并纂组文缬杂物,并折充铤银及绫绢。"⑬ 唐代也见以谷物换购杂货

---

① (唐)李林甫等:《唐六典》卷三《尚书户部》"户部郎中员外郎"条,第69页。
② (汉)许慎撰:《说文解字》卷十三上《丝部》,(清)段玉裁注,上海古籍出版社1981年版,第649页。
③ (汉)史游撰:《急就篇》卷二,(唐)颜师古注,第131页。
④ (汉)毛亨传,(汉)郑玄笺,(唐)孔颖达疏:《毛诗正义》卷七《陈风·东门之池》,第521—522页。
⑤ (汉)许慎撰:《说文解字》卷六下《贝部》,(清)段玉裁注,第282页。
⑥ (唐)李吉甫撰:《元和郡县图志》卷九《河南道五·泗州》,第231页。
⑦ (唐)李吉甫撰:《元和郡县图志》卷十一《河南道七·莱州》,第307页。
⑧ (唐)李吉甫撰:《元和郡县图志》卷二十八《江南道三·沔州》,第647页。
⑨ (唐)李延寿:《南史》卷五十一《梁宗室上·临川静惠王宏传》,中华书局1975年版,第1278页。
⑩ (宋)司马光:《资治通鉴》卷一百四十八《梁武帝天监十七年五月》,第6438页。
⑪ (后晋)刘昫等:《旧唐书》卷一百二十二《张献诚传》,第3497页。
⑫ (宋)司马光:《资治通鉴》卷二百三十九《德宗贞元十年九月》,第7563页。
⑬ (后晋)刘昫等:《旧唐书》卷十七上《文宗纪上》,第528页。

之记载。《资治通鉴》载，刘晏理财，爱民为先，"或以谷易杂货供官用"。① 总之，在唐代金融领域，"杂货"是谷物、布帛、铜钱以外的其他有价物资，因其品目繁杂，故以"杂货"名之。

（三）两税与钱帛兼行

伴随小生产者与地主、高利贷者等人身依附关系的相对削弱，社会中下层的消费能力有所提升，并由此刺激城市货币流通。唐代安史乱后，钱帛兼行政策仍被反复重申。杨炎推行两税改革，税赋征纳、折算标准发生重大变化，钱帛并行法令的有效推行更具现实意义。贞元十年（794），宰臣陆贽曾曰："定税之数，皆计缗钱；纳税之时，多配绫绢。往者纳绢一匹，当钱三千二三百文；今者纳绢一匹，当钱一千五六百文。往输其一者，今过于二矣。"② 绢帛与铜钱比价一路走低，导致钱重物轻，大量铜钱被转入铸器、私贮领域，进而加剧市面钱荒景象。从一定意义而言，中晚唐所强调的"钱帛兼行"政策，实质上反映了唐代现钱匮乏所造成的经济倒退现象。元和末期，由税制改革、经济发展等因素诱发的钱帛比价失衡出现恶化态势。据元和十五年（820）李翱奏：

> 臣以为自建中元年初定两税，至今四十年矣。当时绢一匹为钱四千，米一斗为钱二百，税户之输十千者，为绢二匹半而足矣。今税额如故，而粟帛日贱，钱益加重，绢一匹价不过八百，米一斗不过五十，税户之输十千者，为绢十有二匹然后可。况又督其钱使之贱卖者耶？假令官杂虚估以受之，尚犹为绢八匹，乃仅可满十千之数，是为比建中之初，为税加三倍矣。③

两税改革以后，钱重物轻，生民困窘。长庆元年（821），应户部尚书杨於陵奏请，穆宗下诏厘革税收征纳制度，规定除榷盐、榷沽依旧纳钱外，其余税目皆纳布帛、谷粟："两税、上供、留州，皆易以布帛、丝纩，租、庸、课、调不计钱而纳布帛，唯盐酒本以榷率计钱，与两税异，不可去钱。"④《会昌五年正月三日南郊赦文》明令诸州上绢折钱纳税："其京

---

① （宋）司马光：《资治通鉴》卷二百二十六"建中元年七月"，第7285页。
② 《陆贽集》卷二十二《中书奏议六·均节赋税恤百姓六条》，第725—728页。
③ （唐）李翱：《李文公集》卷九《表疏七首》。
④ （宋）欧阳修、宋祁：《新唐书》卷五十二《食货二》，第1361页。

畿应纳诸色钱等,许纳诸州及本土上色绢,每匹与折八百文,充官吏料钱及诸色给用。"① 唐代税赋制度逐步实现"谷帛为主,铜钱为辅"的理性回归。

基于上述原因,中晚唐时期"钱帛兼行"政策为官府所反复强调。贞元二十年(804),"命市井交易,以绫、罗、绢、布、杂货与钱兼用"。② 元和六年(811)二月二十八日《赈恤百姓德音》规定:"交易十贯钱已上,即须兼用匹段,委度支盐铁使及京兆尹即具作分数,条流闻奏。"③ 值得注意的是,与开元二十二年(734)敕相比,元和六年敕大幅提高钱帛兼行的交易额度,充分说明唐代商品经济的快速发展以及钱帛兼行政策推行之艰难。

总之,汉末以来,因铜钱信用暴跌,谷帛、杂货再次回归流通领域,在特定时段与区域甚至出现以物易物之经济衰退现象。唐代商品经济高度繁荣,但由于财政支出巨大、铸钱成本过高、纳税方式改革等因素,唐代自开元以后开始特别强调铜钱与绢帛共同流通,以弥补钱荒窘境。而谷物、绢帛与杂货由于存在诸多先天瑕疵,已不再适合继续承担货币职能,故遭遇市场的激烈抵制。

---

① (宋)李昉等:《文苑英华》卷四百二十九《赦书十·禋祀·赦书六》,第2173页。
② (宋)欧阳修、宋祁:《新唐书》卷五十四《食货四》,第1388页。
③ (宋)李昉等:《文苑英华》卷四百三十五《翰林制诏十六·德音二·赈恤百姓德音》,第2205页。

第六章　钱法适用考

　　罚、没、赃、赎收入是唐代国家重要财政来源。处罚、抄没、计赃、赎铜均与钱法直接关联，是钱法适用的重要表现形式之一。唐代沿袭杨隋"以铜赎罪"的规定，于天宝六载（747）以后推行"折钱纳赎"制度，并对五代赎法产生一定影响。与此同时，《唐律》规定了"以绢计赃"标准，但中晚唐以后绢帛的货币职能渐趋弱化，以钱平赃、纳赎渐成司法常态，并在各类文献中有大量案例可资印证。因此，对唐代"赎法"、"赃法"等问题的讨论，成为唐代钱法研究中不可或缺的内容。

第一节　以铜收赎

　　"纳赎刊刑，著在往策。"① 以财物抵免的刑罚易科制度②，其渊源可

---

① （梁）沈约：《宋书》卷七十五《颜竣传》，第1961页。
② "在古代法律中，虽然往往在刑名中把赎刑单列一项，但严格说来它并非一个独立的刑种。一般说它并不直接适用于某一罪名，只是在判定某种罪行应科的刑罚之后，可以依律纳财取赎。与罚金本身就是一个可以独立施用的刑种不同，赎刑不是实体刑而仅是一种替代刑。从表面意义上说，是否求得赎免由被刑人及其家属加以选择，要末赎免，要末受刑。"〔张铭新：《〈秦律〉中的经济制裁——兼谈秦的赎刑》，《武汉大学学报》（社会科学版）1982年第4期〕需要指出的是，《唐律疏议》使用"收赎"这一术语，尚无"纳赎"之说。但自早在刘宋之际，即有"纳赎"之说。本书在讨论唐代赎刑适用问题层面，将"收赎"与"纳赎"视为同一概念。

第六章　钱法适用考

溯至上古，《尚书·舜典》有"金作赎刑"①的记载，姬周"训夏赎刑"即本于兹。《吕刑》依据罪疑唯赦原则，确立五刑（墨、劓、剕、宫、大辟）赎金标准，遂为后世赎法之圭臬。除中原王朝以外，少数民族地区亦普遍有赎罪习惯。②学界关于唐代赎刑的研究主要集中于对《唐律》赎刑条款的学理分析，从货币法史角度讨论纳赎方式与赎刑实例的专门论著迄今尚未见及。③本节以唐、五代货币法制因革与适用为视角，以赎铜与赎钱关系为线索，试图从货币法史角度对唐代赎刑之适用因素、纳赎方式、规则运行等进行深入分析，以期查明唐代赎法与钱法之微妙关系。

"赎"不仅承担易科免刑的刑罚职能，更广泛适用于民事交易领域。《说文》曰："赎，贸也"，其本义指以财交易。张戬《考声》曰："输物以免罪也，以财赏直也"④，即将"赎"之要旨定位于抵罪与偿值两个层

---

① 后世对于"金作赎刑"的理解颇有异同。"小罪谪以金分"的三国吴韦昭是正刑不赎之始作俑者。吴氏认为，以铜赎罪仅适用于墨、劓、剕、宫、大辟正刑以外的轻微犯罪，"小罪，不入于五刑者。以金赎，有分两之差，今之罚金是也。"（徐元诰撰：《国语集解·齐语第六》，第230页）《宋史·刑法志》表达了类似的看法，所谓上古赎刑范围限于鞭扑可宥者："金作赎刑，盖以鞭扑之罪，情法有可议者，则宽之也。穆王赎及五刑，非法矣。"〔（元）脱脱等：《宋史》卷二百一《刑法三》，第5025页〕认为周穆王变乱先王成法。朱熹亦认为赎刑应限于鞭扑误而入刑者，"鞭扑二刑之可恕者，则许用金以赎其罪……古人赎金只是用于鞭、扑之小刑而已，重刑无赎"。〔（宋）黎靖德编：《朱子语类》卷七十八《尚书一·尧典》，王星贤点校，中华书局1986年版，第2001—2002页〕上述观点与秦汉以后赎刑的适用范围颇有出入，沈家本以为此论纯属臆说："《舜典》赎刑虽列于鞭扑之次，自为刑之一项，初无鞭扑得赎明文，谓鞭扑方许其赎，乃臆度之词，别无据证，此其未确者一也。"〔（清）沈家本：《历代刑法考·刑法分考十六·赎》，第435页〕沈说甚是，于兹不赘。

② 除中原王朝以外，少数民族地区也长期保留赎罪习惯，赎罪标的不一而足。乌桓"听出马牛羊以赎死"〔（宋）范晔：《后汉书》卷九十《乌桓鲜卑列传》，第2980页〕《太平御览》引《交州杂记》："夷俗以铜盆与瓮赎罪。"〔（宋）李昉等：《太平御览》卷七百五十八《器物部三·盆》，第3363页〕此为边裔之地以铜赎罪之较早记载。吐谷浑长期适用赎刑，《魏书·吐谷浑》："其刑罚：杀人及盗马者死，余则征物以赎罪，亦量事决杖刑。"〔（北齐）魏收：《魏书》卷一百一《吐谷浑传》，第2240页。《隋书·西域传》、《旧唐书·西戎传》、《新唐书·西域传》所记略同〕除吐谷浑外，唐代四裔适用赎刑者，尚有疏勒、牂牁蛮、百济、南诏、天竺国、滥波国等，散见于《大唐西域记》、《蛮书》、两《唐书》等，于兹不赘。

③ 主要研究成果有：（清）沈家本：《历代刑法考·刑法分考十六·赎》，第427—481页；郭淑华：《试论我国古代之赎刑》，《政法论坛》1989年第6期；张健、张佳、李滨：《唐代赎刑制度考评议》，《湘潭师范学院学报》（社会科学版）2006年第4期；朱红林：《竹简秦汉律中的"赎罪"与"赎刑"》，《史学月刊》2007年第5期；龙江：《论中国历史上的赎刑制度》，《山东社会科学》2008年第11期。

④ （唐）释慧琳：《一切经音义》卷五十七《须摩提长者经》"赎之"，徐时仪校注：《一切经音义三种校本合刊》，第1515页。

面。因此，除抵罪免刑外，"赎"具有原权利人回购或补偿之意涵，交易标的涉及人口、庄宅、店铺、田地、碾硙等各类资产，其意与"赎刑"无涉。其中，尤以回赎人口最为典型。如唐代荒僻州郡多有卖身为奴或以儿女质钱之恶俗，史籍对于韩愈、柳宗元、韦丹、元稹、赵晔等官员革除积弊、回赎人口的政德卓行多有记载。《新唐书·韩愈传》载，袁州以男女为隶，过期不赎则没入。"愈至，悉计庸得赎所没，归之父母七百余人，因与约，禁其为隶。"①《旧唐书·赵晔传》记京兆韦氏被逆贼没入为婢，陈留采访使赵晔"哀其冤抑，以钱赎之，俾其妻置之别院，厚供衣食",② 上述回赎皆指回购人口。元和三年（808），淄青节度李师道进绢为魏徵子赎宅，翰林学士白居易奏请"官中自可赎之"③，此处则指回购宅邸之意。上元元年（760）十二月二十九日诏设定民间典贴标准："应典贴庄宅、店铺、田地、碾硙等，先为实钱与贴者，令还以实钱赎。先少虚钱与贴者，令少虚钱赎。"④ 此处回赎，特指回购物业，受主题所限，本文仅讨论以铜（钱）赎罪问题。

一、缴铜纳赎与纳缣赎罪

中国古代"缴铜纳赎"和"纳缣赎罪"两类纳赎方式长期并存，互有消长。特定条件下，犯人可以用粟米、劳役等折抵，其中又以纳铜赎罪的传统最为久远。《周礼·职金》疏："古出金赎罪，皆据铜为金。"⑤ 西周《吕刑》针对五刑设定纳赎标准，皆以"锾"计。⑥ 传曰："从罚六两曰锾。锾，黄铁也。"唐孔颖达认为《舜典》、《吕刑》所言黄金与黄铁，"皆是今之铜也，古人赎罪悉皆用铜"。⑦

秦汉时期缴黄金、铜钱、粟、缣等纳赎方式并行，且允许劳役折纳赎

---

① （宋）欧阳修、宋祁：《新唐书》卷一百七十六《韩愈传》，第5263页。
② （后晋）刘昫等：《旧唐书》卷一百八十七下《忠义下·赵晔传》，第4906页。
③ （宋）王溥：《唐会要》卷五十七《翰林院》，第1148页。
④ （宋）王溥：《唐会要》卷八十九《泉货》，第1928页。
⑤ （汉）郑玄注，（唐）贾公彦疏：《周礼注疏》卷三十六《职金》，第1119页。
⑥ 斯维至认为："罚锾的目的，决不是为了征取货币，而是为了征取大量的铜来制造兵器。"（斯维至：《古代的"刑"与"赎刑"》，《人文杂志》1958年第1期）
⑦ （汉）孔安国传，（唐）孔颖达疏：《尚书正义》卷十九《吕刑二十九》，第642—646页。

金，秦朝还可比附、类推适用赎刑。① 汉初规定以黄金纳赎的方式，《二年律令·具律》以总则形式对汉初纳赎标准作出详细规定：

> 赎死，金二斤八两。赎城旦舂、鬼薪白粲，金一斤八两。赎斩、府（腐），金一斤四两。赎劓、黥，金一斤。赎耐，金十二两。赎迁（遷），金八两。②

曹旅宁认为，上述规定在实践中需折算为铜钱，"黄金与钱的比率按照郡守治所所在县每年第一个月的金价为准"。③ 其实，汉初已有以钱纳赎的事例，汉惠帝元年（前194）十二月，"民有罪，得买爵三十级以免死罪"，即令出买爵之钱以赎罪，应劭曰："一级直钱二千，凡为六万。若今赎罪入三十匹缣矣。"④ 武帝天汉四年（前97）秋九月，"令死罪人赎钱五十万减死一等"。⑤《后汉书·梁冀传》记"各遣私客籍属县富人，被以它罪，闭狱掠拷，使出钱自赎，货物少者至于死徙"⑥，可见纳钱赎罪传统在东汉之延续。

受商品经济发展水平及货币铸造、流通状况等客观因素制约，历代赎金征缴方式存在较大差异，并非皆得以铜赎罪，粟帛成为特定时期纳赎的重要替代方式。"断狱讼者，有疑即使出赎。既言'金罚'，又曰'货罚'者，出罚之家，时或无金，即出货以当金直，故两言之。"⑦ 可见，以铜纳赎是古代赎刑适用之基本原则，在无法缴纳赎铜时，方以粟帛、铜钱等替代。与中国古代铸币衰退周期相适应，东汉明帝以后，缣帛逐渐取代金、铜、钱成为主要的纳赎物资⑧，并长期影响魏晋南北朝时期赎法之实

---

① 陈汉生等：《我国古代赎刑制度述略》，《社会科学》1983年第13期。
② 张家山二四七号汉墓竹简整理小组：《张家山汉墓竹简》（释文修订本），第25页。
③ 曹旅宁：《张家山汉律赎刑考辨》，《华南师范大学学报》（社会科学版）2006年第1期。
④ （汉）班固撰：《汉书》卷二《惠帝纪》，第88页。
⑤ （汉）班固撰：《汉书》卷六《武帝纪》，第205页。
⑥ （宋）范晔：《后汉书》卷三十四《梁统玄孙冀传》，第1181页。
⑦ （汉）郑玄注，（唐）贾公彦疏：《周礼注疏》卷三十六《职金》，第1118—1119页。
⑧ 自东汉明帝中元二年十二月甲寅始，缣赎的记载屡见史书，如永平十五年二月辛丑、永平十八年三月丁亥、建初七年九月辛卯、元和元年八月癸酉、章和元年九月壬子、永元三年正月甲子、永元八年八月辛酉、安帝永初元年九月丙戌、元初二年十月、延光三年九月乙巳、永建元年十月、永和五年五月丁丑、汉安二年十月辛丑、建和三年八月庚寅、建宁元年十月甲辰、熹平三年十月癸丑、熹平四年十月丁巳、光和三年八月、光和五年七月癸酉、中平四年九月丁酉，皆颁有纳缣赎罪诏敕。

· 201 ·

际运行。"纳缣赎罪"呈现出后汉立基、魏晋厘革、杨隋易制的嬗变轨迹。

曹魏时删约旧科,旁采汉律,定新律十八篇,"《金布律》有罚赎入责以呈黄金为价"。① 《晋律》收赎用绢,赎罪用金。据《北堂书钞》引《晋律》:"赎死金二斤,赎囚金四两,诸侯不敬皆赎论,八议得减,皆收赎。"② 因民间黄金难求,纳赎遂以绢帛估价折抵相应黄金:"诸应收赎者,皆月入中绢一匹。"③

南朝仍多以绢帛纳赎。刘宋孝建三年(456),尚书右丞徐爰请"以铜赎刑,随罚为品",复有以铜代绢纳赎之议。萧梁武帝天监元年(502)四月《赎罪条格诏》明言:"金作赎刑,有闻自昔。入缣以免,施于中世。民悦法行,莫尚乎此"④,可见纳缣赎罪传统影响之深。《梁律》确立纳赎时黄金与绢帛的比价,人犯纳赎当多以绢帛代金:

> 罚金一两已上为赎罪。赎死者金二斤,男子十六匹。赎髡钳五岁刑笞二百者,金一斤十二两,男子十四匹。赎四岁刑者,金一斤八两,男子十二匹。赎三岁刑者,金一斤四两,男子十匹。赎二岁刑者,金一斤,男子八匹。罚金十二两者,男子六匹。罚金八两者,男子四匹。罚金四两者,男子二匹。罚金二两者,男子一匹。罚金一两者,男子二丈。⑤

受生产实践、纳赎传统和交易习惯影响,魏晋南朝时缣帛仍占据纳赎主要地位,特定情况下,可以铜钱或谷麦替换。后赵建武元年(335),石虎下书,"令刑赎之家得以钱代财帛,无钱听以谷麦,皆随时价输水次仓"⑥,此亦可证明当时纳赎仍以绢帛为主。北魏初年,赎法颇具北地游牧特色。代王昭成建国二年(339)规定:"当死者,听其家献金马以

---

① (唐)房玄龄等:《晋书》卷三十《刑法志》,第925页。
② (唐)虞世南:《北堂书钞》卷四十四《刑法部·赎刑五》,中国书店1989年版,第124页。
③ (宋)李昉等:《太平御览》卷六百五十一《刑法部十七·收赎》,第2911页。
④ (唐)姚思廉:《梁书》卷二《武帝纪中》,中华书局1973年版,第36页。
⑤ (唐)魏徵等:《隋书》卷二十五《刑法志》,第698页。
⑥ (北魏)崔鸿撰,(清)汤球辑补:《十六国春秋辑补》卷十六《后赵录六》,王鲁一、王立华点校,第124页。

赎。"① 北齐纳赎以纳绢为主、纳钱辅之,"赎罪旧以金,皆代以中绢……无绢之乡,皆准绢收钱自赎"。② 北周《大律》在设定纳赎黄金等次的基础上,明确规定赎金与绢帛折算标准:

> 应赎金者,鞭杖十,收中绢一匹。流徒者,依限岁收绢十二匹。死罪者一百匹。③

汪圣铎指出:"东汉始出现以绢赎罪,继南北朝出现以绢计赃,有其必然的社会背景。这二种现象都同货币史上的实物货币回潮,即同绢的货币功能加强关系密切。"④

伴随北周时期"五刑"厘革趋于完善,五刑与赎金之间的对应标准体系渐趋明朗,并在隋唐之际最终定型。在经历东汉魏晋长期以缣纳赎之后,征铜赎罪再次成为纳赎方式之主流。《开皇律》赎刑规则是唐代赎法之直接历史渊源,隋唐时期以铜纳赎原则至此确立。《隋书·刑法志》:"应赎者,皆以铜代绢。"此或与隋初统一币制,重新确立官钱信用的时代背景有关。

据《隋书·食货志》,高祖更铸"五铢"新钱,自是钱货始一,"所在流布,百姓便之"。⑤"以铜代绢"在增加铸币原料的同时,更是国家宣示新政的重要举措。《开皇律》确定的赎金征纳方式、档次标准与《唐律》大致不殊:

> 笞十者铜一斤,加至杖百则十斤。徒一年,赎铜二十斤,每等则加铜十斤,三年则六十斤矣。流一千里,赎铜八十斤,每等则加铜十斤,二千里则百斤矣。二死皆赎铜百二十斤。⑥

炀帝变易旧章,"时斗称皆小旧二倍,其赎铜亦加二倍为差",⑦ 其实不异

---

① (北齐)魏收:《魏书》卷一百一十一《刑罚志》,第2873页。
② (唐)魏徵等:《隋书》卷二十五《刑法志》,第705—706页。
③ (唐)魏徵等:《隋书》卷二十五《刑法志》,第708—709页。
④ 汪圣铎、马元元:《论中国古代的"以绢计赃"现象》,《兰州学刊》2016年第6期。
⑤ (唐)魏徵等:《隋书》卷二十四《食货志》,第692页。
⑥ (唐)魏徵等:《隋书》卷二十五《刑法志》,第711页。
⑦ (唐)魏徵等:《隋书》卷二十五《刑法志》,第716页。

· 203 ·

开皇旧制。唐代全盘继受隋朝赎刑体系，《唐律疏议》与《开皇律》"五刑"的主要差异集中于流刑里数：《开皇律》流刑三等，流一千里至二千里；《唐律疏议》流刑三等，流二千里至三千里。但五刑诸等所对应的赎铜数额，隋唐律法并无二致。

与刑法领域继受隋制形成鲜明反差的是，李唐开国之初即彻底改革货币制度，行用七百余年的五铢钱被逐出流通领域，唐初"开元通宝"的铸行昭告"通宝钱"时代于斯肇始。武德四年（621）七月丁卯《平王充窦建德大赦诏》节文对于此次币制兴替的缘由有如此描述：

> 五铢之钱，年代已积。既渐讹滥，质贱价轻。不便于人，今请停断。新铸造者，可即颁用。[①]

开铸新钱须有充盈的铜材保障，除开发矿冶、销镕古币、征缴恶钱以外，收纳的赎铜在一定程度上成为官铸的重要物资来源。开元以后，赎钱甚至成为官府开支的重要组成部分。开元元年（713），京兆尹孟温"因奏请以赋、赎钱修缮京兆府廨"[②]。大历年间，福建都团练观察处置使兼福州刺史李椅"躬率群吏之稍食与赎刑之余羡"[③]，经营福州学宫。囿于资料限制，目前无法查明当时赎金具体数额，但修缮官邸、斥资办学等所需经费当不在少数。赎金作为政府货币回流路径之一，在唐代金融法制领域承担重要职责。

《唐律》规定，赎铜依律向官府缴纳，但遇下五种情形，赎铜归被害人或其家属所有，此时赎铜遂具有刑事附带赔偿性质。其一，妻妾过失杀伤故夫之祖父母、父母者，依凡人法，征赎铜一百二十斤，"其铜入被伤杀之家"[④]。其二，部曲奴婢过失杀伤旧主，"准凡人收赎，铜入伤杀之家"[⑤]。其三，因有公私要急于城内街巷及人众中走车马，因有杀伤人者，

[①] （唐）许敬宗编：《日藏弘仁本文馆词林校证》，第360页。
[②] （宋）宋敏求撰：《长安志》卷十《唐京城四》，（清）毕沅校正，成文出版社有限公司1970年版（中国方志丛书），第231页。
[③] （唐）独孤及：《毘陵集》卷九《碑铭·福州都督府新学碑铭并序》，（清）永瑢等：《景印文渊阁四库全书》第1072册，第227页。
[④] （唐）长孙无忌等：《唐律疏议》卷二十二《斗讼》"妻妾殴詈故夫父母"，第416页。
[⑤] （唐）长孙无忌等：《唐律疏议》卷二十三《斗讼》"部曲奴婢詈殴旧主"，第424页。

并依过失收赎之法。"其因惊骇,力不能制,而杀伤人者,减过失二等,听赎,其铜各入被伤杀家"。① 其四,若在市及人众中故相惊动,令扰乱,"其有误惊,因而杀伤人者,从'过失'法收赎,铜入被伤杀之家"。② 其五,因诬告得罪,其人应合赎者,铜入被告之家。③ 犯人应征铜赎没者,《狱官令》规定的上缴赎金时限为:赎死刑八十日,流六十日,徒五十日,杖四十日,笞三十日。"无故过限不输者,会赦不免。"④

表 6-1 隋唐赎铜标准

刑名 律名	笞 (十至五十)	杖 (六十至一百)	徒 (一至三年)	流 (隋:一千至二千里; 唐:二千至三千里)	死 (绞、斩)
开皇律	1—5 斤	6—10 斤	20—60 斤	80—100 斤	120 斤
大业律	3—15 斤	18—30 斤	60—180 斤	240 斤	360 斤
永徽律	1—5 斤	6—10 斤	20—60 斤	80—100 斤	120 斤

二、赎刑适用之规则体系

《唐律》关于赎刑适用规则涉及身份因素、主观因素和变通因素等诸多方面。⑤ 其中身份因素尤为复杂,涵盖年龄、性别、身体状况等诸多情形。主观因素主要考察行为人心理状态。变通因素则是诏敕对赎刑适用规则的修正。其他规则主要规定疑罪从赎原则和禁止纳赎的规定。而有关

---

① (唐)长孙无忌等:《唐律疏议》卷二十六《杂律》"无故于城内街巷走车马",第481页。
② (唐)长孙无忌等:《唐律疏议》卷二十七《杂律》"在市人众中惊动扰乱",第504页。
③ 天一阁博物馆、中国社会科学院历史研究所天圣令整理课题组:《天一阁藏明钞本天圣令校证附唐令复原研究》,第649页。
④ 天一阁博物馆、中国社会科学院历史研究所天圣令整理课题组:《天一阁藏明钞本天圣令校证附唐令复原研究》,第648页。《庆元条法事类》关于赎铜缴纳期限与《唐律疏议》同,并增加人犯亡故免除赎金和无力缴纳者州司取保的规定:"身死或限内未输而遇恩者,并免。诸赎铜而贫乏无可理者,本州长吏取保放之。"〔宋〕谢深甫:《庆元条法事类》卷七十六《当赎门·旁照法·断狱令》,戴建国点校,杨一凡、田涛主编:《中国珍稀法律典籍续编》,第812页〕。
⑤ 陈俊强将唐代赎刑分为三类:其一为身份特权赎,其二为身体因素赎,其三为犯罪事实赎。(陈俊强、高梓轩:《唐律十恶是否能以赎论》,中国法制史学会、中研院历史语言研究所主编:《法制史研究》第31期,2017年6月)

"纳赎"、"收赎"及"赎罪"的详细区分，则始见于明清律法之中。

（一）身份因素

作为古代法律特权因素的代表，身份差异是赎刑适用首先需要考量的。晋时已有官员贵族犯罪赎免的规定。《晋律》："应八议以上，皆留官收赎，勿髡、钳、笞也。"① 《唐律疏议》规定，享有议、请、减等权利之人及八品、九品官员，如果七品以上官员直系亲属及妻妾犯流罪以下皆可赎免："诸应议、请、减及九品以上之官，若官品得减者之祖父母、父母、妻、子孙，犯流罪以下，听赎。"②

同时，受矜恤传统影响，古代赎法一直保留关照老人、儿童、女犯及残疾人的专门规定，西汉已有女徒"顾山"之制，平帝元始元年（公元 1）六月诏："天下女徒已论，归家，顾山钱月三百"③，是为汉代赎刑适用之特例。《晋律》规定："其年老小笃癃病及女徒，皆收赎。诸应收赎者……老小女人半之。"④《梁律》依照十五等制刑之差设定赎金（黄金或绢帛），"女子各半之"。⑤ 北周《大律》规定亦有"妇人当笞者，听以赎论"⑥ 之条。隋唐赎法受到魏晋南北朝以来立法之深刻影响，涉及身份、年龄、身体状况等诸多因素，却不再强调宽宥普通女犯，唯妇人有官品及邑号犯罪者，"各依其品，从议、请、减、赎、当、免之律，不得荫亲属"。⑦

《唐六典》系统规定了唐代赎刑的适用范围，与《唐律疏议》略同：

> 凡赎者，谓在八议之条及七品已上官祖父母、父母、妻、子；五品已上，上至曾、高祖，下至曾、玄孙；五品已上妾犯非罪十恶；八品已下身犯流已下罪者，及年七十已上，十五已下及废疾等犯罪加役流、反逆缘坐流、会赦犹流已下罪者，及年八十已上，十岁已下及笃疾犯盗与伤人者；及过误杀人；及大辟疑罪者，并以赎论。⑧

---

① （唐）长孙无忌等：《唐律疏议》卷一《名例》"死刑二"引，第5页。
② （唐）长孙无忌等：《唐律疏议》卷二《名例》"应议请减（赎章）"，第34页。
③ （汉）班固：《汉书》卷十二《平帝纪》，（唐）颜师古注，第351页。
④ （宋）李昉等：《太平御览》卷六百五十一《刑法部十七·收赎》，第2911页。
⑤ （唐）魏徵等：《隋书》卷二十五《刑法志》，第698页。
⑥ （唐）魏徵等：《隋书》卷二十五《刑法志》，第708页。
⑦ （唐）长孙无忌等：《唐律疏议》卷二《名例》"妇人有官品邑号"，第38页。
⑧ （唐）李林甫等：《唐六典》卷六《尚书刑部》"刑部郎中员外郎"，第187页。

其中关于残疾认定标准，应参照唐《户令》规定执行。① 值得注意的是，晚唐僖宗朝曾扩大了残疾者用赎之例的范围，凡身患三疾且牵连入刑者，即得收赎。据乾符二年（875）九月十六日敕："应残疾笃废犯徒流罪，或是连累，即许征赎，如身犯罪，不在免限。其年十五以下者，准律文处分。"② 与《唐律》相比，此敕关于残疾人收赎的规定更为细致合理。

（二）主观过失

就立法主旨而言，赎刑设立的目的在于宽宥主观过失行为。自汉代始，行为人主观"误"、"过"者都纳入赎刑适用范围。汉代以降，"过误赎罪"之说盛行于司法领域，强调将主观过误作为赎刑适用之前提。"不意误犯谓之过失"，因过失致罪者，原则上可纳赎原罪。《史记集解》引马融曰："使出金赎罪，坐不戒慎者。"③ 西晋张斐又云："赎罚误者之试。"④ 上述立法与司法理念对唐代司法实践产生直接影响，主观过失因此成为《唐律》适用赎刑时需要考量的重要因素。

《唐律》规定："诸过失杀伤人者，各依其状，以赎论。"所谓过失，"谓耳目所不及，思虑所不到；共举重物，力所不制；若乘高履危足跌及因击禽兽，以致杀伤之属，皆是"。⑤ 长孙无忌带刀上殿案，是因主观失误适用赎刑之典型例证。贞观元年（627），吏部尚书长孙无忌尝被召，不解佩刀入东上阁门，出阁门后，监门校尉始觉。"尚书右仆射封德彝议，以监门校尉不觉，罪当死，无忌误带刀入，徒二年，罚铜二十斤。"⑥ 此处徒二年为原判刑罚，八议者流罪以下减一等，折徒一年，据律征铜二

---

① 唐令规定了较为详尽的残疾认定标准。"户令：诸一目盲、两耳聋、手无二指、足无大拇指、秃疮无发、久漏下重、大瘿肿之类，皆为残疾。痴癫、侏儒、腰折、一肢废，如此之类，皆为废疾。癫狂、两肢废、两目盲，如此之类，皆为笃疾。"（白居易：《白氏六帖事类集》卷九《三疾令》，文物出版社1987年版）仁井田陞《唐令拾遗》又据《唐律疏议》、《宋刑统》复原为"诸一目盲、两耳聋、手无二指、足无三指，手足无大拇指、秃疮无发、久漏下重、大瘿肿之类，皆为残疾。痴癫、侏儒、腰折、一肢废，如此之类，皆为废疾。恶疾、癫狂、两肢废、两目盲，如此之类，皆为笃疾。"（［日］仁井田陞：《唐令拾遗》，户令第九"残疾废疾笃疾"，栗劲等译，长春出版社1989年版，第136页）
② （宋）王溥：《唐会要》卷四十一《左降官及流》，第865页。
③ （汉）司马迁：《史记》卷一《五帝本纪》，第28页。
④ （唐）虞世南：《北堂书钞》卷四十四《刑法部·赎刑五》，第124页。
⑤ （唐）长孙无忌等：《唐律疏议》卷二十三《斗讼》"过失杀伤人"，第426页。
⑥ （唐）吴兢：《贞观政要》卷五《公平第十六》，上海古籍出版社1978年版，第164页。

· 207 ·

十斤。此与《开皇律》规定的赎金标准完全一致,由此亦可证明武德、贞观、永徽诸律与杨隋旧律的直接继受关系。本案最终因大理少卿戴胄执奏,无忌与守门校尉皆因误以赎免罪。此外,《龙筋凤髓判》、《文苑英华》等文献中保留的数例赎刑适用拟判,充分反映了唐人在司法领域对过误赎罪原则的认知状况。

表6-2 唐过误纳赎判例

唐判原文	资料来源
通事舍人崔暹奏事口误,御史弹付法,大理断笞三十,征铜四斤,暹款:奏事虽误,不失事意,不伏征铜。	《龙筋凤髓判》卷一《中书省》
给事中杨珍奏状,错以崔午为崔牛,断笞三十,征铜四斤,不伏。	《龙筋凤髓判》卷一《门下省》
毁坏压死判:乙有所毁坏,而误死人,科其备虑不谨,诉合所由为罪。	《文苑英华》卷五百二十《丧礼门上》
市贾为胡货判:甲为市贾,为胡货物。有犯禁者,大理以阑出边关论,罪至死。刑部覆云,贾人不知法,以误论罪,免死从赎。	《文苑英华》卷五百三十《商贾》

(三) 变通规则

纳铜赎罪是唐代刑罚基本原则之一,但赎刑的广泛适用势必对司法公正构成侵害,这一点汉时即已论明:"使犯法者赎罪,入谷者补吏,是以天下奢侈,官乱民贫,盗贼并起。"[1] 唐代秉承"严以治吏,宽以养民"理念,将纳赎与考课直接挂钩,公罪纳赎加倍折算,考察官员等次优劣:"其私坐也,一斤为一负;其公坐也,则二之,十负为殿。"[2]

由于官僚贵族拥有各类司法特权,纳赎抵罪可谓司空见惯。官府遂数次颁布诏敕缩减赎刑适用范围,限制官僚贵族用荫、赎免,在一定程度上维护司法公正与利益平衡。先天二年(713)六月,敕宰畜等罪禁止收赎:"杀牛马骡等,犯者科罪,不得官当荫赎。"[3] 天宝十一载(752)十一月乙丑诏强调王公、百官、勋荫等应置庄田,不得逾于式令:"官收租佃,不得辄给。官人亲识、工商富豪、兼并之家,如有妄请受者,先决一

---

[1] (汉)班固撰:《汉书》卷七十二《贡禹传》,第3077页。
[2] (唐)李林甫等:《唐六典》卷六《尚书刑部》"刑部郎中员外郎",第187页。
[3] (宋)王溥:《唐会要》卷四十一《断屠钓》,第856页。

顿，然后准法科罪，不在官当荫赎。"① 贞元七年（791）三月，户部奏请应实封人"除名以上罪，即准法悉除，并以本犯条论，不在减赎之限"。②《乾符二年（875）正月七日南郊赦》又曰："天下缘用军奏加纽贯之外，更有敢征一文，其长吏及判官、录事参军并准入己赃，仍不在以官赎之限。"③ 上述诸条皆为唐代限制收赎适用之例证。

相比之下，唐代赎刑扩张适用的情形相对少见，且多作为赦宥政策之附随产物。如贞观二年（628）十二月辛酉，应皇太子李治奏请，曲赦长安、万年两县及诸司囚徒，豁免徒罪以上赎金缴纳义务："三年以下差降杖罪并放免。徒罪已上征铜未输者亦从降例。"④ 开元四年（716）七月六日发布的《遣王志愔等各巡察本管内制》扩张赎刑适用罪名，则与疏理冤滞政策完全契合："流罪以下，非犯名教及官典取受，并听减一等收赎。"⑤

（四）其他规则

与《吕刑》"疑罪从赎"⑥ 原则相适应，犯罪事实无法认定者，可据《唐律》"诸疑罪，各依所犯以赎论"的规定纳赎。沈家本曰："疑，谓虚实之证等，是非之理均，或事涉疑，似旁无证见，或虽有证见，事涉疑似。如此之类言，皆为疑罪。"⑦ 即在案件事实真伪不明、定案证据不充分的情况下以铜赎罪，此条为独立于身份、主观因素等之外的特定情形。

另一方面，唐律明确规定排除适用赎刑的情形：其一，犯有十恶、杀人、受财枉法等严重犯罪，不得减赎；其二，判处加役流、反逆缘坐流、会赦犹流、子孙犯过失流、不孝流等，不得减赎；其三，以卑犯尊、妇女犯奸等情形，不得减赎。

---

① （宋）王钦若等编纂：《册府元龟》卷四百九十五《邦计部·田制》，第5623页。
② （宋）王溥：《唐会要》卷九十《缘封杂记》，第1954页。
③ （宋）宋敏求：《唐大诏令集》卷七十二《典礼·南郊·乾符二年正月七日南郊赦》，第405页。
④ （宋）王钦若等编纂：《册府元龟》卷八十四《帝王部·赦宥第三》，第926页。
⑤ （宋）宋敏求：《唐大诏令集》卷一百四《政事·按察下·遣王志愔等各巡察本管内制》，第531页。
⑥ 《吕刑》规定："墨辟疑赦，其罚百锾，阅实其罪。劓辟疑赦，其罚惟倍，阅实其罪。剕辟疑赦，其罚倍差，阅实其罪。宫辟疑赦，其罚六百锾，阅实其罪。大辟疑赦，其罚千锾，阅实其罪。"〔汉〕孔安国传，（唐）孔颖达疏：《尚书正义》卷十九《吕刑二十九》，第642页。
⑦ （清）沈家本：《历代刑法考·刑法分考十六·赎》，第427页。

三、纳赎规则因革与运行

(一) 断事通例：纳赎之法律地位

"吏人得罪因在狱，倾家卖产将自赎。"① 纳赎抵罪是《唐律》优崇搢绅的基本原则，也是法司裁断量刑之断事通例。作为唐代司法实践之常态，官员纳赎事例在史籍之中却相对稀见。前述长孙无忌因误带刀入殿，法司本断赎铜，此与《唐律》精神并不相违；终因无忌与监门校尉量刑悬殊，而遭戴胄驳议。此外，发生于高宗朝的褚遂良非法置业案与穆宗朝曲元衡杖杀柏公成母案的原判均为纳赎，后皆因有司驳议而改判，亦恰恰说明纳铜赎罪是唐代处置犯官之基本方式，而实施流放、贬官乃至处死者则属例外情形。依据"逢变则书"的史籍著录体例，此类事例反为史家所珍。

永徽元年（650）十月二十四日，中书令褚遂良抑买中书译语人宅地，为监察御史韦思谦所劾。"大理丞张山寿断以当征铜二十斤，少卿张叡册以为价当官估，罪宜从轻"②，此与长安四年（704）张昌宗强市人田的处断结论完全相同。③《唐律疏议》："诸在官侵夺私田者，一亩以下杖六十，三亩加一等；过杖一百，五亩加一等，罪止徒二年半。园圃，加一等。"④ 对照征铜二十斤的纳赎标准，张山寿对于褚遂良抑买宅地的原判刑罚当为徒一年。韦思谦认为："官市依估，私但两和耳。园宅及田，不在市肆，岂用应估。叡册曲凭估买，断为无罪。大理之职，岂可使斯人处之。"⑤ 唐代民间交易遵循契约自由原则，除有人请求、发生争执、立券公证等情况以外，一般不受政府市估的强制性约束。⑥ 韦思谦认为褚遂良购置宅邸不适用市估原则，同时指控大理寺官渎职。最终，褚遂良未能赎免，左迁同州刺史，张叡册亦贬循州刺史。

---

① 《张籍集系年校注》卷一《七言古诗·乌啼引》，徐礼节、余恕诚校注，中华书局2011年版（中国古典文学基本丛书），第116页。
② （宋）王钦若等编纂：《册府元龟》卷五百十五《宪官部·刚正第二》，第5848页。
③ （宋）司马光：《资治通鉴》卷二百七"则天后长安四年四月"，第6572页。
④ （唐）长孙无忌等：《唐律疏议》卷十三《户婚》"在官侵夺私田"，第246页。
⑤ （宋）王溥：《唐会要》卷六十一《弹劾》，第1257页。
⑥ 参阅李维才《唐代物价制定及其作用》，《唐都学刊》2007年第2期。

长庆年间，前率府仓曹曲元衡杖杀百姓柏公成母，"法官以公成母死在辜外，元衡父任军，便以父荫赎罪征铜"。《唐律疏议》："限内死者，各依杀人论；其在限外及虽在限内，以他故死者，各依本殴伤法。"① 柏母死于辜外，当以殴伤论。《唐律》按照侵害手段与致害后果详尽列举殴击行为的客观要件与量刑标准。其中，折跌人支体及瞎其一目以上，"及因旧患令至笃疾，若断舌及毁败人阴阳者，流三千里"。② 刑部郎中裴潾否定曲元衡官僚身份，且与柏公成母间无部属关系，主张追究元衡擅杀之责。元衡终受杖责配流：

> 典刑者，公柄也。在官得施于部属之内，若非在官，又非部属，虽有私罪，必告于官。官为之理，以明不得擅行鞭捶于齐人也。且元衡身非在官，公成母非部属，而擅凭威力，横此残虐，岂合均于常典？……奏下，元衡杖六十配流。③

上述两案初审判决，法司虽断赎铜，终因监察御史、刑部郎中等守正之士执奏，最终未能征铜纳赎，仍判处流、贬等刑罚。这恰说明罪臣纳赎乃法司通例，除量刑显著失当外，诸司皆无权干预。

（二）折钱纳赎：纳赎惯例之厘革

缴铜纳赎是隋唐相继的基本原则，《唐六典》规定："凡赎罪以铜。"④ 天宝六载（747）四月八日敕对赎金缴纳方式进行重大改革，允许纳钱以代赎铜，无力纳钱者，以役代酬：

> 其赎铜如情愿纳钱，每斤一百二十文。若负欠官物，应征正赃及赎物无财，以备官役折庸。其物虽多，止限三年。一人一日折绢四〔尺〕匹。⑤

天宝六载敕是对《唐律》赎铜制度的重要修订。武德初年定制：开元通

---

① （唐）长孙无忌等：《唐律疏议》卷二十一《斗讼》"保辜"，第389页。
② （唐）长孙无忌等：《唐律疏议》卷二十一《斗讼》"殴人折跌支体瞎目"，第387页。
③ （后晋）刘昫等：《旧唐书》卷一百七十一《裴潾传》，第4449页。
④ （唐）李林甫撰：《唐六典》卷六《尚书刑部》"刑部郎中员外郎"，第187页。
⑤ （宋）王溥：《唐会要》卷四十《定赃估》，第851页。

宝"十文重一两,一千文重六斤四两"①,唐代以十六两为斤②,故铜一斤折合开元通宝钱一百六十文。即便是官钱,亦非纯铜铸造,因此,折钱纳赎法令的出台对纳赎者的经济负担有所减轻。此敕开折铜纳钱先例,在司法实践中得到长期应用。

《册府元龟》记后唐前黔南节度使杨汉宾殴击故开州刺史陵约男彦徽致损,兼差人点检彦徽家业钱谷,大理寺少卿康澄详断如下:

> 杨汉宾早列偏裨,曾分茅土。事若先于恕己,理不在于尤人。岂可忘姻娅之旧情,凭官资之威力,遽因殴击,显致讼论。自归有过之门,须举无偏之道。合该议减,亦举律文。其汉宾前任黔南节度使,是三品使,关八议,准律减一等,杖九十。准名例律,官少不尽其罪,余罪收赎。罪少不尽其官,留官收赎。其杨汉宾所犯罪,杖九十,准律赎铜九斤,准格每斤纳钱一百二十文。从之。③

据《唐律疏议》规定,诸八议者,"流罪以下,减一等"。④《名例律》又曰:"诸以官当徒者,罪轻不尽其官,留官收赎;官少不尽其罪,余罪收赎。"⑤ 后唐政权相当程度上沿袭了唐代法律体系⑥,本案裁断中,康澄引据皆为《唐律》旧制。首先判定杨汉宾(三品)符合从议身份,原判杖一百,例减一等。杨汉宾因罪大官小,余罪纳赎。至于具体纳赎方式,据格文规定,允许纳钱赎罪,杨汉宾当纳钱一千零八十文。此案量刑条款提及"准格"一节,显然源自天宝六载(747)四月敕中一百二十文钱折铜一斤的规定。

此敕应于后世纂入格文,长期适用于晚唐、五代司法实践,并作为行用日久的司法惯例,在北宋年间仍持续起效。庆历初年,范仲淹《奏乞于陕西河东沿边行赎法》说:"应有荫并老小疾患之类,但旧条合赎者,

---

① (宋)王溥:《唐会要》卷八十九《泉货》,第1925页。
② (唐)杜佑:《通典》卷六《食货六·赋税下》,第108页。
③ (宋)王钦若等编纂:《册府元龟》卷四百五十四《将帅部·豪横》,第5106页。
④ (唐)长孙无忌等:《唐律疏议》卷二《名例》"八议者(议章)",第31页。
⑤ (唐)长孙无忌等:《唐律疏议》卷三《名例》"以官当徒不尽",第64页。
⑥ 据《旧五代史》,同光元年十二月,御史台奏:"'请敕定州节度使速写副本进纳,庶刑法令式,并合本朝旧制。'从之。"〔(宋)薛居正等:《旧五代史》卷一百四十七《刑法志》,第1962页〕其后,定州王都进纳唐朝格式律令,凡二百八十六卷。

并依旧法，每斤纳钱一百二十文足。"① 南宋《庆元条法事类》也明确规定："赎铜，每斤一百二十文足。"② 五代两宋折钱纳赎的计算标准，显然受到天宝敕令的直接影响，一条贯通唐宋的折钱赎罪法律演化脉络由此清晰展示于世人面前。自天宝定例以后，一百二十文钱折赎铜一斤的换算标准并未因王朝更替而发生阻断，其间虽有敕、格等法律形式之差异，且行用官钱亦有多次更替，但其涉及的纳赎折算标准却未发生实质变化。

（三）征铜赎罪：五代赎刑之行用

五代赎法承接隋唐典制之余绪，官吏犯罪得依律征铜纳赎。纳赎程序大致包括狱成定谳、引律定罪、赎铜折抵、有司详覆等环节。后唐李照殴詈案、后晋张嗣宗渎职案与后周李思美私盐案清晰展示了五代纳赎裁断程序之实际情况，并可在相当程度上反映唐制。

长兴二年（931）七月，泽州沁水县令李照与主簿乐钧两相斗殴，"大理、刑部详断其罪，准律罪当徒及罚铜"。③《唐律》规定：因斗殴致人折齿、毁缺耳鼻、折跌支体、眇瞎其目、折手足、折人肋、堕胎等，科徒刑一至三年不等。李、乐二人致伤情况记载不明，但行为方式却在诏敕中有所揭示。李照、乐钧"处令佐之资，纵屠沽之行。既骂且斗，自昼经宵"。对照徒刑纳赎标准，本案事主当征铜二十至六十斤。

后晋开运二年（945），开封府奏襄邑县令张嗣宗被百姓赵觉直论讼不公，"法寺定罪，合徒一年半。以官收赎，赎铜三十斤"。④ 此案断徒年限与征铜数额皆与《唐律》完全吻合，至于张嗣宗犯罪详情，因史料所限，未可详知。

而发生于广顺年间的郑州李思美私盐案，更为全面认识五代纳赎抵罪规则提供了直接证据。据《册府元龟》："李思美请屋税盐，于本州关城内经过，为官所擒，诘之，伏罪，狱成，（郑州防御判官杨）瑛断之，弃市。王氏以夫所请官盐，不入州郭门，与私盐所犯有异，诉夫之冤死。"

---

① （宋）范仲淹撰：《范文正公全集·政府奏议》卷上《治体》，《范仲淹全集》（中），李勇先、王蓉贵校点，四川大学出版社2007年版，第579页。
② （宋）谢深甫等：《庆元条法事类》卷七十六《当赎门·旁照法·断狱格》，戴建国点校，杨一凡、田涛主编：《中国珍稀法律典籍续编》，第812页。
③ （宋）王钦若等编纂：《册府元龟》卷一百五十四《帝王部·明罚第三》，第1722页。
④ （宋）王钦若等编纂：《册府元龟》卷七百七《令长部·黜责》，第8155页。

大理卿剧可久"断瑛失入，减三等，徒二年半"①，以官当赎，追夺见任官牒，官当不尽，余罪征铜。《唐律》规定："诸官司入人罪者，若入全罪，以全罪论（原注：虽入罪，但本应收赎及加杖者，止从收赎、加杖之法。）……断罪失于入者，各减三等。"②与省寺裁断相合，此亦说明后周律令相关条款亦本乎《唐律》。

五代征铜纳赎原则行用中亦存在以敕令变革法司判决对犯官适用真刑，甚至改判重罚的情形。长兴四年（933）七月，观察使奏秦州清水县令吕澄于长兴元年（930）至长兴三年（932）乞敛人户财物，共计一千一百一十九硕头贴贯，计赃三百六十八贯。《唐律》规定，监临之官，"乞取者，加（受所监临罪）一等；强乞取者，准枉法论"。③吕澄涉案赃额巨大，依律当绞。"事下法司，大理少卿康澄断：'准律：受所监临赃，罪当赎，流三千里。吕澄以两任官，当三年徒罪，余二年徒罪征铜四十斤'"，并经刑部员外郎薛冲覆讫。明宗随后发布的诏敕彻底否定法司定谳，禁其纳赎，改断配流：

> 吕澄命为宰字，委以民人，不守公廉，恣行聚敛。赃数甚广，情状难矜，当置重刑，仍从远窜。宜决脊杖二十，配流岚州。④

与开运二年张嗣宗案事由相似，天成四年（929）十二月发生的李商案也因所部举报进入司法程序。蔡州西平县令李商为百姓王饶等告陈不公，"大理寺断止赎铜，以官当罪"。明宗随后发布的诏令认为："大理定罪，备引格条。然亦事有所未图，理有所未尽。"因为在查办此案过程中，发现李商尚有侵夺庄田、私印官文、乞取辖内等漏罪若干，依据数罪并罚原则作出裁断，敕夺李商历任官资，剥夺李商当赎权利，"重杖一顿处死"。⑤

五代赎法运行中，也有恩宥罪人减死纳赎之例。长兴二年（931）五月，鸿胪卿柳膺将斋朗文书两件卖与同姓人柳居，则其婢母论诉伏罪。"大理寺断罪当大辟，缘遇恩赦，令与减死，夺见任官，罚铜，终

---

① （元）脱脱等：《宋史》卷二百七十《剧可久传》，第 9255 页。
② （唐）长孙无忌等：《唐律疏议》卷三十《断狱》"官司出入人罪"，第 562、524 页。
③ （唐）长孙无忌等：《唐律疏议》卷十一《职制》"受所监临财物"，第 222 页。
④ （宋）王钦若等编纂：《册府元龟》卷七百七《令长部·贪黩》，第 8157 页。
⑤ （宋）王钦若等编纂：《册府元龟》卷一百五十四《帝王部·明罚第三》，第 1721 页。

身不齿。"① 相比之下，后晋天福三年（938）七月王兴哥戏杀减死征铜案显得相对复杂：

> 晋州民曹继勋诉：男满籍与王兴哥因里俗戏掷砖子，误触破头上，辜限内因风致卒。准律合决重杖处死者。刑部详奏云："王兴哥情非巨蠹，年乃童蒙，满籍死既因风，本州勘须有据。虽执殴伤之律，自有常刑。当逢钦恤之朝，宁无宥过。"寻有敕减死一等，征铜一百斤。②

王兴哥戏掷砖子误伤曹满籍，致其辜限内死，涉及"戏杀"、"保辜"、"老小及疾有犯"、"死刑"等众多法律条款。"戏杀"属《唐律》"六杀"之一。《晋书·刑法志》载："两和相害谓之戏。"③《唐律疏议·斗讼》："诸戏杀伤人者，减斗杀伤二等。虽和，以刃，若乘高、履危、入水中，以故相杀伤者，唯减一等。即无官应赎而犯者，依过失法收赎。"④ 因此，一般情况下，戏杀按减斗杀二等处断。刑部奏称兴哥年属童蒙，据《唐律疏议·名例》："诸年七十以上、十五以下及废疾，犯流罪以下，收赎。"⑤ 且曹满籍辜限内因他故死亡，当据殴伤法论罪。据《唐律》的上述三条律文，应从轻量刑，但"准律合决重杖处死者"一节，显然已非《唐律疏议》原貌。"重杖处死"的规定源自唐建中三年（782）敕。⑥ 后晋开运三年（946）十一月丁未，左拾遗窦俨上疏引《刑部式》："决重杖一顿处死以代极法，斯皆人君哀矜不舍之道也。"⑦ 此式显然据建中三年敕厘革而成。本案苦主曹继勋明确提出"准律合决重杖处死"的诉请，可见后晋律法已对辜限内因他故死亡的定罪量刑以及死刑处断方式作出重大调整，相关条目已与《唐律》相去甚远。王兴哥最终减死为流，征铜百斤赎罪。此案在充分展现五代纳赎制度运行状况的同时，亦彰显了唐、

---

① （宋）王钦若等编纂：《册府元龟》卷六百二十五《卿监部·贪冒》，第7235页。
② （宋）王钦若等编纂：《册府元龟》卷六百十六《刑法部·议谳第三》，第7128页。
③ （唐）房玄龄等：《晋书》卷三十《刑法志》，第928页。
④ （唐）长孙无忌等：《唐律疏议》卷二十三《斗讼》"戏杀伤人"，第425页。
⑤ （唐）长孙无忌等：《唐律疏议》卷四《名例》"老小及疾有犯"，第80页。
⑥ "建中三年八月，刑部侍郎班宏奏：'其十恶中，恶逆以上四等罪，请准律用刑；其余及犯别罪，应合处斩刑，自今以后，并请决重杖一顿处死，以代极法。重杖既是刑死，诸司使不在奏请决重杖限。'敕旨依。"〔（唐）杜佑：《通典》卷一百六十五《刑三·刑制下》，第4262页〕
⑦ （宋）薛居正等：《旧五代史》卷一百四十七《刑法志》，第1971页。

五代两个历史时期赎刑规则之异同。

官员贵族纳赎抵罪是中国古代之司法通例。《开皇律》厘定赎罪之条，以铜纳赎遂成为隋唐五代时期赎刑适用之主流方式。天宝六载（747）创制的折钱纳赎惯例，对五代、两宋司法产生重要影响。对于法司据律拟定的纳赎判决，君主时常可依据案情予以变更，并在实践中彰显出限制官吏纳赎的司法倾向。铜与钱是古代钱法的核心，赎刑适用所输纳之铜、钱，连同其他罚没物资成为官府经费开支的重要来源，并在货币回笼与财政支出领域担当重要角色。因此，从货币铸行、支付等经济角度而言，赎法的性质已不再限于易科制度，其中与铜禁、支纳、折算关联部分，已在一定程度上融入古代货币法律制度框架之内。

第二节　以钱计赃

计赃是历代法司定罪量刑的基本问题之一。汉律已有"臧他物非钱者，以十月平贾计"[①] 的规定。此处"臧"当与"赃"通，以十月物价平赃的制度，或与秦朝以十月为岁首之旧例有关。《唐律疏议》规立了"计赃为罪"和"以绢计赃"两项基本原则，涉及平赃、正赃、六赃、累赃等重要命题。学界已在古代赃法领域进行了深入研究，并获得了一定理论突破。[②]

---

① 李均明、刘军：《汉代屯戍遗简法律志》，刘海年、杨一凡主编：《中国珍稀法律典籍集成》甲编第 2 册，第 118 页。

② 主要研究成果有：李伯重：《略论唐代的"日绢三尺"》，史念海主编：《唐史论丛》第二辑，陕西人民出版社 1987 年版；傅筑夫：《由唐代的物价波动看唐王朝的兴衰》，史念海主编：《唐史论丛》第三辑，陕西人民出版社 1987 年版；[日] 池田温：《中国古代物价初探——关于天宝二年交河郡市估案断片》，《日本学者研究中国史论著选译》（四），中华书局 1992 年版；周东平：《论唐代惩治官吏赃罪的特点》，《厦门大学学报》（哲社版）1994 年第 1 期；陈汉生、梅琳：《我国古代法律中"赃"罪的规定》，《上海大学学报》1995 年第 3 期；侯雯：《谈唐代对官吏赃罪的惩治》，《首都师范大学学报》（社会科学版）1996 年第 2 期；李锦绣：《唐代财政史稿》（下卷），北京大学出版社 2001 年版，第 1182—1186 页；黄明儒：《浅析〈唐律〉中赃罪的处罚原则》，《法学评论》2002 年第 1 期；徐东升：《论唐代物价的几个问题》，《文史哲》2002 年第 5 期；郭东旭：《宋朝的物价变动与计赃论罪》，《中国经济史研究》2004 年第 1 期；张兆凯：《论唐律赃罪的特点及其现代价值》，《长沙理工大学学报》（社会科学版）2006 年第 4 期；任艳艳：《唐代物价管理制度刍议》，《理论月刊》2008 年第 7 期；汪圣铎、马元元：《论中国古代的"以绢计赃"现象》，《兰州学刊》2016 年第 6 期。

值得注意的是，由于唐代实行钱帛兼行的货币政策，司法实践中大量存在"以钱计赃"现象，且与《唐律》规定凿枘不合，对此学界尚未进行专门探究。本节试图通过查明唐代计赃的法理依据、著录模式、适用场阈，以及钱绢计赃相互关系等问题，准确认知唐代计赃规则的实际适用情况，以及唐代钱法之厘革变迁与运行状态。

一、绢钱并行的二重模式

以绢平赃是唐代计量赃值的基本原则，也是当时绢帛作为基本通货的现实反映。民国学者李剑农指出："法律上计赃罚，既皆以绢帛，必其社会公私授受计价，皆用绢帛。"① 《唐律疏议》规定："诸平赃者，皆据犯处当时物价及上绢估。"疏议曰："赃谓罪人所取之赃，皆平其价直，准犯处当时上绢之价。"② 可见，《唐律》对于受财枉法、窃盗诸赃的处罚均根据赃物多少来定，而赃物又都统一以尺、匹等布帛单位作为衡量标准。③ 与之相适应，行为时间、行为地点及绢帛等次是法司评估赃值的三项具体标准。其一，平赃时间。《唐令》规定，每月分上、中、下三旬记录物价，法司依犯旬上绢平赃："旬估定罪，取所犯旬上绢之价。"据开元《关市令》，"每月旬别三等估"。④ 大中六年（852）闰七月，刑部员外郎李朋就犯赃人平赃定估事进《平赃定估议》，请以"犯赃人平赃，据律以当时物价上旬估。请取所犯之处，其月内上旬时估平之。从之"。⑤ 此处"上旬估"的规定，已与《唐律疏议》"当时物价"的规定有所差异。其二，平赃地点。平赃一般以行为犯罪地绢价为准，如行为地与案发地不一致，则须依律"悬平"。唐代有"三贾均市"之制，商品精为上贾，次为中贾，粗为下贾。"凡与官交易及悬平赃物，并用中贾。"⑥ 其三，绢帛等次。《唐律疏议》规定了上绢估价的基本原则，即按照犯处当旬上绢估价。然而，《唐六典》记载却与《唐律疏议》有所不同："凡计

---

① 李剑农：《中国古代经济史稿》（魏晋南北朝隋唐部分），武汉大学出版社2011年版，第614页。
② （唐）长孙无忌等撰：《唐律疏议》卷四《名例》"平赃及平功庸"，第91页。
③ 殷啸虎：《唐律以帛论罪原因何在》，《法学》1985年3期。
④ ［日］仁井田陞：《唐令拾遗》，关市令第二十六"诸市每肆立标"，第644页。
⑤ （宋）王溥：《唐会要》卷四十《定赃估》，第852页。
⑥ （唐）李林甫等：《唐六典》卷二十《两京诸市署》"京都诸市令"，第543页。

赃者，以绢平之。（原注）准律：以当处中绢估平之。"① 由此，晚至开元末年，《唐律疏议》"上绢平赃"的规定或已被修订。

表6-3　《唐律疏议》六赃量刑

罪名	量刑幅度	量刑厘革
强盗	不得财，徒二年。一尺徒三年，二匹加一等，十匹及伤人者，绞。杀人者，斩。其持仗者，虽不得财，流三千里。五匹，绞。伤人者，斩。	大和四年（830）十二月诏：（京城）杀人及强盗，罪迹分明，不计赃之多少，闻奏讫牒报本司，便付京兆尉决杀。
窃盗	不得财，笞五十。一尺杖六十，一匹加一等，五匹徒一年，五匹加一等，五十匹，加役流。	建中三年（782）三月二十四日敕，每有盗贼，赃满三匹以上决杀。如赃数不充，量事科放。 会昌元年（841）十二月敕：自今以后，窃盗计赃至钱一贯已上，处极法，抵犯者便准法处分。
受财枉法	一尺杖一百，一匹加一等，十五匹绞。	天宝元年（742）二月丙申，枉法赃十五匹当绞，今加至二十匹。 清泰二年（935）五月，中书门下奏：请今后犯枉法赃十五匹准律绞。不枉法赃，准三十匹加役流。受所监临赃五十匹流二千里。今请依《统类》，不枉法赃过三十匹，受所监赃过五十匹，从之。
受财不枉法	一尺杖九十，二匹加一等，三十匹加役流。	
受所监临财物	一尺笞四十，一匹加一等，八匹徒一年，八匹加一等，五十匹流二千里。与者，减五等，罪止杖一百。	
坐赃	一尺笞二十，一匹加一等，十匹徒一年，十匹加一等，罪止徒三年。	

　　《永徽律疏》规定的"以绢计赃"原则是汉末魏晋以来流通领域官钱不行、谷帛复出的客观反映。作为法司定罪量刑依据的绢帛匹段，因质量和价格的巨大差异，须经由承担计量媒介功能的钱贯进行二次评估。伴随着"开元通宝"信用确立与长期流通，钱绢兼行格局逐步确立，铜钱在经济活动中的地位日益提升。因此，大量以钱贯数额记录赃值的案例屡见史乘，遂在"赃罪"领域形成"以钱计赃"与"以绢计赃"并驾齐驱的二重书写模式。

　　唐代实行的钱绢并行的货币流通制度，因各地绢帛差价悬殊，极易滋生量刑失衡之弊。开元十六年（728）五月三日，御史中丞李林甫奏定天

---

① （唐）李林甫等：《唐六典》卷六《尚书刑部》"刑部郎中员外郎"，第187页。

下赃估,各地皆以计赃匹绢折钱五百五十文。此举在统一天下赃估的同时,首次对以钱计赃问题予以关注:

"天下定赃估,互有高下,如山南绢贱,河南绢贵。贱处计赃不至三百即入死刑,贵处至七百已上方至死刑。即轻重不侔,刑典安寄?请天下定赃估,绢每匹计五百五十价为限。"敕:"依。其应征赃入公私,依常式。"①

开元十六年的计赃制度已与《唐律》存在根本差异,此次改革删繁就简、统一赃估的努力,也是盛唐之际商品流通加速、区域经济差距逐步缩小的客观反映。在"征赃"领域,敕令则强调继续执行《唐律疏议》"以赃入罪"② 制度。李林甫统一赃估的努力对唐代计赃规则产生重要影响,此于肃宗上元二年(761)正月二十八日《赃数约绢估敕》中可获得印证:

先准格例,每例五百五十价,估当绢一匹。自今已后,应定赃数宜约当时绢估,并准实钱,庶叶从宽,俾在不易。(刑部尚书卢正己奏)③

肃宗上元元年(760),乾元重轮与乾元重宝分别按照 1∶30 和 1∶10 的比价行用,"碾硙鬻受,得为实钱,虚钱交易皆用十当钱,由是钱有虚实之名"④,故敕中专门强调赃估应以实钱计算。

两税改革以后,杂物结赃估断更为繁杂。大和九年(835)十月,大理丞周太元以监利物与两税物好恶有殊,一例科决,虑忧有屈为由,请依据涉案绢帛性质,分别确定计赃标准,获得朝廷认同:

今请盗换两税绸绫绢等物,请依元盗换匹数结罪科断,更不估

---

① (宋)王溥:《唐会要》卷四十《定赃估》,第850—851页。
② "诸以赃入罪,正赃见在者,还官、主。(转易得他物,及生产蕃息,皆为见在。)"疏议曰:"但以此赃而入罪者,正赃见在未费用者,官物还官,私物还主。转易得他物者,谓本赃是驴,回易得马之类。及生产蕃息者,谓婢产子、马生驹之类。"〔唐〕长孙无忌等撰:《唐律疏议》卷四《名例》"以赃入罪",第88—89页〕
③ (宋)王溥:《唐会要》卷四十《定赃估》,第851页。
④ (宋)欧阳修、宋祁:《新唐书》卷五十四《食货四》,第1387页。

定。如盗换监利物，杂麻布焦葛匹段丝绵纸，及诸色进贡物，不是两税匹段等，请准法式，估定数依上绢结赃科断。敕旨依奏。①

由于京中诸州府绢价逐旬移改，贵贱不定，刑狱推按平赃，皆需临时估定；如有校吏舞弊，估值难免失当。大中六年（852）十月，应中书门下奏请，以宋、亳二州绢价为参照，将计赃标准调整为匹绢折钱九百文：

> 兼以诸州府绢价，除果、阆州绢外，别无贵于宋亳州上估绢者，则外州府不计有土绢及无土绢处，并请一例取宋亳州土绢估，每匹九百文结计。②

可见，唐代平估之法多有变化，赃估比价始终处于不断调整之中③，《唐律》规定的以绢计赃与钱绢比价直接关联，钱贯数额成为法司赃估必须考量的重要因素。那么，赃估领域绢帛与钱贯之间兑换比如何？"以钱计赃"原则主要适用于哪些司法场阈？铜钱是否对绢帛计赃本位制度构成实质颠覆？为厘清上述困惑，有必要对唐代众多"以钱计赃"案例进行系统分析，以期廓清铸币在唐代赃估领域的基本职能。

二、以钱计赃之适用场阈

开元、天宝之际是唐代"以钱计赃"制度发展变化的关键时期，此与开元十六年（728）李林甫统一天下赃估的改革直接关联。就目力所及而言，唐代87%的"以钱计赃"案件发生在开元至开成年间，其中又以玄宗、德宗、宪宗、穆宗四朝为夥（参见表6-5）。唐代赃罪量刑之实际状况，与《唐律疏议》确立的以绢计赃、据匹量刑原则存在显著差异。从适用场阈而言，除"六赃"中受所监临、坐赃等情形外，"以钱计赃"广泛涉及监临主守自盗、私役所监临、差课赋役违法、有事以财行求、事后受财、受人财为请求等诸罪，此当依"自外诸条，皆约此六

---

① （宋）王溥：《唐会要》卷四十《定赃估》，第852页。
② （宋）王钦若等编纂：《册府元龟》卷六百一十六《刑法部·议谳第三》，第7127页。
③ 参阅刘俊文：《唐律疏议笺解》，中华书局1996年版，第344页。

赃为罪"的规定,比照"六赃"论断。① 因此,按照性质分类描摹"以钱计赃"具体适用之场阈,方可更为清晰展示唐代"以钱计赃"之运行实况。

(一) 贿赂

《唐律》对行贿(有事以财行求)与受贿(受财枉法、受财不枉法、受所监临、坐赃、事后受财、受人财为请求、出使受财等)犯罪有明确规定。伴随唐初"开元通宝"货币信用的逐步确立,铜钱逐渐成为请托、交通、贿赂的重要媒介。高宗龙朔年间,"以钱计赃"已在司法实践中得到应用。《新唐书·李义府传》记龙朔三年(663)右相李义府鬻官,事后向事主司津监长孙延"索谢钱七十万",涉案赃款即以钱贯计。《职制律》规定:"诸有事先不许财,事过之后而受财者,事若枉,准枉法论;事不枉者,以受所监临财物论。"② 本案赃额巨大,高宗诏司刑太常伯刘祥道与侍御、详刑对推其事。时人作"刘祥道破铜山之大贼李义府露布"以讽之。李义府因涉嫌漏泄、赃贿、交通等,据数罪并罚原则除名长流巂州。

景龙年间,安乐、长宁公主、郕国夫人、上官婕妤等请谒受赇,竟以现钱交易卖官爵、度牒,"虽屠沽臧获,用钱三十万,则别降墨敕除官,斜封付中书,时人谓之'斜封官';钱三万则度为僧尼"。③

安史乱中,御史大夫张倚没于贼廷,授伪侍中。克复之后,子赞善大夫张奭纳贿于驸马都尉张清以求免罪。肃宗乾元元年(758)二月,"奭状首清受钱二千贯,许奏免父倚罪"。④ 据《职制律》:"诸受人财而为请

---

① 程天权指出:"六赃是一切赃罪的重刑比附标准,六赃之外的赃罪归结到六赃比附论罪。"〔程天权:《从唐六赃到明六赃》,《复旦学报》(社会科学版)1984 年第 6 期〕
② (唐)长孙无忌等撰:《唐律疏议》卷十一《职制》"事后受财",第 221 页。
③ (宋)司马光:《资治通鉴》卷二百九"中宗景龙二年七月",第 6623 页。
④ (宋)王钦若等编纂:《册府元龟》卷三百七《外戚部·贪渎》,第 3469 页。据《旧唐书·刑法志》,至德二载冬,肃宗敕审理李岘等为"三司使",审理伪官案。"两京衣冠,多被胁从,至是相率待罪阙下。而执事者务欲峻刑以取威,尽诛其族,以令天下。议久不定,竟置三司使,以御史大夫兼京兆尹李岘、兵部侍郎吕諲、户部侍郎兼御史中丞崔器、刑部侍郎兼御史中丞韩择木、大理卿严向等五人为之。"〔(后晋)刘昫等:《旧唐书》卷五十《刑法志》,第 2151 页〕张清并非本案主审,收受贿赂,当坐赃论加二等;张奭意欲利用张清驸马都尉之特定身份影响本案裁判,开脱其父罪责,构成行贿,当据"有事以财行求"论:"得枉法者,坐赃论;不枉法者,减二等。"〔(唐)长孙无忌等:《唐律疏议》卷十一《职制》"有事以财行求",第 220 页〕

求者，坐赃论加二等。监临势要，准枉法论。与财者，坐赃论减三等。"①肃宗以清玄宗子婿之尊，不置于法，敕清母决四十，放赃钱。

中唐以后，现钱贿赂的案例仍大量见诸史籍，且涉案金额呈暴增趋势。在中晚唐时期中枢权力格局中，宦官收受贿赂进而干预政事的现象值得特别关注。元和六年（811）十月，"内官刘希光受将军孙璹赂二十万贯以求方镇，事败，赐希光死"。② 元和五年（810）十一月庚子，金吾卫大将军伊慎因"以钱三千万赂右神策军中尉第五从直，求为河中节度。从直恐事泄，奏之。上怒，入其赃一千五百万，仍黜为右卫将军，通密近坐死者三人。"③ 元和十五年（820）三月，太子宾客留司东都孟简赂左军中尉吐突承璀"钱帛等共计七千余贯匹"④，贬吉州员外司马。文宗大和二年（828）十二月，南曹令史李赍等六人及卖凿空伪官人许棱等，"共取受钱都一万六千七百四十贯文"。⑤

（二）赋役

唐代私役增赋是地方长吏、节镇部将、场院官员剥割聚敛的重要方式，也是"以钱计赃"原则适用的常见领域。《新唐书·刑法志》记，贞观十六年（642）十一月，广州都督党仁弘"交通豪酋，纳金宝，没降獠为奴婢，又擅赋夷人。既还，有舟七十。或告其赃，法当死"。⑥ 此为对党仁弘罪状的具体描述，涉案金宝、奴婢、舟船等，当据"受所监临"、"受财枉法"条计赃论罪；"擅赋夷人"当据《职制律》"役使所监临"条处置："诸监临之官，私役使所监临，及借奴婢、牛马驼骡驴、车船、碾硙、邸店之类，各计庸、赁，以受所监临财物论。"⑦ 因此，法司定谳之后，本案罪名及赃值记作"枉法取财及受所监临赃百余万"。⑧《唐律》规定，"受所监临财物"一尺笞四十，罪止流二千里；"监主受财枉法"一尺杖一百，一匹加一等，十五匹绞。党仁弘因涉数罪，适用"二罪从重"原则："以赃致罪频犯者，并累科。若罪法不等者，即以重赃并满轻

---

① （唐）长孙无忌等撰：《唐律疏议》卷十一《职制》"事后受财"，第219页。
② （后晋）刘昫等：《旧唐书》卷一百五十四《孔巢父从子戣传》，第4097页。
③ （宋）王钦若等编纂：《册府元龟》卷六百二十八《环卫部·迁黜》，第7260页。
④ （后晋）刘昫等：《旧唐书》卷一百六十三《孟简传》，第4258页。
⑤ （宋）王钦若等编纂：《册府元龟》卷六百三十八《诠选部·缪滥》，第7377页。
⑥ （宋）欧阳修、宋祁：《新唐书》卷五十六《刑法志》，第1412页。
⑦ （唐）长孙无忌等撰：《唐律疏议》卷十一《职制》"役使所监临"，第224页。
⑧ （宋）王钦若等编纂：《册府元龟》卷一百五十《帝王部·宽刑》，第1673页。

赃，各倍论。"① 最终以"受财枉法"论死。

与"私役所监临"类似的行为是"差科赋役违法"。基于监临关系和职权范围，此类违法时常呈现数罪并发面貌。《户婚律》"差科赋役违法"条规定："若非法而擅赋敛，及以法赋敛而擅加益，赃重入官者，计所擅坐赃论；入私者，以枉法论，至死者加役流。"② 开元以后，滥征税赋且以钱贯计赃之例逐渐增多。开元二十九年（741），魏州刺史卢晖通过增加赋敛、减截官钱等方式获赃六百余贯，又役使人工殆三十万，减死长流富州。③ 宪宗元和四年（809），监察御史元稹劾奏故剑南东川节度使严砺"擅籍没涂山甫等八十八户，田宅一百一十一所，奴婢二十七人，税外征草四十一万五千束，钱七千贯，米五千石"。④ 宪宗敕田宅、奴婢却还本主，其已货卖者令赎还，税外所征配并禁断。太和中，御史台奏湖州刺史庾威任内自立条制，"应田地奴婢，下及竹树鹅鸭等，并估计出税，差军人一千一百五十人散入乡村检责，剩征税钱四千九百余贯"⑤，贬吉州长史。长庆四年（824），刺史杨归厚告论前寿州刺史唐庆"违赦敕科配百姓税钱及破用官库钱物等事，庆犯正入己赃钱四千七百余贯"，⑥ 唐庆因此被除名，长流崖州。

（三）钱粮

"以钱计赃"原则在唐代侵吞、截留、盗用官府物资的贪污案件中有大量适用，其中尤以针对隐没私用官钱、盗卖官物取利等行为最为常用。

其一，隐盗官钱。开元十七年（729）十月，司农少卿蒋岑奏宇文融"在汴州隐没官钱巨万，计制穷治其事，融坐流岩州，道卒"。⑦ 开元二十二年（734）十月，试司农卿陈思问"多引小人为其属吏，隐盗钱谷，积

---

① （唐）长孙无忌等撰：《唐律疏议》卷六《名例》"二罪从重"，第124页。
② （唐）长孙无忌等撰：《唐律疏议》卷十三《户婚》"差科赋役违法"，第251页。
③ （宋）王钦若等编纂：《册府元龟》卷七百《牧守部·贪黩》，第8087页。文宗开成三年（838年）五月，刑部奏："准今年二月八日赦书，官典犯罪，不在此限者。伏以律载赃名，其数有六，官典有犯，并列科则。其间有入己者，罪即悬别。今请监主守将官物私自贷用，并借贷人及百端欺诈等，不在赦限；如将官物还充公用，文记分明者，并请原免。勅旨：宜依。"〔（宋）王溥：《唐会要》卷三十九《议刑轻重》，第834页〕此奏正式将"入己赃"按照用途性质分两类，私用者不予赦宥，公用者原罪免罚。
④ （宋）王钦若等编纂：《册府元龟》卷六百五十八《奉使部·举劾》，第7596页。
⑤ （宋）王钦若等编纂：《册府元龟》卷六百九十八《牧守部·专恣》，第8069页。
⑥ （宋）王钦若等编纂：《册府元龟》卷七百《牧守部·贪黩》，第8090页。
⑦ （宋）司马光：《资治通鉴》卷二百一十三"玄宗开元十七年十月"，第6788页。

至累万。尚隐又举按之,思问遂流岭南而死"。① 大历年间,婺州刺史邓珽"盗赃八千缗"②,正之于法,竟征其赃。建中元年(780)十月甲午,宣州刺史薛邕"盗官货,计钱万万"③,贬连山尉。贞元十二年(796),信州刺史姚骥举员外司马卢南史"以官闲冗,放吏归,纳典纸笔钱六十余千"。④ 元和七年(812),前江西观察使李少和擅取公钱,转移私费,"除已填纳赃数外,尚欠三千七百余贯。身已沦没,不可征收,宜放免"。⑤ 长庆元年(821),山剑三川榷盐使张宗本"坐盗用东川院及诸监院耗剩钱共一万五百余贯",决杖八十,配流雷州。⑥

其二,侵吞差价。元和十二年(817),郑州刺史崔祝"于当州顾召行营车,除充作给付,又擅出州仓粟麦贵货之,以利入己"⑦,坐赃计三万余贯,为御史台所奏,锢身配流康州。宝历二年(826),盐铁河阴院官罗立言"坐和籴米价不实,计入已赃一万九千三百余贯,制削兼侍御史"。⑧

其三,侵吞杂钱。元和十二年(817),监察御史韦楚材请按河中观察使赵宗儒"擅用贮备凶荒羡余钱及赃罚钱米贯石数至八万"。⑨ 宝历二年(826)三月,御史台推勘蓝田令刘伉"在任日将诸色钱隐没破用,凡九十余万"。刘伉被除名流雷州⑩。

(四)营造

营造宅邸、佛寺、桥梁、衙署等大型工程,因耗资巨大、利润丰厚,往往成为唐代贪赃案件的高发区域,也是"以钱计赃"原则适用的重要案件类型。据开元《营缮令》,修城郭,筑堤防,兴起人功,有所营造,皆应"计人功多少,申尚书省,听报始合役功"。⑪ 中宗时,将作少监杨

---

① (后晋)刘昫等:《旧唐书》卷一百八十五下《良吏下·李尚隐传》,第4823页。
② (宋)欧阳修、宋祁:《新唐书》卷一百四十五《窦参传》,第4730页。
③ (宋)王钦若等编纂:《册府元龟》卷七百《牧守部·贪黩》,第8088页。
④ (后晋)刘昫等:《旧唐书》卷一百三十七《赵涓传》,第3761页。
⑤ (宋)王钦若等编纂:《册府元龟》卷七百《牧守部·贪黩》,第8089页。
⑥ (宋)王钦若等编纂:《册府元龟》卷五百一十一《邦计部·贪污》,第5811—5812页。
⑦ (宋)王钦若等编纂:《册府元龟》卷七百《牧守部·贪黩》,第8089页。
⑧ (宋)王钦若等编纂:《册府元龟》卷五百一十一《邦计部·贪污》,第5812页。
⑨ (宋)王钦若等编纂:《册府元龟》卷五百二十二《宪官部·谴让部》,第5929页。
⑩ (宋)王钦若等编纂:《册府元龟》卷七百七《令长部·黜责》,第8156页。
⑪ [日]仁井田陞:《唐令拾遗》,营缮令第三十一"别敕有所营造",第735页。

务廉因督造长宁、安乐宅，特授将作大匠，后因"坐赃数千万免官"。①景龙元年（707）九月十二日，侍御史魏传弓劾奏"银青光禄大夫、西明寺主惠范奸赃四十万，请置于极法"。②慧范乘督造东都圣善佛寺及造长乐坡大像之便糜费亿万，以致府库虚竭，中宗乃削黜惠范官爵，放归于家。宝历二年（826）四月，前京兆府尹崔元略为桥道使，"造东渭桥时，被本典郑位、判官郑复虚长物价抬估给用，不还人工价直，率敛工匠破用，计赃二万一千七百九贯"。③敬宗因元略不能检下，有涉慢官，罚一月俸料。

在各类工程营造的赃污案件中，发生于穆宗朝的两宗侵吞皇陵经费案件，充分体现了钱贯计赃原则在晚唐司法实践中的核心地位。《旧唐书·穆宗纪》载，元和十五年（820）七月丁卯，山陵使令狐楚"纵吏于翚刻下，不给工徒价钱，积留钱十五万贯，为羡余以献……（八月）京兆府户曹参军韦正牧专知景陵工作，刻削厨料充私用，计赃八千七百贯文；石作专知官奉先县令于翚刻削，计赃一万三千贯，并宜决重杖处死"。④景陵乃宪宗山陵。据《唐会要》记载，元和十五年正月二十七日，宪宗"崩于大明宫之中和殿。五月，葬景陵（在京兆府奉先县界）"。⑤本案中，山陵使令狐楚克扣工徒工钱十五万贯进献邀功，被贬宣州刺史兼御史大夫，充宣歙池观察使。京兆府户曹参军韦正牧"刻削厨料充私用，计赃八千七百贯文，又于陵所私造石器等，诏付京兆府决痛杖一顿处死"。景陵皇堂石作专知官、奉先县令于翚"虚竖物价及破米面共计赃钱一万三千六百四十六贯石。数内八千余贯石入己，余充赂遗并官典破用。诏付京兆府，决重杖处死"。⑥

另一宗贪污山陵经费的案件涉及穆宗光陵营造事宜。《旧唐书·敬宗纪》记，宝历元年（825）六月丙戌，"将作监张武均出为洋州刺史，坐赃犯也"。⑦《册府元龟》卷六百二十五《卿监部·贪冒》对此作了详

---

① （唐）张鷟撰：《朝野佥载》卷二，赵守俨点校，中华书局1979年版，第36页。
② （宋）王溥：《唐会要》卷六十一《御史台中·弹劾》，第1260页。
③ （后晋）刘昫等：《旧唐书》卷一百六十三《崔元略传》，第4261页。
④ （后晋）刘昫等：《旧唐书》卷十六《穆宗纪》，第480页。
⑤ （宋）王溥：《唐会要》卷一《帝号上》，第10页。
⑥ （宋）王钦若等编纂：《册府元龟》卷一百五十三《帝王部·明罚第二》，第1712—1713页。
⑦ （后晋）刘昫等：《旧唐书》卷十七上《敬宗纪》，第515页。

细记载：

> 张武均，穆宗时为将作监。长庆四年十二月，百姓董太和于右银台截耳称，供光陵材木，武均不给价直。出为洋州刺史，称疾不谢，为宪司所纠，再黜循州司马。明年闰七月，御史书奏武均前任将作监，日鬻优劳，赃近九千贯，合当司收管，从之。①

据《资治通鉴》，长庆四年（824）十一月庚申，"葬睿圣文惠孝皇帝于光陵（光陵在同州奉先县北十五里尧山），庙号穆宗"。②将作监张武均拒不支付材木价款，导致董太和自刑称冤，又被宪司纠得赃款约九千贯，二事皆直指张武均经办的穆宗山陵营造事宜。

值得注意的是，元和、长庆年间围绕景陵、光陵营造发生的两起侵吞经费事件，涉案工徒钱、厨料钱、材料钱等均以钱贯数额登记在册，此与《唐律》规定的绢帛计赃存在本质差异，可见，钱贯数额已经成为晚唐法司量刑的直接依据。景、光二陵贪腐涉案者皆非巨蠹，但因事涉皇室葬事用度，故而从重量刑。

（五）军费

唐代官府军费颁赐，以绢、钱为主。军资日常申报、采办与调拨等事，由粮料使（军粮使）或粮料判官负责。《资治通鉴》胡注引宋白曰：

> 建中用兵，诸道行营出境者，皆仰给度支，谓之食出界粮。又于诸军各以台省官一人司其供亿，谓之粮料使。③

唐代内外兴兵，军费耗用累钜。加之虚名、挂籍、冒功等现象的存在，使得唐代中后期的军费问题更趋复杂④，"以钱计赃"在官吏盗用、隐没军费领域的适用日益频繁。元和六年（811）五月，行营运粮使于皋暮、董溪盗用官钱。"于皋暮坐犯诸色赃计钱四千二百贯，并前粮料使董溪犯诸色赃计四千三百贯。又于正额供军市籴钱物数内抽充羡余公廨诸色给用，

---

① （宋）王钦若等编纂：《册府元龟》卷六百二十五《卿监部·贪冒》，第7234页。
② （宋）司马光：《资治通鉴》卷二百四十三"穆宗长庆四年十一月庚申"，第7839页。
③ （宋）司马光：《资治通鉴》卷二百二十八"德宗建中四年八月"，第7350页。
④ 贾志刚：《唐代军费问题研究》，中国社会科学出版社2006年版，第19页。

计钱四万一千三百贯"。① 于皋蓦、董溪等人犯赃内容难以查明,而据于、董"于正额供军市籴钱物数内抽充羡余公廨诸色给用"一节可知,涉案赃钱显然源自侵吞军需钱粮与办公经费所得。"皋蓦除名,配流春州。董溪除名,配流封州。其判官崔元受、韦岵、薛巽、王湘等,并贬岭外。皋蓦、溪行至潭州,并专遣中使赐死。"

中晚唐之际,节镇长官、属吏贪没、冒领军费现象屡见不鲜。元和六年(811)六月丁丑,御史台奏,推问前行营粮料使判官元翛及典吏等,"计赃一千万,宜并付京兆府,各决重杖一顿处死"。② 依据元翛行营粮料使判官身份判断,赃款当系干没军费所得。元和十二年(817)夏州节度田缙及部属邢甍、卢仲通、赵荣等隐没军费事,涉案赃值直接以钱贯计,据《册府元龟》记载:

> 田缙为夏州节度,性贪虐,多隐没军赐。羌浑种落苦其渔扰,遂引西蕃为寇。御史中丞崔植奏:摄诣台按劾,得缙前在夏州,遣将于度支,请将士军粮及脚价共计三万四千三百余贯文。不支给将士,留于上都私第,及杂事馈送本道。赃状明白,坐贬房州司马,并本判官邢甍、卢仲通皆坐贬,部将赵荣流涪州。③

又据《新唐书·田缙传》,李听代缙为夏绥银节度使,"劾缙盗没军粮四万斛,强取羌人羊马,故吐蕃得乘隙。贬衡王傅。俄而吐蕃又攻盐州,贬房州司马。"④ 显然,涉案三万四千三百余贯文当为度支拨付的军粮价款与雇脚费用之和,本案为了解唐代军资项目与赃钱数额之关系提供了重要线索。

以钱贯计赃的记载又见于文宗朝浑鐬、王晏平盗用军费案。大和四年(830)九月丁酉,"前丰州刺史、天德军使浑鐬坐赃七千贯,贬袁州司马"。⑤《新唐书》、《册府元龟》皆概言浑鐬坐赃,未记其详。然究其署理之职,侵没者当为军费。据《资治通鉴》,"灵武节度使王晏平自盗赃

---

① (宋) 王钦若等编纂:《册府元龟》卷五百一十一《邦计部·贪污》,第5811页。
② (宋) 王钦若等编纂:《册府元龟》卷五百一十一《邦计部·贪污》,第5811页。
③ (宋) 王钦若等编纂:《册府元龟》卷四百五十五《将帅部·贪黩》,第5118页。
④ (宋) 欧阳修、宋祁:《新唐书》卷二百一十《藩镇魏博·田承嗣附田缙传》,第5935页。
⑤ (后晋) 刘昫等:《旧唐书》卷十七下《文宗纪下》,第539页。

七千余缗"①，于开成三年（838）六月壬寅改永州司户。至于七千余缗赃值，则由王晏平隐没妄报的"马四百一十五匹，并旗旛器械六千一十七事"②构成。

（六）坐赃

唐代"以钱计赃"之适用场阈，以"坐赃"最为常见。对于难以查明案件原委的案例而言，"坐赃"成为记录此类行为的概括表达。唐代"坐赃"，应区分为"律义之坐赃"与"实践之坐赃"。《名例律》规定，"坐赃"属六色"正赃"之一。③但因诸赃构成迥异，故分述于《唐律》诸篇，如"强盗"、"窃盗"见于《贼盗》；"受财枉法"、"受财不枉法"及"受所监临财物"见于《职制》；"坐赃"则见于《杂律》，"此篇拾遗补阙，错综成文，班杂不同"，足见《唐律》"坐赃"是其他赃罪的总括表述，其法意与"强盗"诸赃有别。

《唐律》规定："坐赃者，谓非监临主司，因事受财，而罪由此赃，故名'坐赃致罪'"④，此即"律义之坐赃"。理解"律义之坐赃"的核心在于，对事主"非监临主司"身份的判定。值得注意的是，史乘中所见大量以钱计赃之"坐赃"案例，实质为"官典犯赃"案件之概称，事主身份及量刑规则皆与《唐律》"坐赃"存在显著差异，此即"实践之坐赃"。此类案件遍及史乘，举不胜举。如贞观初，杞州刺史长孙敞以"坐赃免"。⑤贞观十九年（645）二月庚子，"沧州刺史席辩坐赃污"⑥，诏朝集使临观而戮之。天宝六载（747）二月丁酉，岭南五府经略采访使彭果坐赃，"其赃数十万有余"⑦，决杖六十，除名并长流溱溪郡。元和十四年（819）七月，"盐铁福建院官权长孺坐赃一万三百余贯，诏付京兆府杖杀之"。⑧长庆元年（821），"宿州刺史李直臣坐赃当死，直臣赂中贵人为之申理"。⑨以上数例事主皆为有司主守，其身份与坐赃"非监临主司"的

---

① （宋）司马光：《资治通鉴》卷二百四十六"文宗开成三年六月壬寅"，第7934页。
② （宋）王钦若等编纂：《册府元龟》卷六百九十八《牧守部·专恣》，第8069页。
③ （唐）长孙无忌等撰：《唐律疏议》卷四《名例》"以赃入罪"，第88页。
④ （唐）长孙无忌等撰：《唐律疏议》卷二十六《杂律》"坐赃致罪"，第479页。
⑤ （后晋）刘昫等：《旧唐书》卷一百八十三《外戚·长孙敞传》，第4726页。
⑥ （宋）司马光：《资治通鉴》卷一百九十七"太宗贞观十九年二月庚子"，第6216页。
⑦ （宋）王钦若等编纂：《册府元龟》卷一百五十二《帝王部·明罚》，第1702页。
⑧ （宋）王钦若等编纂：《册府元龟》卷一百五十《帝王部·宽刑》，第1675页。
⑨ （后晋）刘昫等：《旧唐书》卷一百七十二《牛僧孺传》，第4469页。

律法规定不合。值得注意的是，《唐律》规定坐赃最高量刑仅为徒三年，故司法实践中因"坐赃"断为流、死者，其性质当属"实践之坐赃"。

唐代"实践之坐赃"适用场阈之内，时常出现将"监守盗"混同表述为"坐赃"的现象，并对"坐赃"案件性质认定产生一定影响。开元二十年（732）六月庚寅，幽州长史赵含章"坐盗用库物，左监门员外将军杨元方受含章馈饷，并于朝堂决杖，流瀼州，皆赐死于路"。[①] 赵含章以主司之便盗用库物事，《资治通鉴》则记作："赵含章坐赃巨万，杖于朝堂，流瀼州，道死。"[②] 此处"坐赃"，意为"监守盗"。此外，地方刺史、县令等"坐赃"在实践中颇为常见，其行为多属"监临主守自盗"性质。贞元十七年（801），衢州刺史郑式瞻"坐赃二千贯，笞四十，流崖州，诏未至而死"。[③] 元和十二年（817），万年县捕贼尉韩晤"以奸赃发，京兆尹窦易直使法曹掾韦正收鞫之，得赃三十万。帝意其未尽，令复鞫之，果得赃三百万"。[④] 韩晤除名，配流昭州。总之，唐代"坐赃"与"监守盗"之间的相互重合渗透，为明清时期"六赃"条款的改定埋下历史伏笔。

表6-4 唐代"以钱计赃"典型案例

时间	案由	赃额	处置
贞观十六年十一月	广州都督党仁弘坐枉法取财及受所监临赃。	百余万	黜为庶人徙钦州。
龙朔三年四月	李义府赃贿等。	七百贯	除名，长流巂州。
圣历元年十月	文昌左丞宗楚客与弟司农卿晋卿坐赃贿。	满万余缗	楚客贬播州司马，晋卿流峰州。
大足元年三月	凤阁侍郎同平章事张锡漏泄禁中语。	赃满数万	流循州。
长安四年七月乙未	司礼少卿张同休、汴州刺史张昌期、尚方少监张昌仪皆坐赃。	共四千余缗	张昌宗法应免官，赦，复官左补阙。
景龙元年	西明寺主惠范奸赃。	四十余万	放归于家。

---

① （后晋）刘昫等：《旧唐书》卷八《玄宗纪下》，第198页。
② （宋）司马光：《资治通鉴》卷二百一十三"玄宗开元二十年六月庚寅"，第6789页。
③ （宋）王钦若等编纂：《册府元龟》卷七百七《牧守部·贪黩》，第8089页。
④ （宋）王钦若等编纂：《册府元龟》卷七百七《牧守部·贪黩》，第8156页。

续表

时　间	案　由	赃　额	处　置
中宗时	将作大匠杨务廉坐赃。	数千万	免官。
中宗时	左台侍御史姚绍之坐赃。	五十余贯	法当死,韦后女弟救请,故减死,贬琼山尉。
开元五年	左司郎中、常带侍御史王旭纳赃。	数千万	贬龙平尉,王旭愤恚而死。
开元十六年	长宁公主坐赃。	数十万	废终身。
开元十七年十月	司农少卿蒋岑奏宇文融在汴州隐没官钱巨万,计制穷治其事。		融坐流岩州。
开元二十年六月庚寅	幽州长史赵含章坐盗用库物。	坐赃巨万	流瀼州,道赐死。
开元二十二年十月甲辰	试司农卿陈思问隐盗钱谷。	赃累巨万	配流瀼州。
开元二十九年	魏州刺史卢晖坐赃。	增加赋敛、减截官钱,入己之赃六百余贯,又役使人工殆三十万	减死,长流富州。
天宝六载二月丁酉	岭南五府经略采访使彭果坐赃。	数十万	除名,长流溱溪郡。
天宝九载四月己巳	御史大夫宋浑坐赃。	巨万	流潮阳。
乾元元年二月	赞善大夫张奭状首清受钱。	二千贯	敕清母决四十,放赃钱。
乾元元年六月	黄州女巫赃污。	数十万	刺史左震斩之。
上元中	御史中丞宗正卿郑国公李遵坐赃。	数千贯	以勋旧舍之,但停宗正卿。
永泰二年九月丙子	宣州刺史李侁坐赃。	二十四万贯	集众杖死,籍没其家。
永泰二年	桂州刺史、桂管观察使陈少游贿中官董秀。	每岁请献钱五万贯	陈少游拜宣州刺史,宣、歙、池都团练观察使。
大历初	前少府监单超俊剑南西山效力。	纳赃七千贯	杖杀。
大历中	婺州刺史邓珽坐赃。	八千贯	正之于法,竟征赃。
大历中	湖南判官马彝发部令赃,令之子因权幸诬奏彝。	千贯	监察御史窦参白彝无罪。
建中元年十月甲午	尚书左丞薛邕建中初盗官货。	计钱万万	贬为连山尉。
贞元十一年	部人告黔中观察使崔穆赃。	二十七万贯及他犯	遣监察御史李直方往州覆按。
贞元十二年	信州刺史姚骥举员外司马卢南史准例配得有典一人,每月请纸笔钱一千文,南史以官闲冗无职事于典,而纳其直。	凡五年计赃六十千文	刑部员外郎裴澥往按。

续表

时　　间	案　　由	赃　　额	处　　置
贞元十一年二月	黔中监察御史崔穆为部人告赃。	二十七万贯	遣监察御史李直方往黔州覆按。
贞元中	礼部尚书兼殿中监李齐运尝荐李锜为浙西观察使。	受赂数十万	人告其赃,帝置不问。
贞元十七年	衢州刺史郑式瞻杖杀银工,坐赃。	二千贯	发御史就鞫之,笞四十,流崖州,诏未至而死。
元和四年三月	御史元稹奉使东蜀,劾奏故剑南东川节度使严砺赃罪。	数十万(税外征钱七千贯)	诏征其赃,以死恕其罪。
元和四年七月	御史中丞李夷简奏京兆尹杨凭前为江西观察使赃罪。	计钱累万	守贺州临贺县尉同正。
元和五年十一月庚子	金吾卫大将军伊慎以钱赂右神策军护军中尉第五从直求为河中节度。	三千万	黜为右卫将军,入其赃一千五百万,仍黜其官,交通密近坐死者三人。
元和六年五月	行营粮料使于皋暮坐犯诸色赃并前粮料使董溪犯诸色赃,又于正额供军市籴钱物数内抽充羡余公廨诸色给用。	于皋暮赃计钱四千二百贯;董溪赃计四千三百贯,抽诸色给用计钱四万一千三百贯	皋暮除名配流春州,董溪除名配流封州。其判官崔元受、韦岯、薛巽、王湘等,并贬岭外。皋暮、溪行至潭州,并专遣中使赐死。
元和六年六月丁丑	御史台奏:推问前行营粮料使判官元鯈及典吏等。	计赃一千万	宜并付京兆府各决重杖一顿处死。
元和六年十一月	内官刘希光受将军孙璹赂以求方镇。	二十万贯	赐死。
元和七年	前江西观察使李少和擅取公钱。	除已填纳赃数外,尚欠三千七百余贯	身已沦没,不可征收,宜放免。
元和十二年	夏州节度使田缙遣将于度支请将士军粮及脚价,隐没军赐。	共计三万四千三百余贯文	贬房州司马,并本判官邢蕡、卢仲通皆坐贬,部将赵荣流涪州。
元和十二年	御史台奏郑州刺史崔祝于当州顾召行营车,除充作给付,又擅出州仓粟麦,贵货之,以利入己。	三万余贯	锢身配流康州。
元和十二年三月	监察御史韦楚材请按河中观察使赵宗儒擅用贮备凶荒羡余钱,及赃罚钱米贯石数至八万。	数至八万	以楚材举不实,贬楚材为江陵府兵曹参军。

续表

时　间	案　由	赃　额	处　置
元和十二年九月己亥	万年捕贼尉韩晤以奸赃发，易直使法曹掾韦正收鞫之，得赃三十万，帝意其未尽，令复鞫之，果得赃三百万。	三百万	贬易直金州刺史，韩晤除名，配流昭州。
元和十四年七月	盐铁福建院官权长孺坐赃。	一万三百余贯	诏杖八十，长流康州。
元和十五年三月丁卯	太子宾客留司东都孟简赃及赂吐突承璀钱帛等。	七千余贯匹	贬为吉州员外司马。
元和十五年七月	奉先县令于羣虚竖物价及破米面；京兆府户曹参军韦正牧专知景陵工作，刻削厨料充私用。	共赃钱一万三千六百四十六贯石，数内八千余贯石入己，余充赂遗，并官典破用；韦正牧计赃八千七百贯文	诏付京兆府决重杖处死。
长庆中	宿州刺史李直臣坐赃当死。	赃数万	不详。
长庆元年八月	潋州上蔡县令王仲堪坐赃。	钱八百二十贯	委本道观察使决重杖处死。
长庆元年	山剑三川榷盐使张宗本坐盗用东川院及诸监院耗剩钱。	一万五百余贯	贷死，决杖八十，配流雷州。
长庆四年	东川观察使秦遂宁县令庞骥犯赃事。	钱四百余千，其间大半是枉法	量除名，流溪州，其赃付所司准法。
长庆四年	刺史杨归厚告论前州刺史唐庆违赦敕科配百姓税钱及破用官库钱物等事。	庆犯正入己赃四千七百余贯	除名，长流崖州。
长庆四年十二月	将作监张武均坐赃。百姓董太和于右银台截耳，称供光陵材木，武均不给价直。	赃近九千贯	出为洋州刺史，再黜循州司马，合当司收管。
长庆五年三月庚戌	前邓州刺史李彤坐赃，乃自刻德政碑故也。	百余万	贬吉州司马。
宝历二年	盐铁河阴院官罗立言坐籴米价不实。	计入己赃一万九千三百余贯	盐铁使惜其吏能，定罪止削所兼侍御史。
宝历二年三月	御史台推勘蓝田令刘优在任日，将诸色钱隐没破用。	凡九十余万	除名，流雷州。
宝历二年四月	刘栖楚劾前京兆尹崔元略前造东渭桥，纵吏增估物，取工徒偿直。	二万一千七百九贯	诏夺一月俸。

续表

时　　间	案　　由	赃　额	处　置
宝历中	福建盐铁院官卢昂坐赃。	三十万	不明。
大和二年十二月	御史台奏南曹令史李赟等伪造印符，伪出告身签符，卖凿空伪官。	共取受钱都一万六千七百四十贯文	李赟等八人付京兆府，各决痛杖一顿处死；马羽卿等一十二人，各决六十，配流岭外；杨虞罚两月俸料。
大和四年九月丁酉	前丰州刺史天德军使浑鐬坐赃。	七千贯	以咸宁王勋烈特异，贬袁州司马。
太和八年十二月癸巳	华州刺史宇文鼎、户部员外郎卢允中、右司员外判户部姚康分使和籴钱。	八万贯	其巡司李孚、杨洵美各杖一百，允中等悉配边。
大和中	御史台奏湖州刺史庾威自立条制，应田地奴婢，下及竹树鹅鸭等，并估计出税。	剩征税钱四千九百余贯	贬吉州长史。
开成元年十月	金部员外郎判度支韩益，子弟僮仆与人吏交通，御史鞠讯，半是拟赃及前为推巡时所犯。	计赃三千余贯	贬梧州司户参军。
开成三年六月壬寅	灵武节度使王晏平擅将官马四百一十五匹，并旗旛器械六千一十七事归东郡私第，河南府奏之，台司推勘，狱状悉具。	计赃七千余贯	贬永州司户参军、员外置同正员。

三、钱绢计赃关系之臆测

一方面，"以绢计赃"是《唐律》确立的基本原则，且在司法实践中得到长期行用，即使在"以钱计赃"案例大量涌现的中晚唐时期，绢帛匹段作为基本计赃单位的法律地位仍无法被撼动。另一方面，不同时期发布的诏敕又对"以绢计赃"原则进行了数次调整。景云三年（712）夏四月辛丑制："官典主司枉法受赃一匹已上，先决杖一百。"[1] 开元二十年二月敕："其有官吏犯赃推问未了者，仍准取实状定名讫，然后准降处分，

---

[1] （后晋）刘昫等：《旧唐书》卷七《睿宗纪》，第159页。

计赃一匹及与百姓灼然有仇者，并不须令却上。"① 天宝元年（742）二月丙申诏："枉法赃十五匹当绞，今加至二十匹。"② 元和八年（813）诏：两京、关内等地"死罪、十恶、杀人、铸钱、造印，若强盗持杖劫京兆界中及它盗赃逾三匹者，论如故"。③ 会昌元年（841）正月，据盐铁使柳公绰所奏，规定"度支、盐铁、户部等司官吏及行纲脚家等，如隐使官钱，计赃至三十匹，并处极法"。④ 同时，"以绢计赃"原则还在开元十年（722）武强令裴景仙坐赃案⑤、天宝十四载（755）澧阳长史吉温坐赃案⑥、大和八年（834）前随吉州刺史杜师仁坐赃案⑦、大和九年（835）濮州录事参军崔元武受赇及增私马估案⑧中得到直接印证。

与此同时，以开元、天宝为界，唐代以钱计赃的事例亦呈现明显上升趋势。随着商业和货币经济的发展，钱币逐渐取代了绢币作为主要货币的地位。⑨ 铜钱在赋役课征、公务支纳、物资交易等领域所占比重日益提高。两税法改革引发的货币紧缩和钱重物轻现象，又进一步刺激铜钱急剧升值。中唐以后，钱荒问题促使官钱更趋坚挺，铜钱成为财富保值的重要方式，官僚、节镇、豪富阶层竞相囤积私钱⑩，现钱逐渐取得与绢帛分庭抗礼的优越地位，至大和、会昌年间，一跃成为计赃的直接依据。大和七年（833）五月二十五日敕规定，将现钱贯文作为计量赃额的直接依据：

中书门下奏："今后请今京兆、河南尹及天下刺史，各于本府、本道当选人中，择堪为县令、司录、录事、参军人，具课绩才能闻荐……如犯赃一百贯以下者，举主量削阶秩，一百贯以上者，移守僻

---

① （宋）宋敏求：《唐大诏令集》卷八十三《政事·恩宥一·以春令减降天下囚徒敕》，第479页。
② （后晋）刘昫等：《旧唐书》卷九《玄宗纪下》，第215页。
③ （宋）欧阳修、宋祁：《新唐书》卷五十六《刑法志》，第1417页。
④ （宋）王钦若等编纂：《册府元龟》卷六百一十三《刑法部·定律令第五》，第7077页。
⑤ （宋）司马光：《资治通鉴》卷二百一十二"玄宗开元十年八月癸卯"，第6750页。
⑥ （后晋）刘昫等：《旧唐书》卷一百八十六下《酷吏下·吉温传》，第4857页。
⑦ （后晋）刘昫等：《旧唐书》卷十七下《文宗纪下》，第555页。
⑧ （宋）欧阳修、宋祁：《新唐书》卷一百六十四《殷侑传》，第5054页。
⑨ 梁仲勋：《唐代物价与物价管理》，《西北大学学报》（哲学社会科学版）1988年第3期。
⑩ 据《唐会要》："京师里间区肆所积，多方镇钱，如王锷、韩弘、李惟简，少者不下五十万贯。"〔（宋）王溥：《唐会要》卷八十九《泉货》，第1935页〕

远小郡，观察使委中书门下听奏进止。所举人中，如两人善政，一人犯赃，亦得赎免。其犯赃官，永不齿录。"从之。①

"以绢计赃"固然是律条规定的基本原则，却可能因估算折价标准不同而产生巨大差异。相比之下，以钱贯表达的赃值却因铜钱价值的相对恒定而更易于作为法司量刑参考。

会昌元年（841）十二月敕直接以钱贯为据，确立窃盗"赃满千钱论死"制度，彻底颠覆了唐代窃盗罪止加役流的传统：

> 敕旨：朝廷施令，所贵必行，合于事情，方可经久。自今以后，窃盗计赃至钱一贯已上，处极法。抵犯者便准法处分，不得以收禁为名。其奴婢本主及亲戚同居行盗，并许减等，任长使酌度轻重处分。如再四抵犯，及有徒党须惩，不在此例。②

会昌四年（844）七月，据京兆府奏请，规定府县官吏犯赃直接以钱贯计赃量刑，捕贼赏格亦以钱贯计算，传统"以绢计赃"原则遭遇前所未有的颠覆性冲击：

> 擒盗贼并闲行斗殴人等，被奸恶所由，与府县人吏同情欺罔，因缘卜射，求取恣为，不顾典刑，隐藏怨犯。臣见今推鞫，须立条科。应府县所由，辄因事取钱及恐吓平人，遣重囚典引坊市人户推问得实，赃至十贯已上者，从今后伏请集众决杀。十贯以下者，即量情科断。如捕贼所由捉搦，贼赃至五十贯，请赏三十贯。如赃至一百贯，以上取本赃一半以上充赏。庶赏罚必行，奸欺止息，从之。③

宣宗即位，尽黜会昌之政，大中四年（850）四月，"请依建中三年三月十四日敕，每有盗贼赃满绢三匹已上，决杀；如赃数不充，量情科处"。④至此，武宗"千钱断死"之制宣告废止，建中年间贼盗犯罪以绢

---

① （宋）王溥：《唐会要》卷七十五《选部下·杂处置》，第1619页。
② （宋）王溥：《唐会要》卷三十九《选部下·议刑轻重》，第835页。
③ （宋）王钦若等编纂：《册府元龟》卷六百一十三《刑法部·定律令第五》，第7077页。
④ （宋）王溥：《唐会要》卷三十九《选部下·议刑轻重》，第835页。

· 235 ·

计赃原则复行于世。参考大中六年（852）每匹九百文结计的计赃标准，宣宗朝贼盗论死的赃钱标准合二千七百文左右，比于会昌旧制，刑罚又趋宽缓。总之，受铜钱地位上升与法司统一赃估两个基本因素影响，自开元十六年（728）李林甫奏定天下赃估始，"以钱计赃"原则即对"以绢计赃"原则构成强烈挑战。与实物货币逐步退出流通领域的历史趋势相适应，绢帛以匹段作为基本货币单位的司法传统开始动摇。

但是，唐代始终坚持"绢帛为本，钱刀是末"的既定策略。终唐之世延及五代，"以钱计赃"始终难以彻底突破窠臼，尚不能彻底取代绢帛成为基本计赃依据。不同时期的计赃事例即可证明。初唐张鷟《龙筋凤髓判》中已有绢、钱并行的特殊计赃方式：

> 令史王隆每受路州文书，皆纳贿钱，被御史弹付法，计赃十五匹，断绞，不伏。[①]

此判明言王隆收纳贿钱，最终却遵循"以绢计赃"原则量刑。可见，当时司法实践即使收纳现钱、金银、杂物等，均需以绢帛为基准，统一折算为相应匹段。与此同时，前述唐代"以钱计赃"案例的重心主要集中于事主身份、涉案标的、赃钱数额和量刑结论，极少涉及钱贯与绢帛的换算问题，以至于造成法司直接依据钱贯数额定罪量刑之表象。

五代承继唐代律法之余绪。《五代会要·定赃估》记载后唐长兴四年（933）六月十四日至后周广顺三年（953）二月诏敕六则，涉及"枉法赃"、"不枉法赃"、"窃盗赃"、"强盗赃"等，完全遵循"以绢计赃"这一基本原则，唐五代之际绢帛在计赃领域的支配地位，亦可由此得到证明。不仅如此，《册府元龟》卷七百七《令长部·贪黩》著录的两宗"以钱计赃"、"以绢平赃"实例，为查明钱、绢计赃相互关系提供了重要参考：

> 后唐张延辉为许州临颍令，明宗长兴元年九月，为县人韦知进所讼，称知进父充所由为衙参，不到，决杖致死。又论延辉取赃略，法司估计钱三十三贯，以绢平之，得绢二十二匹，准法决重杖一顿处

[①] （唐）张鷟撰：《龙筋凤髓判》卷一《尚书都省》，（明）刘允鹏原注，陈春补正，商务印书馆1939年版，第10页。

死，主簿高延诲罚两月俸。

　　杨镣为鼓城令，长兴四年七月，镇州奏镣与主簿徐延同情，出卖官曲一十二硕，计钱三十八千，估绢三十四匹二丈，其钱入己破使。事下法司，大理正张仁璨、刑部郎中康澄断：准律，主当监官罪并当绞，徐延专掌卖曲，县令监临，据罪并绞。关连典吏，笞杖徒流有差。从之。①

张延辉、杨镣二案均明确记载了涉案赃钱与绢帛之间的比价关系：张延辉案计钱三十三贯，平赃得绢二十二匹，则长兴元年（930）绢帛平赃的估价当为每匹折一千五百文。同理，杨镣案计钱三十八千，估绢三十四匹二丈，则长兴四年（933）绢帛平赃的估价当为每匹折一千一百一十一文。两案相隔三年，钱绢兑换比竟有四百文差价。而北宋哲宗元符年间"以绢计赃者，千三百为一匹"②的记载，则与后唐钱绢比价甚为接近。张延辉、杨镣两案均采取"计钱定罪，以律计绢"的量刑方式，法司计赃仍延续了绢帛本位的传统，此与唐五代之际律典秉承以绢计赃标准存在直接因果关系。可以认为，唐、五代之际律文修订进程的相对滞后，是促使法司量刑无法有效突破绢帛计赃原则的直接原因。与此同时，钱贯却作为法司量刑的首选依据，逐步取得与绢帛同等的法律地位，此恰为唐代钱绢二元货币格局在司法领域的现实投射。

---

① （宋）王钦若等编纂：《册府元龟》卷七百七《令长部·贪黩》，第8157页。
② （元）脱脱等：《宋史》卷二百《刑法二》，第4992页。

结　论

长期以来，法律史学的研究受资料、观念等因素制约，学界对法律史学形成以刑为主、诸法合体等固有印象，此与中国古代法制的实际情况存在较大出入。通过对以唐代为代表的中国古代货币法制进行研究，可以得出以下结论：

其一，钱货法制是中国古代经济法制的重要组成部分，自秦汉《金布律》、《钱律》以降，历代货币立法逐步确立调整领域和调整方法，从而构建了独立的钱货法律体系。与经济问题瞬息万变及政策导向的现实相契合，唐代钱货法律体系主要由律、令、格、敕组成，且以诏敕为主。《唐律疏议》规定了"私铸钱"条款，其后的《神龙散颁刑部格》、开元《刑部格》等又对上述规定进行补充。更为重要的是，唐代不同时期发布的具有最高法律效力的诏敕成为调整钱货法律关系最为重要的依据，形成了律、敕并行的立法格局。

其二，按照货币职能分工，唐代货币法制广泛涉及铸行、流通、贮藏、支付等环节，在铜料开采与冶炼、铜器铸造与销售、恶钱治理、虚币规则、私贮管理、欠陌规则等领域，形成了较为完整而完善的法律框架，并在实践中得到较好适用。与唐代社会经济变迁相适应，不同阶段钱货立法的重点也在不断发生转换，以"安史之乱"为界，不同阶段的立法格局呈现出鲜明的时代特色。铜禁作为古代钱货法制的核心，始终受到官方高度重视；中唐以后，禁止民间销钱铸器日益成为铜法的核心内容；治理恶钱的法律虽贯穿唐代始终，却以唐前期最为集中；唐代在乾封、乾元时期进行的虚币改革，对唐代货币流通产生深刻影响，直接促使中晚唐时期虚、实钱的诞生；民间长期存在的省陌交易惯例在唐代得到进一步发展，唐代省陌立法和实践，对后世产生深远影响。

结 论

其三，货币理论与钱货法制相辅相成，互为表里。唐代理财之臣在继受传统货币理论思想的同时，针对唐代社会经济发展的实际状况提出了若干具有现实意义的货币理论，并在开元时期放铸之争、中唐以后钱重物轻，以及贯穿唐代始终的"钱帛兼行"等领域得到充分体现，有效促进了货币法制的创制和实践，对缓和"安史之乱"以后财政困窘的局面发挥了重要作用，并对唐代税制、禁榷、物价等制度产生影响。

其四，赎法与赃法是与货币法制直接关联的重要领域。开皇年间确立的以铜赎罪制度彻底颠覆了汉魏晋以来纳缣赎罪的传统，并为唐代法律实践所长期恪守，天宝年间创立了折钱纳赎的惯例，晚唐、五代、两宋时期得到长期适用。唐代虽然秉承以绢帛计赃的原则，但在实践中却大量存在以钱计赃的事例，出现以绢计赃和以钱计赃并驾齐驱的二元并行模式，并在唐代司法实践中得到广泛适用。

参考文献

一、历史文献

B

《白居易集笺校》，朱金城笺校，上海古籍出版社 1988 年版。

（唐）白居易：《白氏六帖事类集》，文物出版社 1987 年版。

（汉）班固撰：《汉书》，（唐）颜师古注，中华书局 1962 年版。

C

（晋）陈寿撰：《三国志》，（宋）裴松之注，中华书局 1959 年版。

（清）初尚龄：《吉金所见录》，道光五年莱阳初氏古香书屋刻本。

（北魏）崔鸿撰，（清）汤球辑补：《十六国春秋辑补》，王鲁一、王立华点校，齐鲁书社 2000 年版（二十五别史）。

D

（清）戴熙：《古泉丛话》，道光丁酉年本。

（宋）窦仪等撰：《宋刑统》，吴翊如点校，中华书局 1984 年版。

（唐）独孤及：《毗陵集》，（清）永瑢等：《景印文渊阁四库全书》第 1072 册，台湾商务印书馆 1986 年版。

（唐）杜佑：《通典》，王文锦等点校，中华书局 1988 年版。

F

（明）范钦：《嘉靖事例》，北京图书馆出版社 1997 年版。

（南朝·宋）范晔撰：《后汉书》，（唐）李贤注，中华书局 1965 年版。

《范仲淹全集》，李勇先、王蓉贵校点，四川大学出版社 2007 年版。

（唐）房玄龄等：《晋书》，中华书局 1974 年版。

（清）傅恒等编纂：《钦定户部鼓铸则例》，海南出版社 2000 年版（故宫珍本丛刊)。

G

(清)顾炎武：《日知录校注》，陈垣校注，安徽大学出版社2007年版。

H

《韩昌黎文集校注》，马其昶校注，上海古籍出版社1986年版。

J

(汉)贾谊：《新书》，闫振益、钟夏校注，中华书局2000年版(新编诸子集成)。

(清)金嘉：《洪氏泉志校误》，观自得斋刻观自得斋丛书本。

K

(汉)孔安国撰，(唐)孔颖达疏：《尚书正义》，十三经注疏整理委员会整理，北京大学出版社2000年版。

(清)昆冈等修：《大清会典事例》，海南出版社2000年版(故宫珍本丛刊)。

L

(唐)李翱：《李文公集》，上海商务印书馆1936年版(四部丛刊初编本)。

(宋)李昉等：《太平御览》，中华书局1960年版。

(宋)李昉等：《文苑英华》，中华书局1966年版。

(唐)李林甫等：《唐六典》，陈仲夫点校，中华书局1992年版。

(唐)李吉甫撰：《元和郡县图志》，贺次君点校，中华书局1983年版。

(宋)黎靖德编：《朱子语类》，王星贤点校，中华书局1986年版。

(宋)李焘：《续资治通鉴长编》，上海师范大学古籍整理研究所、华东师范大学古籍研究所点校，中华书局1995年版。

(唐)李延寿：《南史》，中华书局1975年版。

(汉)刘珍撰：《东观汉记》，吴庆峰点校，齐鲁书社2000年版。

(清)李佐贤：《古泉汇》，同治二年利津李氏石泉书屋本。

(清)梁诗正等：《钱录》，商务印书馆1937年版(丛书集成初编)。

(后晋)刘昫等：《旧唐书》，中华书局1975年版。

(汉)刘熙：《释名》，中华书局1985年版(丛书集成本)。

《陆贽集》，王素点校，中华书局2006年版。

M

（元）马端临：《文献通考》，中华书局 1986 年版。

（汉）毛亨传，（汉）郑玄笺，（唐）孔颖达疏：《毛诗正义》，十三经注疏整理委员会整理，北京大学出版社 2000 年版。

（清）孟麟：《泉布统志》，道光十三年刻本。

O

（宋）欧阳修、宋祁：《新唐书》，中华书局 1975 年版。

（唐）欧阳询：《艺文类聚》，汪绍楹校，上海古籍出版社 1982 年版。

Q

（明）丘濬：《大学衍义补》，（清）永瑢、纪昀等：《景印文渊阁四库全书》第 712 册，台湾商务印书馆 1986 年版。

S

（唐）释慧琳：《一切经音义》，徐时仪校注：《一切经音义三种校本合刊》，上海古籍出版社 2008 年版。

（清）沈家本撰：《历代刑法考》，邓经元、骈宇骞点校，中华书局 1983 年版。

（清）沈寿：《瑟榭丛谈》，新文丰出版公司 1989 年版（丛书集成续编）。

（清）沈书城辑：《则例便览》，北京出版社 1997 年版（四库未收书辑刊），影印乾隆五十六年刻本。

（清）沈学诗：《历代钱法备考》，《续修四库全书》第 838 册，上海古籍出版社 2004 年版。

（南朝·梁）沈约：《宋书》，中华书局 1974 年版。

（汉）史游撰：《急就篇》，（唐）颜师古注，岳麓书社 1989 年版。

（宋）司马光：《资治通鉴》，中华书局 1956 年版。

（汉）司马迁：《史记》，中华书局 1959 年版。

（宋）宋敏求：《唐大诏令集》，中华书局 2008 年版。

T

天一阁博物馆、中国社会科学院历史研究所天圣令整理课题组：《天一阁藏明钞本天圣令校证附唐令复原研究》，中华书局 2006 年版。

（元）脱脱：《金史》，中华书局 1975 年版。

（元）脱脱：《宋史》，中华书局 1977 年版。

W

（宋）王溥：《唐会要》，上海古籍出版社 2006 年版。

（宋）王溥：《五代会要》，上海古籍出版社 1978 年版。

（宋）王钦若等编纂：《册府元龟》，周勋初等校订，凤凰出版社 2006 年版。

（宋）王应麟：《玉海》，江苏古籍出版社 1988 年版。

（北齐）魏收：《魏书》，中华书局 1974 年版。

（唐）魏徵等：《隋书》，中华书局 1973 年版。

（唐）吴兢：《贞观政要》，上海古籍出版社 1978 年版。

X

（梁）萧子显：《南齐书》，中华书局 1972 年版。

（宋）谢深甫等：《庆元条法事类》，戴建国点校，杨一凡、田涛主编：《中国珍稀法律典籍续编》，黑龙江人民出版社 2002 年版。

（唐）许敬宗编：《日藏弘仁本文馆词林校证》，罗国威整理，中华书局 2001 年版。

（汉）许慎撰：《说文解字》，（清）段玉裁注，上海古籍出版社 1981 年版。

（清）徐松：《宋会要辑稿》，刘琳等校点，上海古籍出版社 2014 年版。

（清）徐鼒：《度支辑略》，沈云龙主编：《近代中国史料丛刊三编》第四十七辑，台湾文海出版社 1985 年版。

（宋）薛居正等：《旧五代史》，中华书局 1976 年版。

（清）薛允升：《唐明律合编》，怀效锋、李鸣点校，法律出版社 1999 年版。

（东汉）荀悦、（东晋）袁宏撰：《两汉纪》，张烈点校，中华书局 2002 年版。

Y

（唐）虞世南：《北堂书钞》，中国书店 1989 年版。

《元稹集》，冀勤点校，中华书局 1982 年版。

（清）永瑢等：《四库全书总目》，中华书局 1965 年版。

Z

《张籍集系年校注》，徐礼节、余恕诚校注，中华书局 2011 年版（中国古典文学基本丛书）。

《张九龄集》，熊飞点校，中华书局 2005 年版。

（唐）长孙无忌等：《唐律疏议》，刘俊文点校，中华书局 1983 年版。

（唐）张鷟撰：《朝野佥载》，赵守俨点校，中华书局 1979 年版。

（唐）张鷟撰：《龙筋凤髓判》，（明）刘允鹏原注，陈春补正，商务印书馆 1939 年版。

（宋）郑樵：《通志》，（清）永瑢、纪昀等：《景印文渊阁四库全书》第 374 册，台湾商务印书馆 1986 年版。

（汉）郑玄注，（唐）孔颖达疏：《礼记正义》，十三经注疏整理委员会整理，北京大学出版社 2000 年版。

（汉）郑玄注，（唐）贾公彦疏：《周礼注疏》，十三经注疏整理委员会整理，北京大学出版社 2000 年版。

二、今人著述

A

［日］奥平昌洪：《东亚钱志》，岩波书店 1937 年版。

C

蔡养吾：《中国古钱讲话》，新光邮钞杂志社，1973 年版。

常乃德：《中国财政制度史》，上海世界书局 1930 年版。

陈明光：《唐代财政史新编》，中国财政经济出版社 1999 年版。

陈尚君辑校：《全唐文补编》，中华书局 2008 年版。

陈松长主编《岳麓书院藏秦简》（肆），上海辞书出版社 2015 年版。

陈寅恪：《元白诗笺证稿》，《陈寅恪先生全集》，里仁书局 1979 年版。

程树德：《九朝律考》，中华书局 1963 年版。

岑仲勉：《隋唐史》，高等教育出版社 1957 年版。

岑仲勉：《唐史馀瀋》，上海古籍出版社 1979 年版。

D

戴志强编著：《中国钱币收藏鉴赏全集》，吉林出版社 2008 年版。

戴志强主编：《中国钱币丛书》（甲种本二十七种、乙种本五种），中华书局 1997—2007 年版。

丁福保：《历代古钱图说》，上海书店 1940 年版。

丁福保：《古钱大辞典》，上海医学书局 1936 年版。

冻国栋：《唐代的商品经济与经营管理》，武汉大学出版社1990年版。

杜文玉：《五代十国经济史》，学苑出版社2011年版。

［美］杜希德：《唐代财政》，丁俊译，中西书局2016年版。

F

傅筑夫：《中国封建社会经济史》，人民出版社1986年版。

傅筑夫：《中国经济史论丛》，三联出版社1980年版。

G

高桥弘臣：《宋金元货币史研究》，林松涛译，上海古籍出版社2010年版。

高勇勇、吕耀初、钱学明：《湖州铸钱考》，现代出版社2017年版。

郭彦岗：《中国历代货币》，商务印书馆1998年版。

H

韩国磐：《隋唐五代史纲》，三联出版社1961年版。

胡如雷：《隋唐五代社会经济史论稿》，中国社会科学出版社1996年版。

胡钧：《中国财政史讲义》，商务印书馆1920年版。

华光普主编：《中国古钱大集》，湖南人民出版社2004年版。

黄永年：《唐史史料学》，上海书店出版社2002年版。

洪葭管主编：《中国金融史》，西南财经大学出版社1993年版。

侯厚培：《中国货币沿革史》，上海世界书局1930年版。

J

［日］加藤繁：《唐宋时代金银之研究》，中国联合银行调查室译，中国联合准备银行1944年版。

［日］加藤繁：《中国经济史考证》，吴杰译，商务印书馆1959年版。

贾志刚：《唐代军费问题研究》，中国社会科学出版社2006年版。

［日］今井贞吉：《古泉大全》（丙集），天津古籍出版社1989年版。

鞠清远：《唐代经济史》，商务印书馆1936年版。

L

黎凤翔撰：《管子校注》，梁运华整理，中华书局2004年版（新编诸子集成）。

李剑农：《魏晋南北朝隋唐经济史稿》，国立蓝田师院历史系1943年油印本。

李剑农：《中国古代经济史稿》，武汉大学出版社2011年版。

李锦绣：《唐代财政史稿》，北京大学出版社 2001 年版。

刘秉麟：《中国财政小史》，商务印书馆 1931 年版（万有文库本）。

刘俊文：《敦煌吐鲁番法制文书考释》，中华书局 1989 年版。

刘俊文：《唐律疏议笺解》，中华书局 1996 年版。

楼劲：《魏晋南北朝隋唐立法与法律体系》，中国社会科学出版社 2014 年版。

罗玉东：《中国厘金史》，商务印书馆 1936 年版。

吕思勉：《隋唐五代史》，上海中华书局 1957 年版。

M

马飞海、王贵忱主编：《中国钱币文献丛书》，上海古籍出版社 1992 年版。

N

宁可主编：《中国经济通史·隋唐五代经济卷》，经济日报出版社 2000 年版。

P

彭信威：《中国货币史》，上海人民出版社 1958 年版。

［日］平尾聚泉：《昭和泉谱》，天保堂 1974 年版。

Q

齐涛：《中国古代经济史》，山东大学出版社 1999 年版。

钱穆：《中国经济史》，叶龙整理，北京联合出版公司 2014 年版。

裘士京：《江南铜研究：中国古代青铜铜源的探索》，黄山书社 2004 年版。

R

［日］仁井田陞：《唐令拾遗》，栗劲等译，长春出版社 1989 年版。

S

［日］桑田幸三：《中国经济思想史论》，沈佩林等译，北京大学出版社 1991 年版。

［日］森谷克己：《中国社会经济史》，陈昌蔚译，商务印书馆 1936 年版。

［日］山田孔章：《符合泉志》，文政十二年尾张书肆、东璧堂玉山房合梓。

石俊志：《中国货币法制史概论》，中国金融出版社 2012 年版。
石俊志：《中国货币法制史话》，中国金融出版社 2014 年版。
石俊志：《中国铜钱法制史纲要》，中国金融出版社 2015 年版。
睡虎地秦墓竹简整理小组：《睡虎地秦墓竹简》，文物出版社 1990 年版。
宋杰：《中国货币发展史》，首都师范大学出版社 1999 年版。
孙仲汇等：《简明中国钱币词典》，上海古籍出版社 1991 年版。

T

唐耕耦、陆宏基编：《敦煌社会经济文书真迹释录》，全国图书馆文献微缩复制中心 1990 年版。

唐石父：《中国古钱币》，上海古籍出版社 2001 年版。

W

王常山：《中国隋唐五代科技史》，人民出版社 1994 年版。
王焕林：《里耶秦简校诂》，中国文联出版社 2007 年版。
汪圣铎：《中国钱币史话》，中华书局 1998 年版。
王献唐：《中国古代货币通考》，青岛出版社 2005 年版。
王孝通：《中国商业史》，商务印书馆 1936 年版。
王仲荦：《隋唐五代史》，上海人民出版社 1988 年版。
［英］沃克：《牛津法律大词典》，李双元等译，法律出版社 2003 年版。
巫宝三主编：《中国经济史资料选辑》，中国社会科学出版社 1988 年版。

X

［日］小川浩：《新订北宋符合泉志》（中国钱币丛书甲种本之三），车新亭译，中华书局 1996 年版。

萧清：《中国古代货币史》，人民出版社 1984 年版。
徐式庄：《中国财政史略》，商务印书馆 1926 年版。
许义宗：《中国纸币图说》，江台邮币社 1981 年版。
徐元诰撰：《国语集解》，王树民、沈长云点校，中华书局 2002 年版。
宣文俊主编：《货币银行学》，北京大学出版社 2008 年版。

Y

杨一凡主编：《中国古代法律形式研究》，社会科学文献出版社 2011 年版。

杨志濂：《中国财政史辑要》，无锡大公图书馆 1936 年版。

Z

张家山二四七号汉墓竹简整理小组：《张家山汉墓竹简》（释文修订本），文物出版社 2006 年版。

章宗元：《中国泉币沿革》，经济学会 1915 年版。

章宗元、郭彦岗：《中国货币演变史》，上海人民出版社 2014 年版。

《中国钱币大辞典》编纂委员会编：《中国钱币大辞典》，中华书局 2011 年版。

赵靖主编：《中国经济思想通史》第二卷、第三卷，北京大学出版社 1995、1997 年版。

周伯棣：《中国货币史纲》，中华书局 1934 年版。

周卫荣：《中国古代钱币合金成分研究》，中华书局 2004 年版。

周卫荣、戴志强等：《钱币学与冶铸史论丛》，中华书局 2002 年版。

朱偰：《中国货币问题》，青年书店 1930 年版。

三、学术论文

曹旅宁：《张家山汉律赎刑考辨》，《华南师范大学学报》（社会科学版）2006 年第 1 期。

陈汉生等：《我国古代赎刑制度述略》，《社会科学》1983 年第 13 期。

陈汉生、梅琳：《我国古代法律中"赃"罪的规定》，《上海大学学报》（社科版）1995 年第 3 期。

陈俊强、高梓轩：《唐律十恶是否能以赎论》，中国法制史学会、中研院历史语言研究所主编：《法制史研究》第 31 期，2017 年 6 月。

程天权：《从唐六赃到明六赃》，《复旦学报》（社会科学版）1984 年第 6 期。

程维荣：《有关秦汉〈金布律〉的若干问题》，《兰州大学学报》2010 年第 4 期。

［日］池田温：《中国古代物价初探——关于天宝二年交河郡市估案断片》，《日本学者研究中国史论著选译》（四），中华书局 1992 年版。

戴建国：《唐格后敕修纂体例考》，《江西社会科学》2010 年第 9 期。

戴建国：《唐格条文体例考》，《文史》2009 年第 2 期。

戴振辉：《五代货币制度》，《食货》第 2 卷第 1 期，上海新生命书局，

1936 年。

冻国栋：《二十世纪唐代商业史研究述评》，《中国中古经济与社会史论稿》，湖北教育出版社 2005 年版。

冯卓慧：《从几件敦煌吐鲁番文书看唐代法律形式——式》，《法学研究》1992 年第 3 期。

傅筑夫：《由唐代的物价波动看唐王朝的兴衰》，史念海主编：《唐史论丛》第三辑，陕西人民出版社 1987 年版。

郭东旭：《宋朝的物价变动与计赃论罪》，《中国经济史研究》2004 年第 1 期。

郭淑华：《试论我国古代之赎刑》，《政法论坛》1989 年第 6 期。

侯雯：《唐代格后敕的编纂及特点》，《北京大学学报》2002 年第 1 期。

胡留元：《从几件敦煌法制文书看唐代的法律形式——格》，《法律科学》1993 年第 5 期。

黄明儒：《浅析〈唐律〉中赃罪的处罚原则》，《法学评论》2002 年第 1 期。

黄君默：《唐代的货币》，载陶希圣主编：《食货》第 4 卷第 11 期，上海新生命书局，1936 年版。

黄永年：《唐天宝宣城郡丁课银铤考释》，《陕西师范大学学报》（哲学社会科学版）1978 年第 4 期。

［日］加藤繁：《唐代绢帛之货币的用途》，傅安华译，载陶希圣主编：《食货》第 1 卷第 2 期，上海新生命书局，1934 年。

金宝祥：《安史乱后唐代封建经济的特色》，《甘肃师大学报》1981 年第 2 期。

［日］郡司勇夫：《中国私铸钱之我见》，良驹译，《中国钱币》1994 年第 3 期。

［英］克拉判：《经济史的纪律》，连士升译，陶希圣主编：《食货》第 2 卷第 2 期，上海新生命书局，1935 年。

李伯重：《略论唐代的"日绢三尺"》，载史念海主编：《唐史论丛》（第二辑），陕西人民出版社 1987 年版。

李金平：《从宋钱错范看唐钱铸法》，《陕西金融》1988 增刊《钱币专辑》（9）。

李锦绣：《唐代财政领域的"加饶"现象》，《浙江社会科学》1999 年第

1 期。

　　李锦绣：《唐后期的虚钱、实钱问题》，《北京大学学报》（哲学社会科学版）1989 年第 2 期。

　　李均明、刘军：《汉代屯戍遗简法律志》，刘海年、杨一凡主编：《中国珍稀法律典籍集成》（甲编第 2 册），科学出版社 1994 年版。

　　李均明：《张家山汉简〈二年律令〉概说》，《长沙三国吴简暨百年来简帛发现与整理国际学术研讨会论文集》，中华书局 2005 年版。

　　李维才：《唐代物价制定及其作用》，《唐都学刊》2007 年第 2 期。

　　李埏：《略论唐代的"钱帛兼行"》，《历史研究》1964 年第 1 期。

　　李玉生：《唐代法律体系研究》，《法学家》2004 年第 5 期。

　　刘海年：《中国古代经济法制之研究》，载《战国秦代法制管窥》，法律出版社 2006 年版。

　　刘恒武、杨心珉：《明代的钱法阻滞问题与黄宗羲的钱法思想》，《浙江社会科学》2010 年第 9 期。

　　刘玉峰：《唐代货币制度和货币流通浅论》，《山东大学学报》（哲学社会科学版）2002 年第 6 期。

　　刘玉峰：《唐代矿业政策初论》，《齐鲁学刊》2001 年第 2 期。

　　刘玉峰、钊阳：《试论唐代两税法的制度缺陷和执行弊端》，《唐史论丛》2013 年第 2 期。

　　龙江：《论中国历史上的赎刑制度》，《山东社会科学》2008 年第 11 期。

　　马小红：《中国封建社会两类法律形式的消长及影响》，《法学研究》1993 年第 5 期。

　　潘祥福：《五代十国的货币》，《能仁学报》第 8 期，2001 年。

　　彭浩：《谈〈二年律令〉中几种律的分类与编连》，《出土文献研究》第六辑，上海古籍出版社 2004 年版。

　　钱大群：《律、令、格、式与唐律的性质》，《法学研究》1995 年第 5 期。

　　钱元凯：《中国古代的法律形式》，《法学》1983 年第 5 期。

　　秦璋：《唐代货币之一考究》，《中国经济》1933 年第 1 卷第 2 期。

　　全汉昇：《唐宋政府岁入与货币经济的关系》，《中央研究院历史语言研究所集刊》第 20 本，1948 年。

　　任艳艳：《唐代物价管理制度刍议》，《理论月刊》2008 年第 7 期。

沈端民：《贾谊（长沙）用禁私铸和"散财币"以招"七福"的思想》，《长沙大学学报》2010 年第 6 期。

史卫：《从货币职能看唐代"钱帛兼行"》，《唐都学刊》2006 年第 3 期。

斯维至：《古代的"刑"与"赎刑"》，《人文杂志》1958 年第 1 期。

孙仲汇：《开元通宝铸法探讨》，《陕西金融》1988 增刊《钱币专辑》（9）。

孙文泱：《中国古代铜铸币货币贬值的特征》，《首都师范大学学报》（社会科学版）1997 年第 3 期。

唐金荣、赵婧：《透过法律看唐代恶钱之流通与作用》，《西南农业大学学报》（社会科学版）2010 年第 6 期。

王斐弘：《格敕背后的积淀与昭示——以敦煌写本〈开元户部格〉残卷为例》，《福建论坛》2008 年第 3 期。

王卿：《开元钱的翻砂铸造工艺》，《陕西金融》1988 增刊《钱币专辑》（9）。

汪圣铎、马元元：《论中国古代的"以绢计赃"现象》，《兰州学刊》2016 年第 6 期。

王裕巽：《明代钱法变迁考》，《文史哲》1996 年第 1 期。

吴承明：《经济史：历史观与方法论》，《中国经济史研究》2001 年第 3 期。

吴丽娱、赵晶：《唐五代格、敕编纂之演变再探》，《中华文史论丛》2015 年第 2 期。

辛瑞、杨红丽：《丝绸之路的"绢帛"输出对唐代货币流通的影响》，《新疆财经大学学报》2015 年第 3 期。

徐承泰：《两汉货币的私铸》，《江汉考古》2000 年第 2 期。

徐达元：《唐代钱模铸法初探》，《陕西金融》1988 增刊《钱币专辑》（9）。

徐东升：《论唐代物价的几个问题》，《文史哲》2002 年第 5 期。

薛平拴：《中晚唐"钱重物轻"试探》，《陕西师范大学学报》1995 年第 3 期。

闫晓君：《试论张家山汉简〈钱律〉》，《法律科学》2004 年第 1 期。

殷啸虎：《唐律以帛论罪原因何在》，《法学》1985 年 3 期。

喻明高、郭彦岗：《历代通货膨胀问题商榷》，《上海金融研究》1984 年第 5 期。

赵和平：《中晚唐钱重物轻问题和估法》，《北京师院学报》1984 年第 4 期。

张健、张佳、李滨：《唐代赎刑制度考评议》，《湘潭师范学院学报》（社会科学版）2006 年第 4 期。

张靖人：《试论中晚唐钱重物轻的原因》，《四川民族学院学报》2011 年第 1 期。

张铭新：《〈秦律〉中的经济制裁——兼谈秦的赎刑》，《武汉大学学报》（社会科学版）1982 年第 4 期。

张兆凯：《论唐律赃罪的特点及其现代价值》，《长沙理工大学学报》（社会科学版）2006 年第 4 期。

郑秦：《律文恒存格敕损益——五代宋元的立法概况》，《法学杂志》1984 年第 5 期。

周东平：《论唐代惩治官吏赃罪的特点》，《厦门大学学报》（哲社版）第 1994 年第 1 期。

周卫荣：《中国古代钱币与钱币科技考古》，《南方文物》2007 年第 1 期。

周艳常：《汉文帝坚持"使民放铸"的难言之隐》，《吉林省教育学院学报》2015 年第 5 期。

朱红林：《睡虎地秦简和张家山汉简中的〈金布律〉研究》，《社会科学战线》2008 年第 1 期。

朱红林：《竹简秦汉律中的"赎罪"与"赎刑"》，《史学月刊》2007 年第 5 期。

Tan Mei Ah（陈美亚），"Monetary Policy as Key to State Authority and Income in Tang China", *Journal of Chinese Studies* No. 64 – January 2017.

［日］穗積文雄：《唐代の貨幣思想——新、舊〈唐書〉所載の貨幣思想》，《東亞經濟論叢》3—1，1943.2。

四、学位论文

曹祥凤：《唐代货币问题研究》，硕士学位论文，河北经贸大学，2014 年。

窦跃文：《唐代铸币流通研究》，硕士学位论文，山东大学，2014 年。

段萌：《唐代士人对于"钱荒"的议论》，硕士学位论文，四川师范大学，2014 年。

黄艳：《五代货币制度考》，硕士学位论文，东北师范大学，2004 年。

李博学：《唐代金银货币化问题研究》，硕士学位论文，辽宁大学，2011 年。

魏潇：《魏晋至隋唐货币经济的发展——以绢帛钱币货币地位变化为线索》，硕士学位论文，陕西师范大学，2012 年。

杨心珉：《唐代货币史若干问题研究》，博士学位论文，南京师范大学，2015 年。

朱成实：《魏晋南北朝恶钱研究——兼及实物货币的流通及其质劣化》，博士学位论文，上海师范大学，2016 年。

索 引

A

安史之乱　11，15，82，85，127，159，161，238，239

B

白银　1，6，10，149
半两　6，49，52，103，161，162，167，187
比价　5，49，59，127，128，192，196，202，219，220，237
便换　6，7，9，10，15，29，33，36，45，62，63，143，144
博换　15，108，111—113，115，120，193

C

财政收支　2，11，48
蓄钱　6，9，10，60，142，143，145，146，148
出土货币　6

D

大钱　10，13，15，35，61，113，121，122，125—132，159，167，183，186，188
盗铸　8，13，15，32，50—53，55，57—60，62，63，65，69，80，82—84，87，90，94，98，101—108，110，111，113，115，119—121，126，128，131，137，141，151，160，162—166，169，171，175
短陌　7，66，67，71，149—153，155—158

E

恶钱　6—10，12，13，15，20，24—29，31，32，34，37，38，41，42，57，59—61，63，65，66，82—84，96，102—105，108—121，126，130，137，140，141，151，157，161，165，169，170，172—174，176，193，204，238
二元货币　8，49，237

F

法律形式　2，15，22，23，39，47，54，213
法律渊源　38，39，47，54，55，58，64，

· 254 ·

69—72，74，120

飞钱　6，7，10，144

G

估法　10，15，16，40，174，192

H

货币法制　1，2，12—14，17，52，54，120，161，187，199，238，239

货币经济　2，5，10，95，149，159，175，194，234

货币理论　5—8，159，161，165，169，171，174，175，190，239

货币史　5—7，9，19，108，129，134，140，142，143，149，164，169，203

货币思想　7，8，15，159

货币通论　5

货币政策　2，5，6，8，13，17，87，104，105，129，161，174，217

货币职能　6，8，9，15，16，187，197，198，238

J

计赃　13，16，18，136，187，198，203，214，216—237，239

价值尺度　8，15，175

减重　9，13，103，120，121，173

《金布律》　47—51，65，80，103，187，202，238

《金布令》　47，48

金银货币化　6，9，10

绢帛　6—11，16，114，115，144，145，152，170，178，187—198，202，203，206，217—220，226，233，234，236，237，239

K

开元通宝　12，15，20—22，27，32，39，40，52，60，61，82，93，103—105，113，114，119，127—129，131，132，172，192，204，211，212，218，221

矿冶　11，12，17，139，165，204

L

良币　8，9，111，166

两税法　11，15，82，152，177，234

流通手段　8，9，11，15，145，158，190

律令　1，2，14—16，19，22，23，29，47—49，51—54，56，64，65，69，70，80，95，108，201，212，214，234，235

M

母钱　12，118

P

平赃　16，33，64，198，216—218，220，236，237

Q

钱币　4—8，10—13，16，18—22，25—37，46，58，61，66，69，73，82—85，

· 255 ·

87，96—100，103，104，107，108，110—112，114—116，118—121，124，126，128，129，132，138，139，141，144，148，149，160，162，169，175，183，186，188，189，191，193，194，234

钱帛兼行　8，9，89，144，185—187，190—194，196，197，217，239

钱法　1—5，8，10—23，26，29，37—40，46，47，49，52，54，55，59，60，64—67，69—76，80—82，95，112，120，121，131，147，155，159，162，170，173—175，185—187，198，199，216，217

钱荒　10，15，82，84，85，96，120，134，137，139，140，147，149，155，157，159，174，184，190，196，197，234

钱监　12，16，17，20，24，39，60，78，79，88，112，118，138，139，160，183

《钱律》　47—54，65，69，103，105，106，110，162，238

乾元重宝　15，27，34，35，37，43，61，93，126，128—132，186，219

钱重物轻　10，15，62，88，120，129，137，139，148，149，152，153，159，170，174—181，183—186，196，234，239

《庆元条法事类》　15，72—76，81，94，100，106，112，205，213

泉货　3—5，7，19，20，25，26，28，30—38，45，46，63，66，67，69，71，74，84—86，88，90，96，98，99，101，108—113，115，116，118，119，126，128，132，138，141，143—148，153，154，156，167，170—173，178，182—185，193，194，200，211，234

泉谱　3—5

S

实钱　9，15，16，33，61，131—134，200，219，238

私铸　6，7，15，22—24，29，30，35，37，41，42，50—52，54，55，57—61，65，66，68，69，72—76，78—82，84，87，98，100，102—108，110—112，115，117，119，129，132，138，141，142，150，159—162，164—167，169—173，186，238

私贮　7，15，45，59，63，66，82，91，134—137，139—142，144—148，153，181，186，196，238

世界货币　8

赎法　16，198，199，201—203，206，212—214，216，239

《宋刑统》　15，19，22，41，58，59，72—74，81，98，107，206

T

《唐律疏议》　15，19，22—24，33，41，54，55，65，69，75，80，106，107，119，160，198，204—207，210—212，214—223，228，238

铜法　10，11，15，16，40，68—71，82，90，93，95，101，170，172，238

通货紧缩　6，8，15，108，137，145，153，168，172，177

通货膨胀　2，7，9，15，108，111，113，168

铜钱外流　15，82，86，139，181

W

物价　6，8—10，15，18，26，30，33，50，111，113，114，116，128，129，140—143，150，161—163，168，169，175—178，181，182，210，216，217，225，232，234，239

五铢　3，6，12，32，39，52，53，103，106，117—119，121—125，130，131，134，163，164，167，187—189，203，204

X

销钱　15，29，44，51，52，59，62，65，68，69，89，95—102，107，108，111，120，137，139，153，172，186，238

《刑部格》　57—59，73，107，110，238

虚币　9，13，15，17，82，113，121，122，126，127，130，238

悬样勘验　15，104，118，173

Z

赃法　10，16，198，216，239

赃罪　13，46，64，216，218，220，228，231

诏敕　1，2，14—16，18—22，24，38，39，52—54，57—62，64—73，91，92，95—97，108，120，127，128，132，145，153，174，180，193，201，205，208，213，214，233，236，238

纸币　1，2，5—7，9

铸币　1，2，5，6，9—12，39，52，70，75，84—86，91，93，95，102—104，117—121，126，129，137—139，149，158—163，166—169，171，181，188—191，201，203，220

折抵　16，76，177，200，202，213

支付手段　8，144，192

贮藏手段　8，15

纵民私铸　15，159，166，171

后　记

　　我 2014 年进入中国社会科学院法学研究所从事博士后研究工作，师从荣誉学部委员杨一凡教授。近年以来，结合自身学术兴趣和研究专长，主要关注隋唐五代时期货币法制问题。2015 年研究课题"隋唐五代钱法辑考"获得第 57 批中国博士后科学基金面上一等资助，2016 年研究课题"唐代钱法考"获得第 9 批中国博士后科学基金特别资助。在三年多的研究活动中，导师杨一凡教授耳提面命、谆谆教诲，在选题策划、研究方法、论著架构等方面，均得益于导师的悉心指导，在此特致以由衷的敬意和感谢！

　　感谢中国社会科学院法学研究所韩延龙教授、刘海年教授、吴玉章教授、徐立志教授、张生教授、高汉成教授和王帅一副教授、缪树蕾老师给予的指导、支持与帮助。感谢答辩主席中国政法大学郭成伟教授的关怀和鼓励。感谢王朋、丑程瑶、王顺生、李鑫杰、范强、江国珍、景倩倩、靖云浩等同学在资料收集和文稿校对方面的辛勤付出。

　　感谢工作单位西北政法大学校、院各位领导的关怀和支持！三年以来，我因工作原因多次往返于西安和北京之间，感谢妻子李娟丽女士承担了大多数家务，勤勤恳恳、从无怨言，使我可以全身心投入科研活动；感谢茁壮成长的女儿陈子瑄同学对我科研工作的理解和支持。我从事的中国古代经济法史研究尚处于起步阶段，在大家的支持下，我会努力将学术之路走得更为平稳和宽广！

陈　玺

二〇一八年元月八日

征稿函附件2：

第七批《中国社会科学博士后文库》专家推荐表1

推荐专家姓名	杨一凡	行政职务	
研究专长	中国法制史	电话	15210823523
工作单位	中国社会科学院法学研究所	邮编	100720
推荐成果名称	唐代钱法考		
成果作者姓名	陈玺		

（对书稿的学术创新、理论价值、现实意义、政治理论倾向及是否达到出版水平等方面做出全面评价，并指出其缺点或不足）

陈玺著《唐代钱法考》，是他近四年来专心研究中国古代货币法制取得的学术成果。该书是在唐代钱货史料辑录、整理的基础上，构建研究框架，提炼学术观点。作者查阅了数百种书籍和出土文献，首次对唐代钱法资料系统辑佚，分类整理，精心校勘，集唐钱法之大成。辑佚成果有重要的史料价值。该书以前人已有的研究成果为基础，对唐代钱法进行了比较全面、深入的考证，论证富有理据，新见迭出，在多个方面实现了学术突破。选题立意和结构设计方面彰显法律史学研究特色。运用辑佚与考证相结合、多学科研究相结合的方法，寻流溯源，通过考证唐代钱法史料、渊源、职能、理论、适用等核心问题，廓清秦汉至两宋时期钱法变革的基本线索，在货币政策、法律创制、法律实践与理论借鉴等方面提出了独立见解。书中有关古代货币法制的发展规律与内在属性的论述，对于当代金融法制改革有借鉴意义。

作者在博士后站期间，刻苦钻研，学术收获颇丰，已在《社会科学辑刊》、《法律文化论丛》、《西北法律文化资源》等刊物发表阶段性研究成果4篇。他长期关注唐代法治问题，主持国家社科基金项目2项，中国博士后科学基金项目3项，著作入选2016年度国家哲学社会科学成果文库和2017年中华学术外译项目，出版学术专著2部，在核心期刊发表论文30余篇。

我认为《唐代钱法考》已达到出版要求，特予推荐。

签字：杨一凡
2018年1月5日

说明：该推荐表由具有正高职称的同行专家填写。一旦推荐书稿入选《博士后文库》，推荐专家姓名及推荐意见将印入著作。

第七批《中国社会科学博士后文库》专家推荐表 2

推荐专家姓名	汪世荣	行政职务	校长助理
研究专长	中国法制史	电话	13609193656
工作单位	西北政法大学	邮编	710063
推荐成果名称	唐代钱法考		
成果作者姓名	陈玺		

（对书稿的学术创新、理论价值、现实意义、政治理论倾向及是否达到出版水平等方面做出全面评价，并指出其缺点或不足）

陈玺教授申报的《唐代钱法考》立足经济法学与社会法学的宏观视角，充分利用传世文献、出土文书和考古资料，借鉴关联学科前沿成果，系统辑佚、考证钱法史料，是关于中国古代货币法制研究的有益尝试。书稿集散见唐代钱法资料之大成，全面展示这一时期货币立法演进之全貌。研究活动以法制变迁为主线，系统考察律令、诏敕、奏议、策对、诗文资料所蕴含的钱法思想。通过对钱法史料、钱法渊源、钱法职能、钱法理论、钱法适用等具体问题的研究，查明唐代货币法律的变化过程和基本特征，分析信用货币体系发展完善的有效路径和运行状态。课题研究依据传世史籍、简牍文书、敦煌吐鲁番出土文书等材料，综合运用文献考订、二重证据、文史互证和资料统计等方法，关注隋唐五代钱法变迁历程的和实际运行，并在钱法专题研究方面取得重要学术突破。对于全面认识中国古代经济法律具有重要参考价值，并能对我国当前经济发展和法治建设提供历史借鉴。该项目集辑佚、考证成果于一体，填补该领域学术空白。书稿体系合理、纲举目张、观点新颖、资料翔实，在研究视野、研究方法等方面具有理论创新。

申报人治学严谨，学有专攻。拥有法学和历史学双重学科背景，具有较强的科研创新能力。近年专攻中国传统法律文献，尤以中古法制研究见长，学术成果丰硕，已经形成自己相对独立的研究领域和研究风格。依托法律史学知识积累与理论素养，结合传统史学重视史料考证的优势专长，具备全面搜集、考订和运用唐代货币法制资料的能力，上述研究特色与优势已在书稿中得到充分体现。

我认为《唐代钱法考》已达到了出版要求，特予推荐。

签字：汪世荣

2018 年 1 月 6 日

说明：该推荐表由具有正高职称的同行专家填写。一旦推荐书稿入选《博士后文库》，推荐专家姓名及推荐意见将印入著作。